Corina Lendfers

Von Sternen und Seegurken

Fahrtensegeln mit Kindern

Bibliografische Information der Deutschen Nationalbibliothek: Die Deutsche Nationalbibliothek verzeichnet diese Publikation in der Deutschen Nationalbibliografie; detaillierte bibliografische Daten sind im Internet über http://dnb.dnb.de abrufbar.

ISBN: 9783752646726
© 2020, Corina Lendfers
   Bahnhofstrasse 88
   D-88682 Salem
   www.corina-lendfers.com

Vollständig überarbeitet und erweiterte Neuauflage des Werkes *Vierzig Fuss für vierzehn Füsse*, erschienen 2017 bei Delius Klasing
Fotos: Michael Berndonner, Corina Lendfers
Covergestaltung: Corina Lendfers
Bildbearbeitung: Seraina Lendfers
Foto Autorin: Miriam Lendfers
Herstellung und Verlag: BoD – Books on Demand, Norderstedt.

Inhalt

Vorwort

Ein Segelboot, fünf Kinder, jede Menge Optimismus und Abenteuerlust – das sind die Zutaten, mit denen Michael und ich 2013 die Schweiz verlassen haben. Nicht, weil wir notorisch unzufrieden gewesen wären mit unserem Leben, weil wir unter gesellschaftlichen Zwängen gelitten hätten oder besonders systemkritisch gewesen wären. Wir haben uns wohl gefühlt in unserem Zuhause in den Schweizer Bergen, mit unserer Arbeit als Mutter, Kulturmanagerin und Teilzeitlehrerin resp. als Chorleiter, Dirigent und Rhetorik-/Auftrittscoach. Jonas war 2, Ursina 4 ½, Rahel 6, Seraina 8 und Saskia 9 Jahre alt.

Wir sind aufgebrochen, weil wir einerseits mehr Zeit gemeinsam mit uns und den Kindern verbringen wollten, und weil uns andererseits das Leben in gewisser Weise zu bequem geworden ist. Schon immer hat uns das Neue gereizt, die Abenteuerlust gekitzelt und das Fremde fasziniert.

In resp. mit den Bergen sind wir aufgewachsen, sie sind uns vertraut. Das Meer ist es, das uns lockt. So haben wir uns 2009 entschieden segeln zu lernen, ein Boot zu kaufen und für unbestimmte Zeit auf den Weltmeeren unterwegs zu sein. Ausschlaggebend ist der Gedanke gewesen, unser Zuhause immer dabei zu haben und trotzdem reisen zu können.

Wir haben unheimlich viel gelernt: übers Schiff, übers Segeln, über andere Kulturen, übers Meer, über den Wind und vor allem über uns selbst. Michael meinte einmal: „Die Höhen sind höher und die Tiefen tiefer als im normalen Leben."

Davon möchte ich in diesem Buch erzählen. Von Euphorie und Rückschlägen, von Löchern im Rumpf und Kinderbanden, vom Bordunterricht, von Traumbuchten, der Einsamkeit, der Liebe und vom unendlichen Blau des Meeres.

Unsere Reise ist nicht zu Ende. Wir wollen segelnd die Welt erkunden, solange es uns möglich ist. Wir wollen sie weitergeben, die Geschichten, die das Leben schreibt. Und Mut machen, den eigenen Traum zu leben.

Corina Lendfers
www.segel-vision.com

Einzug auf der PINUT

Portugal, Juli 2013

„Das Tor steht offen." Erleichtert atme ich auf. Es ist kurz vor 18.00 Uhr. Die Hitze flimmert über dem Asphalt.

Einige Sekunden lang schließe ich die Augen, meine Fingerspitzen beginnen zu kribbeln. Dann stürmt mein Blick voraus, streift die vielen aufgebockten Yachten, durchforstet den Wald an Masten und bleibt beglückt an den einzigen schwarzen hängen.

„Wir sind da, wir sind da!"

„Da ist sie!"

„Papa, halt an!" Aufgeregt rufen die Kinder durcheinander.

Längst haben sie sich abgeschnallt und hüpfen wie eine Horde Flöhe auf ihren Sitzen herum. Der Motor verstummt. Die Schiebetür unseres Kleinbusses fliegt auf.

„Da ist sie, unsere PINUT!"

„Wo ist die Leiter?"

„Mama, weißt du den Code noch?"

Ich lasse mich von Rahel aus dem Auto ziehen und strecke mich. Tief atme ich die Meeresluft ein, die ich so sehr vermisst habe. Sie riecht nach Salz, Seegras und Fisch, ist warm und erfrischend zugleich.

Mein Herz hüpft wie die Kinder. Ich schaue zu Michael hinüber und sehe ein Lächeln auf seinem Gesicht. Gemächlich schreitet er das Schiff von hinten nach vorn und auf der anderen Seite von vorn nach hinten ab. Hin und wieder berührt er eine Stelle, wischt Staub weg, hängt das Landstromkabel über einen Pfosten. Er drückt aufs Schlauchboot unter dem Schiff.

Ich lasse meinen Blick hinauf zur Mastspitze gleiten. Schön sieht sie aus, unsere PINUT. Weiß mit den roten Zierstreifen, den beiden kurzen Masten und der festen Sprayhood. Und groß. Aufgebockt auf dem Trockenen, beide Seiten abgestützt durch orangefarbene Stahlstützen und zusätzlich nach unten fixiert mit breiten Spanngurten. Weit ragt der Bugspriet über den Rumpf hinaus.

Die PINUT ist ein holländischer Knickspanter aus dem Jahr 1976. Damit ist sie älter als ich. Wir haben sie aus zweiter Hand gekauft von einem älteren Paar, das dreizehn Jahre lange darauf gewohnt und das Schiff für eine Weltumsegelung ausgerüstet hat, zu der es nie gekommen ist.

Rahel zieht an meinem T-Shirt und hüpft von einem Bein aufs andere. „Mama, können wir endlich hinauf?"

„Klar!" Wir gehen zur Leiter, die mit einem Zahlenschloss an eine Stahlstütze gekettet ist. Wie lautet der Code? Irgendwas mit 4, 6 und 1, versuche ich mich zu erinnern. Fünf Monate ist es her, seit ich das letzte Mal hier war. Nach dem dritten Versuch klappt es, ich kann die Kette lösen. Ich stelle die Leiter an die Bordwand und fixiere sie oben an einer Relingstütze. „Ihr könnt kommen!"

„Auf zum Sturm!", ruft Michael.

Ich überlasse das Innere des Schiffs den Kindern und laufe übers Deck. Hier oben hat man einen guten Blick über die anderen Schiffe. Das große Areal der Werft ist durch Mauern, Zäune und ein elektrisches Eingangstor von der Außenwelt abgeschottet. Die Yachten stehen in Reihen nebeneinander, der Platz ist sauber. Ich zähle rund 70 Schiffe. Die Abendsonne spiegelt sich im Wasser der angrenzenden Lagune und taucht die Skyline von Faro in ein weiches, rötliches Licht.

Vor etwas mehr als einem Jahr haben wir die PINUT gekauft. Sie ist unser erstes Schiff und das einzige, das wir uns physisch angeschaut haben. Wir wollten eine Stahlyacht mit zwei Masten, Mittelcockpit, U-förmiger Küche und 12m Länge, groß genug für uns und die Kinder und klein genug, um sie im Notfall alleine segeln zu können. Die PINUT erfüllt diese zentralen Kriterien.

„Mama, schau her!" Ursina klettert zu mir aufs Vordeck und streckt mir ein Stofftier entgegen. „Oo ist noch da! Er hat gut auf unser Schiff aufgepasst!" Zärtlich streicht sie dem kleinen Marienkäfer über die rote Kapuze. Wir haben ihn letzten Sommer zurückgelassen. Er sollte hier die Stellung halten.

„Hat er seine Arbeit gut gemacht?", frage ich Ursina.

Die Kleine nickt und ruft: „Ja, alles ist noch da. Und jetzt gehen wir Schiffe schauen!" Geschickt klettert sie über die hohe Leiter hinunter aufs Dock. Für ihre fast fünf Jahre ist sie eher klein, eifert ihren drei älteren Schwester aber in allem nach und lässt sich von ihnen selten etwas sagen. Jetzt ruft sie ihre Geschwister zusammen. Kurz darauf schallen Kinderstimmen über die Zementfläche.

Michael umfasst mich von hinten. Ich lehne meinen Kopf an seine Schulter und atme tief ein. „Es ist schön, wieder hier zu sein." Seine Stimme klingt tief und entspannt. Trotz der langen Autofahrt von der Schweiz hierher.

Ja, es ist schön. Und diesmal bleibe ich hier. Diesmal gibt es kein Abschiednehmen vom Schiff, keinen schmerzlichen letzten Blick aus dem Flugzeug, kein sehnsuchtsvolles Warten auf den nächsten Urlaub. Diesmal bleibe ich.

„Papa, Horst ist da!" Mehrstimmig erreicht uns der Ruf im Bauch des Schiffs, wo wir die Rucksäcke der Kinder auf die Kojen verteilen.

„Horst!"

Wir blicken uns an und klettern an Deck. Der kleine, leicht gebeugte Mann aus Salzburg mit den grauen Haaren und durchdringenden Augen ist von den Kindern umringt. Grüßend hebt er die Hand.

„Horst! Gibt's dich auch noch?" Michael klopft ihm freundschaftlich auf die Schulter. Wir haben ihn letztes Jahr bei unserem ersten Probewohnen auf der PINUT kennengelernt.

„Na klar! Schön, dass ihr wieder da seid! Es war so ruhig ohne euch." Schmunzelnd blickt er auf die Kinder. „Aber groß sind sie geworden, die Kinder!"

„Klar!" Saskia strahlt. „Hast du Schokomilch für uns?"

Horst lacht. „Nein, ich hab' ja nicht gewusst, dass ihr heute kommt. Aber gleich morgen geh' ich einkaufen."

„Darf ich mitkommen?"

Saskias Wangen sind gerötet, die langen, dunkelblonden Haare liegen ein wenig zerzaust von der Fahrt auf ihren Schultern, ihre grünen Augen blitzen. Dem Charme meiner neunjährigen Tochter zu widerstehen fällt offensichtlich auch Horst schwer. „Warum nicht?"

„Viel hat sich nicht verändert in den letzten Monaten", stelle ich mit Blick auf die umliegenden Schiffe fest.

„Nein. Einige Boote sind rausgefahren, einige reingekommen, aber viele sind geblieben." Horst fährt sich mit der Hand durchs Haar. „Kommt rüber, wenn ihr Lust habt."

„Danke, Horst. Wir werden erst mal unsere Pyjamas suchen." Die Sonne ist untergegangen und mein Magen knurrt.

In meine Begeisterung, wieder hier zu sein, mischt sich Vorfreude aufs Segeln. Gelernt haben wir das Segelhandwerk auf einem kleinen Schweizer See. Lange Jahre der Vorbereitung auf unsere Reise liegen hinter uns, nun ist der Atlantik zum Greifen nah.

In diesem Moment ahne ich nicht, dass es nochmals ein ganzes Jahr dauern wird, bis die PINUT durch den schmalen Kanal im Sumpfgebiet vor Faro und Olhao ins offene Meer gleiten wird mit Kurs Madeira.

Leinen los nach Madeira

„Ich schlag' vor, wir setzen das Großsegel, bevor wir aus der Lagune von Faro draußen sind." Michael wirft einen Blick auf die Seekarte.

Ich nicke. „Einverstanden."

Er geht ans Großfall, ich löse die Bändel, die das Segel zusammenhalten.

„Klar?" Michael zwinkert mir zu.

„Klar."

Die PINUT steht im Wind, das Segel nimmt die ersten Meter. Plötzlich stockt es.

„Stopp, Michael, die Schnur zwischen den Maststufen und den Wanten ist im Weg!"

Res kneift die Augen zusammen, legt den Kopf in den Nacken. Der Schweizer Skipper begleitet uns auf unserem ersten Hochseetörn. Von Portugal nach Madeira sind es rund 520 Seemeilen. Mit einem Etmal von geschätzten 100 Meilen sollten wir nach fünf Tagen und Nächten an unserem Ziel, der kleinen Marina Quinta do Lorde im Südosten der Insel eintreffen.

Michael lässt das Segel wieder herunter. „Ich steig' rauf."
Stufe um Stufe erklimmt er den schwankenden Mast, während die Sicherungsleine langsam durch meine Hand gleitet.
Ich lehne den Kopf zurück, beobachte ihn. Er ist fit, das intensive Lauftraining, das er leidenschaftlich ausübt, zahlt sich aus. Mit Leichtigkeit steigt er in die Höhe. Seine langen, schwarzen Haare flattern im Wind.

„Belegen!", erreicht mich sein Ruf von oben.

Ich fixiere das Fall an der Klampe.

Die Sonnenstrahlen tanzen auf der bewegten Wasseroberfläche wie Milliarden kleiner Kristalle. Ein rotes Fischerboot schießt an uns vorbei. Seine Heckwelle schaukelt die PINUT kräftig.

„Was war das?", ruft Michael erschrocken.

Ich beobachte, wie er die dünne Schnur, die verhindern soll, dass sich das Fall an den Maststufen verheddert, losknotet. Dann lehnt er sich nach vorne, schlingt das Schnurende um die Want, hält sich rasch wieder am Mast fest. Er schaukelt zwischen den Wolken.

„Ich komm' runter!"

Ich öffne die Tauklemme und gebe Leine.

Als Michael bei mir ankommt, ist er blass. Sein Atem geht heftig. Er lehnt sich an die Reling und reicht mir den Schäkel mit dem Fall. Ich befestige ihn am Segel.

„Wollen wir hissen?" Mein fragender Blick registriert kleine Schweißperlen auf seiner Stirn.

„Gib mir ein paar Minuten." Er schließt die Augen. Eine Bö jagt Wassertropfen vor sich her. Die PINUT neigt sich leicht zur Seite. Ich stecke eine Haarsträhne hinter mein Haarband. In der Ausfahrt aus der Lagune von Faro erscheint eine Segelyacht.

„Res, Gegenverkehr!", rufe ich in Richtung Cockpit.

Res hebt die Hand und legt Ruder nach Steuerbord.

„Gut, Corina, ich bin soweit." Michael nimmt das Fall erneut in die Hand. Nach wenigen Augenblicken steht das Segel. Michael lässt sich auf eine Cockpitbank fallen. „Uff, nie wieder! Nie wieder steig' ich den Mast rauf, wenn wir auf See sind."

Ich lege meine Hand auf sein Knie. „Tut mir leid, das war mein Fehler. Ich hab' die Schnur falsch geführt." Zerknirscht betrachte ich sein blasses Gesicht.

Er versucht ein Lächeln. „Schon gut."

Kaum haben wir die Lagune verlassen, werden die Wellen höher und länger.

Unsicher blickt mich Rahel an. „Mama, bleibt das jetzt so?"

Res antwortet für mich. „Ja. Das ist die typische Atlantikdünung. Lang und gemütlich." Der hochgewachsene Mann mit grauem Haar und fröhlichem Blick hat den Atlantik bereits mehrere Male überquert. Er muss wissen, wovon er spricht. Ich betrachte die Seekarte und den Kompasskurs. Mit einem Blick über meine Schulter meint er: „Ich schlag' vor, noch auf diesem Kurs weiterzufahren, bis wir die Fischzucht hinter uns gelassen haben. Danach können wir auf Kurs Madeira gehen."

„Einverstanden. Komm, Jonas, du brauchst ein Gstältli, es schaukelt zu stark." Ich krame im Schapp mit den Rettungswesten und hole die Sicherheitsgurte hervor. Auf der Luvbank sitzend stemme ich einen Fuß gegen die Wand des Niedergangs und ziehe Jonas auf meinen Schoss. Seine blonden Haare kitzeln meinen Hals. Es ist nicht einfach, die kleinen Arme bei diesem Hin- und Hergeschaukel in die Schwimmweste zu zwängen, während er erfolglos versucht, sich irgendwo festzuhalten. Mit seinen drei Jahren sind selbst die geringen Distanzen im Cockpit für ihn groß.

Während ich die Kinder mit Sicherheitsgurten versorge, behält Res den Kurs im Auge. „Hey, wir haben die ersten zehn Seemeilen bereits geschafft." Er strahlt uns an.

„Na toll. Zehn Seemeilen von über 500." Michaels Stimme klingt nicht halb so begeistert. „Ich glaub', ich leg' mich ein wenig hin." Langsam steigt er hinunter in die Achterkajüte.

Mit leichter Besorgnis bemerke ich ein mulmiges Gefühl in der Magengegend. Ich bin noch nie seekrank gewesen und möchte daran auch nichts ändern.

„Mama, mir ist schlecht!" Ursina sitzt zusammengesunken in der Ecke des Cockpits.

„Wart, ich bring' dir einen Eimer."

Wo sind nur die Eimer? Ach ja, die haben wir aus dem Weg geräumt, festgezurrt unter der Treppe des Niedergangs. Das heißt, dass ich mich jetzt in den Bauch des Schiffs begeben werde. Ich atme tief ein und steige langsam in den Salon hinunter. In den Eimern steht eine angebrochene Fünf-Liter-Wasserflasche. Die muss raus. Mit einer Hand halte ich mich am Kartentisch fest, um von den Wellen nicht durchs Schiff geworfen zu werden, mit der anderen versuche ich, den Griff der Flasche zu fassen. Es gelingt. Nur: Wohin damit? Ich stelle sie kurzerhand ins Waschbecken.

Ich halte inne. Es fühlt sich seltsam an, hier unten zu sein. An sich hat sich ja nichts verändert, seit wir das Trockendock in Faro verlassen haben. Außer vielleicht, dass alles aufgeräumt ist. Und dennoch fühlt es sich ganz anders an. Vor den Fenstern rauschen die Wellen vorbei, oft blicken wir direkt durch die Fenster ins Wasser. Genießen kann ich das noch nicht. Wie lange es wohl dauern wird, bis ich mich ans Segeln gewöhnt habe? Daran, dass ich keinen Schritt machen kann, ohne mich irgendwo festzuhalten? An all die klappernden, knarrenden Geräusche?

„Hier, Ursina. Falls du erbrechen musst, spuck bitte hier rein."

Ich stehe im Niedergang und strecke Ursina den Eimer entgegen. Sie nimmt ihn langsam. Angestrengt stemme ich mich ins Cockpit und setze mich zwischen Rahel und Seraina. Jonas schläft bei Saskia in der Hundekoje. Ursina würgt. Seraina hält sich die Ohren zu.

„Mama, wohin mit dem Eimer?" Ursinas Stimme klingt doppelt so fit wie vorhin.

Tja, wohin? „Klemm' ihn zwischen Cockpitwand und Reling, da kann er nicht umfallen."

„Mama, ich brauch' auch einen Eimer!", keucht Rahel.

Ich halte ihr den zweiten hin und stehe rasch auf. Konzentriert starre ich auf die Seekarte.

„Wann gibt's was zu essen?" Ungläubig drehe ich mich zu Ursina um. Die blonden Haarsträhnen kleben zwar noch verschwitzt auf ihrer Stirn, aber ihre Augen blicken bereits wieder fröhlich.

„Jetzt gibt's erst mal nichts, dein Magen ist ja noch ganz durcheinander."

„Mir geht's aber wieder gut", protestiert die Fünfeinhalb-jährige lautstark.

„Schluss, jetzt gibt's nichts." Ich wende mich wieder der Seekarte zu.

„Mama, mir ist schlecht!"

Oh nein! Jonas klettert verschlafen ins Cockpit. Noch bevor ich mich umdrehe, hält ihm Res einen Eimer hin.

„Das kann ja heiter werden", murmle ich.

Res stupst mich in die Seite und zwinkert mir zu. „Das wird schon!"

Im Moment sieht es nicht danach aus. Die Eimer drehen ihre Runde durchs Cockpit. Ich bekomme den Geruch nicht mehr aus der Nase. Als es dämmert stehe ich auf.

„Kommt, Kinder, ich bring' euch ins Bett."

„Schaltest du die Positionslichter bitte gleich ein?", fragt Res.

Ich nicke und verschwinde mit Jonas im Vorschiff. Ich kämpfe mit meinem Magen und verzichte bei den Kindern auf Zähneputzen und Schlafanzug. Mechanisch decke ich sie zu, streiche ihnen über die Haare und flüchte ins Cockpit. Ich versuche, die salzige Seeluft in meinen Körper fließen zu lassen und zu entspannen. Es gelingt mir nicht. Bevor die Übelkeit Überhand nimmt, verabschiede ich mich mit einem knappen „Ich leg' mich kurz hin!" von Res und sinke auf meine Koje.

Wo sind nur diese Tabletten? In der Regel schwöre ich auf die Homöopathie, aber im Fall Seekrankheit hat sie erbärmlich versagt. Ich finde die kleine Kartonpackung, drücke eins der unscheinbaren Tablettchen heraus, halbiere es und spüle es mit einem Schluck Wasser hinunter. Nur noch schlafen...

Ich taste nach meinem Handy. Halb zehn. Michael schläft neben mir. Ich kann Res nicht die ganze Nachtwache allein machen lassen. Dumm, dass wir unser Ölzeug nicht vorher aus seiner Versenkung geholt haben. Eigentlich habe ich gedacht, beim Segeln im Hochsommer würde ich es nicht brauchen. Weit gefehlt. Die Nächte sind kühl. So stecken unsere warmen Jacken und Hosen zusammen mit der Reservebettwäsche in einem Kompressionssack im Schrank. Hinter den Handtüchern, den Taucherbrillen und den Badesachen. Nun landet alles teils auf dem Bett, teils davor, da die Wellen keine Rücksicht auf meine Ausräumarbeit nehmen. Ich bekomme den Plastiksack zu fassen und zerre ihn hervor. Im Licht der Stirnlampe identifiziere ich meine Hose und meine Jacke. Michaels Kleidung lege ich neben seinen Kopf, den Rest der Ware stopfe ich zurück in den Schrank. Rasch, die Tür zu – und erst auf Madeira wieder öffnen!

Als ich im Cockpit erscheine, ist mir schon wieder übel. Ich setze mich auf einen Kugelfender auf dem Achterdeck und klammere mich an die Reling. Die kühle Nachtluft füllt meine Lunge, ich schließe die Augen. Die Wellen heben die PINUT in die Höhe, um sie kurz darauf wieder abzusetzen.

Es gelingt mir, die Bewegung des Schiffs aufzunehmen. Ich öffne die Augen und lasse meinen Blick über die Wasseroberfläche gleiten. Der Mond scheint hell, die Sterne sind nicht zu sehen. Silbern schimmert das Meer. Das Rauschen der Wellen durchdringt mich. Ich habe das Gefühl, dass sich meine Grenzen auflösen, dass ich eins werde mit dem Schiff und dem Meer. Immer wieder füllt sich meine Lunge, der Sauerstoff schießt durch meinen Körper und belebt die letzte Zelle.

Endlich verschwindet die Übelkeit.

Ich steige ins Cockpit, wo Res auf der Bank ausgestreckt döst. Als ich mich ihm gegenüber setze, schreckt er auf. Er gähnt, streckt sich.

„Ich kann übernehmen."

Dankbar nickt er. „Wie lange?"

„Drei Stunden?"

„Gut. Wir sind auf Kurs, haben Halbwind mit 20 Knoten. Weck mich, wenn was Ungewöhnliches ist."

Ich nicke. „Schlaf gut!"

Mit einem Polster im Rücken kuschle ich mich auf die Cockpitbank. Gleichmäßig rollen die Wellen von hinten auf uns zu, unter der PINUT hindurch. Mein Blick schweift erneut über die milchig schimmernde Wasseroberfläche. Sogar beim hellen Mondlicht wäre es bei diesem Wellengang unmöglich, einen treibenden Container rechtzeitig zu sichten. Es braucht schon unheimlich viel Vertrauen, sich auf diese Unwägbarkeiten einzulassen, geht es mir durch den Kopf. Angst hab' ich keine. Ich fühle mich sicher in unserer Zwölf-Meter-Stahlyacht. Sie würde auch eine Containerbegegnung wegstecken, daran glaube ich fest. Was anderes bleibt mir, ehrlich gesagt, auch nicht übrig.

Am nächsten Mittag sind alle im Cockpit versammelt.

„Wie hoch sind die Wellen, Res?" Neugierig blickt ihn Rahel an. Die kurzen Haare stehen ungekämmt in alle Richtungen, ihre hellen Augen mit den braunen Punkten wandern zwischen Res und den Wellenbergen hin und her. Ab und zu erwischt uns eine Welle von der Seite, klatscht an die Bordwand, läuft übers Vordeck und spritzt ins Cockpit.

Res legt die Stirn in Falten, fährt sich mit der Hand durch die grauen Haare. „Vier bis fünf Meter sind das schon."

„Am schönsten find' ich es, wenn wir oben auf einem Berg sind und wieder hinunterdüsen!" Rahel strahlt über das ganze Gesicht und scheint die Fahrt zu genießen.

„Hast du gesehen, Corina, dass die Salonluke undicht ist? Jedes Mal, wenn eine Welle übers Deck spült, tropft es aufs Bett." Ich spüre Res' forschenden Blick auf mir.

„Bei uns in der Kinderkajüte auch", fügt Seraina hinzu.

„Nein. Hab' ich nicht gesehen. Bei Regen waren die Luken dicht." Ich rümpfe die Nase. Die Luken sind alt, und ich habe die Stahlrahmen entrostet und stellenweise verspachtelt.

„Regen belastet die Luken weit weniger als die Wellen." Res zuckt die Schultern.

„Okay, also eine neue Baustelle." Irgendwie macht mir das gerade nicht so viel aus. Die feuchte Bettstelle ist zwar nicht besonders angenehm, aber die Dauer des Törns absehbar. Auf Madeira werde ich mich um neue Dichtungen kümmern.

„Hat jemand Hunger?" Fragend blicke ich in die Runde.

„Mama, bitte sag nichts vom Essen!" Gequält blickt mich Seraina an. Auch Rahel und Ursina schütteln die Köpfe. Saskia hat sich in der Hundekoje eingeigelt, kein Geräusch ist zu hören.

„Nein, Mama, mir ist schlecht." Jonas zieht eine bemitleidenswerte Grimasse.

Ich kann mir ein Grinsen nicht verkneifen. Meine sonst so quirlige Mannschaft, die eigentlich immer hungrig ist, hängt wie narkotisiert in den Seilen oder quetscht sich auf die Leebank, den einzigen Ort, an dem man sitzen kann, ohne einen Muskelkrampf vom Festhalten zu bekommen. Mir aber knurrt der Magen.

„Ich werd' trotzdem was kochen, vielleicht mögt ihr ja dann doch mitessen."

Res nickt. „Find' ich eine gute Idee. Vor lauter Kotzen werden alle sonst zu schwach." Er hat eine erfrischende Art, den Nagel auf den Kopf zu treffen.

Ich verschwinde in der Versenkung. In allen Schränkchen und Fächern klappert und poltert es, Wasser rauscht an den Fenstern vorbei. Die Topfhalterungen am Gasherd sind bereits vormontiert. Geplant ist ein Linseneintopf. Dazu brauche ich Linsen, Zwiebeln und Knoblauch aus dem Vorratsgang, Karotten und Würstchen aus der Kühlbox, Kartoffeln aus der Kartoffelkiste in der Bilge. Und den Kochtopf, versteht sich. Der steht hinter dem Dampfkochtopf im Küchenschrank.

Ich stemme mich gegen den Herd, öffne vorsichtig den Schrank. Alles bleibt drin. Allerdings wünsche ich mir mindestens eine Hand mehr, als ich versuche, den passenden Kochtopf herauszuholen. Eine hohe Welle trifft das Boot von Backbord, ich schleudere gegen die Küchenschublade, fliege zurück und remple die Ecke des Gasherds. Ich schwitze, als der Topf endlich auf seinem Platz steht. Zwiebelbrett und Messer sind griffbereit, aber die Zwiebel ist sehr ungeduldig. Während ich in der Kühlbox hänge, um Karotten und Würstchen zu angeln, höre ich sie durch den Salon in Richtung Vorschiff rollen. Derweil kämpfe ich mich zu den Karotten vor. Vier Packungen Salatkäsewürfel klemme ich unter den Arm, schiebe zwei Quarktöpfe zur Seite und bekomme die Karotten zu fassen. Mangels Alternative lasse ich sie ins Waschbecken plumpsen, gefolgt von zwei Packungen Nürnberger Rostbratwürstchen. Rasch stecke ich die Käsewürfel zurück in die Box, schließe den Deckel.

Die Zubereitung des Eintopfs erweist sich als nicht weniger anstrengend. Munter kullern Karotten- und Wursträdchen durch die Küche, ins Waschbecken, auf den Salonboden.

„Hallo, kann mir mal einer helfen, bitte?", rufe ich in Richtung Cockpit.

Rahels Kopf erscheint im Niedergang. „Ja, was ist?"

„Ach, Rahel, kannst du bitte die Würstchen auf dem Boden einsammeln?"

Rahel grinst breit und klettert die Treppe herunter. Flink sammelt sie die Wursträdchen ein, legt sie in eine Schüssel. „Hier."

Ich wische mir den Schweiß von der Stirn. Der Duft des Linseneintopfs lockt immer mehr Crewmitglieder in den Niedergang.

„Mh, das riecht gut! Ich hab' zwar keinen Hunger, aber es riecht ausgezeichnet!" Seraina zieht eine Augenbraue in die Höhe.

Mit sichtlichem Appetit lassen sich ausnahmslos alle den Eintopf schmecken – wenn auch in deutlich kleineren Mengen als üblich.

„Mama, schnell, komm hoch, hier sind Delfine!"

Ursinas aufgeregter Schrei weckt mich aus einem unruhigen Schlaf. Ich strecke die steifen Glieder. Habe ich überhaupt geschlafen? Ist dieses leise knarrende Geräusch bei der Autopilotpumpe normal? Was scheppert da unregelmäßig am Heck? Wird der Strom ausreichen, bis wir auf Madeira sind?

„Mama, komm, es sind ganz viele!"

Ich setzte mich auf und gähne. Die frische Meeresluft verscheucht Müdigkeit und beklemmende Gedanken. Ich klettere aufs Vordeck – und staune mit meiner Familie. Eine Gruppe Delfine schwimmt neben der PINUT, taucht geschickt unter dem Bug durch, schießt neben uns her. Ein Delfin scheint uns begrüßen zu wollen, denn unermüdlich springt er neben dem Schiff in die Höhe. Sein grauweißes Schuppenkleid glänzt in der Nachmittagssonne.

„Schaut mal, die spielen mit dem Schiff Fangen!"

„Wow, sind die schnell!"

„Hoffentlich schlagen sie sich nicht den Kopf an!"

„Papa, schau mal, da ist ein ganz kleiner dabei! Der ist ja herzig!"

Hell wirbeln die Kinderstimmen durcheinander. Ich halte mich an der Reling fest. Die Tiere sind schön. Wenn sie auftauchen sieht es aus, als würden sie lächeln. Und sie sind unheimlich schnell. Wir durchpflügen die Wellen bereits mit 5,2 Knoten, eine gute Geschwindigkeit für unsere schwere, alte Dame, die Delfine überholen uns jedoch mit Leichtigkeit, fallen ab, um uns dann erneut hinter sich zu lassen.

„Schade, jetzt schwimmen sie weg." Jonas' Stimme klingt enttäuscht, aber seine Augen leuchten, als er den Tieren nachblickt. Eine letzte Schwanzflosse taucht auf, dann haben die Wellen sie wieder verschluckt.

Berauscht von dem Erlebnis treffen wir uns alle im Cockpit. Seraina holt sogleich einen Hefter mit Papier und beginnt, die Delfine zu zeichnen. Rahel lehnt sich an ihre Schulter, schaut ihr zu. Nach kurzer Zeit legt Seraina den Bleistift zur Seite und lehnt den Kopf in den Nacken.

„Das geht nicht, mir ist schon wieder übel."

Sie schließt die Augen und ich beobachte, wie die Farbe ganz langsam aus ihrem Gesicht weicht. Rahel verharrt schweigend neben ihr, ergreift ihre Hand und streichelt sie.

Einige Stunden später bin ich allein im Cockpit. Die Sonne ist untergegangen, der Mond steht voll und hell am Himmel. Ich ziehe den Reißverschluss meiner Jacke bis zur Nase hinauf, wickle mich in eine Decke. Wir haben perfekten Wind für unsere Überfahrt. Zuverlässig schiebt er uns mit 20 bis 25 Knoten immer weiter südwestlich. Allerdings wäre mir ein wenig mehr Halbwindkurs lieber. Angestrengt blicke ich auf die Nadel der Windanzeige. Sie pendelt zwischen 120° und 150° von Backbord. In Böen schlägt sie beängstigend weit zur 180°-Marke aus. Soll ich eine leichte Kurskorrektur vornehmen, um den Windwinkel auf sicher zu haben und keine Patenthalse zu riskieren? Ach was, denke ich, so bleibe ich wenigstens wach, wenn ich den Wind im Auge behalten muss. Jetzt wäre ein Windpilot nützlich. Er würde das Schiff in einem definierten Windwinkel steuern und nicht, wie unser elektrischer Autopilot, auf einen Kompasskurs ausgerichtet.

Neben mir leuchten helle Streifen im Wasser auf. Leuchtplankton. Die Mikroorganismen erfahren durch die Wellen, die unser Schiff erzeugt, eine Reibung und reagieren mit kurzem Aufleuchten. Sie werden auch „Glühwürmchen des Meeres" genannt. Fasziniert beobachte ich das Lichter-spiel in der Dunkelheit des Atlantiks.

Eine besonders kräftige Bö reißt mich aus meiner gemütlich-schläfrigen Nachtbetrachtung. Ich stütze mich auf die Ellbogen, fixiere erneut die Windanzeige. Die Nadel pendelt nun hartnäckig um 150°. Ich luve um 5° an und hoffe, dass der Wind nicht mitdreht.

„Alles klar, mein Liebling?" Michael steht hinter mir und blickt mir über die Schulter.

Ich drehe den Kopf. Er wirkt verschlafen, seine Augen sind zu schmalen Schlitzen zusammengezogen. „Ja. Wir kommen gut voran, zwischendurch laufen wir mit über sechs

Knoten." Eine Bö erfasst uns und beschleunigt die PINUT auf 6,2 Knoten, als ob sie meine Aussage bestätigen wollte. „Allerdings kommt der Wind ein bisschen sehr von hinten. Ich hab' den Kurs um 5° nach Steuerbord korrigiert."

Michael nickt. Er blickt sich um. „Gibt's noch Kaffee?"

Ich schüttle den Kopf. „Nein. Aber vom Linseneintopf ist noch ein Rest da."

Im fahlen Mondlicht sehe ich ihn lächeln. „Sehr gut. Den nehm' ich auch. Magst du noch kurz hierbleiben, bis ich mich mit Proviant eingedeckt hab'?"

„Klar."

Wenig später kuschle ich mich in meine Bettdecke. Ich liebe das Schaukeln vor allem, wenn ich im Bett liege. Meine Füße stoßen an die Wassermelone, die zwischen Wand und Matratze eingeklemmt ist. Wir werden sie übermorgen aufschneiden. Dann haben wir den dritten Tag auf See hinter uns, und die Übelkeit sollte bei allen vorbei sein.

Ein lauter Knall reißt mich aus einem tiefen Schlaf. Das Schiff neigt sich nach Steuerbord, ich rutsche quer über die Matratze auf Jonas zu.

„Was war das?" Erschrocken setzt sich Seraina neben mir auf. Verschlafen reibt sie sich die Augen.

„Keine Ahnung", murmle ich, taste nach meinem Ölzeug und steige ins Cockpit.

Res erscheint auf der anderen Seite aus dem Niedergang beim Salon.

„Was ist passiert?"

Michael steht am Steuerrad und versucht angestrengt, die PINUT wieder auf Kurs zu bringen. „Eine Bö hat das Heck weggedrückt. Das war eine glatte Patenthalse." Verbissen starrt er auf die Windanzeige.

Wir hatten am Nachmittag zu Groß und Genua auch das Besansegel gesetzt. Jetzt flattern alle drei Segel heftig im

Wind und veranstalten einen Krach, der uns die Verständigung erschwert.

„Ich denke, wir halsen nochmal, um wieder auf Kurs zu kommen!", schreit Michael und fällt langsam ab.

Res ergreift die Großschot, ich krieche aufs Achterdeck und angle nach der Besanschot. Mit den Beinen halte ich mich am Besanmast fest, die Hände fest um die Leine geklammert. Als der Baum kommt, hole ich sie so rasch wie möglich dicht. Der Baum bleibt mittschiffs stehen.

„Ich möchte das Besansegel bergen!", rufe ich nach vorne.

„Gut, ich bleib' auf Vorwind!" Michael hält den Daumen in die Höhe. Mit Res' Hilfe berge ich das Besansegel. Es ist in der Mitte quer auseinandergerissen. Die dünnen Bändsel schneiden sich in meine Finger ein, während ich sie um das Segel zurre. In der Hast habe ich vergessen, Handschuhe anzuziehen.

„Besan ist geborgen, du kannst auf Kurs gehen."

Res steht neben Michael, ich halte die Großschot. Langsam luvt die PINUT an, der Lärm im Groß lässt nach. Ich gebe Leine, bis das Segel maximal gefiert ist. Erleichtert lasse ich mich auf die Cockpitbank fallen.

„Was haltet ihr davon, wenn wir unseren Kurs so korrigieren, dass wir den Wind von etwa 100° bis 120° Steuerbord haben? Wir segeln dann zwar nicht mehr direkt Richtung Madeira, haben aber den Wind ein wenig stabiler." Fragend blickt Michael von Res zu mir.

Res nickt. „Ist mir auch lieber. Eine Wende müssen wir sowieso fahren, und zeitlich sind wir gut unterwegs."

Michael grinst. „*Eine* Wende. *Die eine* Wende. Irgendwie ist es schon fast ein wenig skurril: In der Segelausbildung sind wir pro Trainingseinheit mindestens 30 Wenden und 20 Halsen gefahren auf unserem kleinen Bergsee. Jetzt, auf hoher See mit einer Distanz von über 500 Seemeilen, fahren wir genau eine einzige Wende!"

Ich lache. „Ja, du hast Recht. Wenn wir so weitermachen, verlernen wir die Manöver wieder."

Res zuckt die Schultern. „Das ist die Krux an der Theorie. Sie sieht immer anders aus als die Praxis. Was meint ihr, wie rasch ihr die Kartenberechnungen vergessen haben werdet? Wenn ihr sie nicht konsequent bei jedem Törn trainiert, ist das Wissen bald wieder weg."

Ich seufze. „Das ist ja das Traurige. Für die Prüfung hab' ich soviel Zeit investiert, um das Ganze zu lernen, und jetzt übernimmt die Software die ganzen Berechnungen und das GPS die Positionsbestimmung."

Michael kratzt sich am Kopf. „Andererseits wird mir allein bei der Vorstellung übel, mich unten am Kartentisch bei dieser Welle über eine Seekarte beugen zu müssen und Positionen einzuzeichnen oder Kurse zu berechnen."

„Oh, nein danke!" Unwillkürlich schüttle ich mich. Da lobe ich mir doch auch die moderne Technik."

„Land in Sicht! Land in Sicht!" Michaels Ruf lockt die Crew ins Cockpit.

„Wo? Wo, Papa?" Ursinas Augen suchen den Horizont ab.

„Da, ich seh's! Dort, direkt vor uns!" Aufgeregt deutet Rahel auf eine Erhebung, die undeutlich am Horizont erscheint. „Ist das Madeira?"

Ich schüttle den Kopf. „Nein, das ist Porto Santo, eine flache Insel vor Madeira."

„Gehen wir dorthin?"

„Nein. Wir wären im Dunkeln dort. Ich möchte lieber bei Tag ankommen. Nächtliches Einlaufen in eine Marina heben wir uns für später auf." Ich zwinkere Rahel zu.

„Och, schade. Wie lange dauert es denn noch bis Madeira?"

„Wahrscheinlich werden wir morgen vor Mittag dort sein."

Leider. Ich genieße das Hochseesegeln und würde liebend gern noch tagelang weitersegeln.

Seraina scheint es ähnlich zu gehen. Sie legt den Kopf schief und meint: „Eigentlich ist das doof. Da haben wir uns endlich ans Schaukeln gewöhnt und es ist uns nicht mehr übel, und schon sind wir da. Können wir nicht noch weitersegeln?"

Ein wenig wehmütig betrachte ich die Küste von Madeira, die wir am folgenden Morgen anlaufen. Der Wind lässt auch in der Einfahrt der Marina nicht nach. Wir sind froh über die Hilfe der Marineros am Steg. Der Schwell ist beachtlich.

„Vielleicht können wir so unsere Seebeine behalten und müssen beim nächsten Törn nicht wieder von vorn beginnen?", hofft Seraina.

Res schüttelt grinsend den Kopf. Für ihn endet die Reise hier. Er wird morgen in die Schweiz zurückfliegen. Die Kinder stürmen vom Schiff. Bald höre ich sie rufen: „Kommt her, hier sind so viele Katzen!"

Es wäre warm genug für kurze Hosen. Meine unzähligen blauen Flecken umhülle ich jedoch lieber mit knöchellangem Jeansstoff. An den spitzigen Kanten des Kochherds müssen wir zweifellos noch arbeiten.

Michael umfasst mich von hinten, dreht mich um. Seine Augen blitzen. „Hey, wir haben es geschafft! Wir sind auf Madeira!"

Er küsst mich. Ich lache und schließe die Augen. Wir haben es tatsächlich geschafft. Meine Gedanken schweifen zurück nach Faro. Ein Jahr voller Rückschläge, Zweifel, voller Arbeit und Einsamkeit liegt hinter uns. Jedem Schiff, welches das Dock verlassen hat, haben wir wehmütig nachge-schaut, denn unser Aufgabenberg ist mit jedem Monat ge-wachsen anstatt geschrumpft. Am Anfang war es am schwersten zu ertragen, weil wir nicht mit den vielen Repa-raturen gerechnet haben, sondern davon ausgegangen sind, wenige Wochen nach unserem Einzug auf dem Schiff losse-geln zu können. Doch dann sind die Löcher gekommen.

Ein Loch kommt selten allein

Portugal, August 2013

„Michael, kommst du bitte mal?" Meine Stimme klingt offenbar erschrockener als mir lieb ist, denn Michael ist nach wenigen Augenblicken bei mir. „Wir haben ein Loch."

Er nimmt mir den Schraubenzieher aus der Hand und kniet neben der PINUT nieder. Behutsam fährt er über die Stelle am Rumpf, die ich soeben bearbeitet habe. Die Spitze des Schraubenziehers verschwindet im Inneren des Schiffs.

Die Umgebung um mich herum verschwimmt, ich nehme nur noch das bleistiftdicke Loch mit dem Schraubenzieher wahr. Das Blut pulsiert schmerzhaft in meinen Ohren. Ein dicker Kloß bildet sich in meinem Hals. Die klebrige Hitze des portugiesischen Sommers lastet plötzlich schwer auf meinen Schultern und treibt mir Schweißperlen auf die Stirn.

Michael klopft den Stahl um das Loch herum ab. Farbe blättert ab und fällt zu Boden. Er steht auf. Ich schlinge die Arme um seinen Hals und drücke meinen Kopf an seine Schulter. Tief aus meinem Innern steigt ein Schluchzen auf. Tränen vermischen sich mit Schweißtropfen. Michael hält mich fest, ich spüre seine streichelnde Hand auf meinem Rücken.

„Was hat Mama?" Saskias Stimme dringt von weit her an mein Ohr.

„Sie ist traurig. Wir haben ein Loch im Schiff."

„Wo?"

„Dort unten."

Ich höre Saskias hastige Schritte auf der Leiter und kurz darauf ihren aufgeregten Ruf: „Kinder, wir haben ein Loch im Schiff!"

Ich hebe meinen Kopf und atme tief ein.

„Kaffee?"

Ich nicke und klettere hinter Michael die Leiter hinauf. Benommen lasse ich mich auf die Cockpitbank fallen. Rahel setzt sich neben mich. Ich lege den Arm um sie und ziehe sie an mich.

„Was machen wir jetzt?" Sie blickt mich unsicher fragend an.

„Wir fragen Bernie, ob er es schweißen kann." Meine Stimme klingt nicht so fest, wie ich es gern hätte.

„Zum Glück ist Bernie hier! Der hilft uns sicher."

Ich bin auch froh um die Anwesenheit des großen Briten mit dem schlohweißen Haar. Er gilt als ausgezeichneter Schweißer. Etwa zeitgleich mit uns hat er sich im Internet eine Stahlyacht gekauft, die sich nach und nach als lackierter Rosthaufen entpuppt hat. So schneidet er nun Stück um Stück seines Bootes heraus und schweißt es neu zusammen.

Der Duft frisch gemahlenen Kaffees schleicht sich in meine Nase. Ich öffne den Mund und schiebe den verspannten Unterkiefer langsam hin und her. Der Kaffeekocher klappert, dann höre ich das Klicken des Feuerzeugs.

Kurz darauf erscheint Michael im Niedergang. Er setzt sich zu mir. Rahel verdrückt sich.

„So schlimm find' ich das nicht. Das ist ja der große Vorteil eines Stahlschiffs: Alles kann geschweißt werden." Aufmunternd lächelt er mich an. Er wirkt nachdenklich, aber ruhig.

Mein Blick gleitet übers Deck und fixiert Michaels dunkle Augen. „Ich habe Angst, dass das nicht das einzige Loch ist."

Er nickt langsam. Sein Lächeln verschwindet. „Klar."

„Andererseits hat Gwilym keine kritischen Stellen am Unterwasserschiff gefunden", erinnere ich mich an die Begutachtung des britischen Experten im Frühling. Wir haben die Yacht vor einem Jahr gekauft und eine Ultraschallmessung der Stahldicke machen lassen.

„Außer den rostigen Stellen, die sichtbar sind. Die müssen wir uns genau anschauen. Zudem konnte er ja nicht alles ausmessen, sondern hat sich auf Stichproben beschränkt." Michael verschwindet wieder im Bauch des Schiffs. Der Kaffee sprudelt und duftet intensiv.

Kräftiges Poltern am Schiffsrumpf lässt mich aufstehen.

„Hallo, Wolfgang."

„Habt ihr das Ladegerät besorgt?"

„Nein, Michael fährt morgen nach Ayamonte."

„Und habt ihr was von den Kabeln gehört?" Seine hervorstehenden, großen Augen blicken forschend in mein Gesicht. Ich verneine erneut. „Wenn sie bis übermorgen nicht hier sind, müssen wir sie woanders auftreiben. Mein Ersatzteil soll ich Ende Woche bekommen. Solange kann ich euch noch helfen, danach muss ich mich um mein eigenes Schiff kümmern."

„Alles klar, Wolfgang, wir kümmern uns drum." Der grauhaarige Deutsche hebt die Hand zum Gruß und verschwindet hinter dem Nachbarschiff.

Ich trinke einen Schluck Milchkaffee und spüre der Wärme nach, die sich im Magen ausbreitet. „Mh, ausgezeichnet." Michael zaubert zwei Kokosplätzchen aus seiner Hosentasche und reicht mir eins.

„Danke, perfekt!"

Er blickt mich aufmerksam an. „Geht's wieder?" Der zärtliche Klang seiner Stimme bringt mich aus der mühsam zurückgewonnenen Fassung.

Ich nicke. „Es ist nur – die Elektrik, die noch nicht fertig ist, und Wolfgang, der bald geht, und nun noch das dumme Loch. Ich habe Angst vor unserem Schiff. Ich habe das Gefühl, hinter jedem Schrank, unter jedem Brett lauert ein neuer Defekt. Ich arbeite zwar gern handwerklich, aber ich habe keine Ahnung von diesen schiffspezifischen Dingen." Hilflos blicke ich auf den Kabelsalat im Sicherungskasten in der Küche. „Und die Aussicht, dass du bald in die Schweiz zurückkehren musst, macht es auch nicht leichter."

Da sind sie wieder, die Tränen. Sie lassen sich nicht zurückhalten. Ich lehne mich zurück und lasse sie fließen. Es tut gut. Mit jedem Schluchzen löst sich ein wenig von der Spannung, die sich in den letzten Wochen aufgebaut hat.

Vor acht Jahren hat unser Voreigner das Schiff komplett saniert. Inzwischen sind die elektronischen Geräte veraltet, die Elektrik muss überholt werden, und das Loch im Rumpf wird wohl ein Standschaden sein nach vier Jahren auf dem Trockenen.

Michael setzt sich zu mir, nimmt mich in den Arm und lässt mich weinen. Nach und nach fließt mein Atem gleichmäßiger. Ich fühle mich leer.

„Wir setzen uns morgen mit Wolfgang zusammen und besprechen das ganze Elektrokonzept nochmals, bis wir auch das letzte Detail verstanden haben. Mit dem Einbau aller Ladegeräte, Trennschalter, Sicherungen, Kontrolleinheiten und der Solarpaneele. Über das handwerkliche Können verfügst du, und wenn du erst weißt, wohin was gehört, schaffst du das auch ohne uns Männer."

Ein schiefes Grinsen schleicht sich in meine Mundwinkel. „Männer hat's hier ja genug, daran soll's nicht scheitern. Ted hilft mir sicher, wenn ich irgendwo einen Knoten habe. Und sonst ist Wolfgang ja auch via E-Mail erreichbar."

„Mit Bernie schauen wir uns morgen das Loch an. Er wird uns auslachen."

„Wahrscheinlich."

„Ich geh' jetzt gleich zu Wolfgang rüber und versuche mit ihm festzulegen, dass er uns auf jeden Fall mit der Verkabelung des 230V-Netzes und der Batterien hilft. Das möchte ich lieber nicht alleine machen. Immerhin hat er die Planung gemacht und steht jetzt auch irgendwie in der Verantwortung." Entschlossen steht Michael auf.

„Mach das."

Ich lächle ihm zu. Mein Kaffee ist inzwischen auf Trinktemperatur abgekühlt. Michaels Tasse ist bereits seit einigen Minuten leer. Er küsst mich auf die Stirn und zwinkert mir aufmunternd zu. Dann klettert er behände über die Reling.

Ich drehe die Kaffeetasse in meinen Händen. Von den Kindern ist nichts zu hören. Vermutlich haben sie sich wieder unter irgendwelchen Schiffen Wohnungen eingerichtet.

Ich weiß nicht so Recht, was ich mit mir anfangen soll und flüchte mich zu Horst. Seine kleine Yacht steht zwei Reihen näher am Meer schräg gegenüber von uns. Ich schnappe mir einen Roller der Kinder und fahre hinüber.

„Horst?"

„Komm rauf!", klingt es dumpf aus dem Innern des Schiffs.

Ich steige hinauf und gebe mir Mühe, nicht am Windgenerator hängen zu bleiben.

„Schön, dass du mich besuchen kommst! Magst ein Panaché?" Horst strahlt mich an. Er weiß, dass ich bei diesem Bier nie Nein sage.

Ich setze mich auf eines der blauen Polster und ziehe die Knie zur Brust. Er drückt mir die Dose in die Hand und öffnet sie mit einem leisen Zischen. Seine unglaublich blauen Augen mustert mich aufmerksam. Ihm entgeht selten etwas. „Na, wie läuft's drüben auf der PINUT?"

„An sich nicht schlecht. Mit der Elektrik kommen wir gut voran. Aber vorhin haben wir ein Loch im Unterwasserschiff entdeckt."

„Ou!" Horst runzelt die Stirn.

Seine spontane Reaktion lässt meine Stimmung gleich wieder in den Keller rutschen. Insgeheim hatte ich gehofft, dass er die Sache als Kleinigkeit abtun würde. Er ist fast 70 Jahre alt, segelt seit langer Zeit und hat viel Erfahrung mit Reparatur und Pflege eigener Schiffe. Ein Loch scheint für ihn in die Sparte „Zu vermeidende Reparaturen" zu gehören.

„Wann wollt ihr ins Wasser?"

„So rasch wie möglich. Die Zementwüste hier ist kein Platz für Kinder. Aber irgendwie häufen sich die Arbeiten mit dem Schiff. Und Michael fliegt nächste Woche wieder in die Schweiz zurück."

„Ach ja?" Horst sieht mich erstaunt an. „Ich dachte, ihr habt alles verkauft und lebt nun auf der PINUT?"

„Die Kinder und ich bleiben hier. Aber das Haus ist noch nicht verkauft, und solange muss Michael arbeiten. Ich kümmere mich derweil ums Schiff und unterrichte die Kinder." Wie lange ich das allerdings aushalten werde, weiß ich nicht. Ich kann mir das Alleinsein mit den Kindern hier in diesem Moment überhaupt nicht vorstellen.

„Was arbeitet Michael?"

„Er dirigiert verschiedene Chöre und hält an Bildungsinstitutionen Kurse in Auftrittskompetenz, Stimm- und Sprechtraining."

Horst zieht die Augenbrauen in die Höhe. „Rhetorik?"

„Auch, aber nicht nur." Ich trinke einen Schluck. „Und du, was sind deine Pläne? Willst du die Yacht noch immer verkaufen?"

Horst windet sich, ein wehmütiger Ausdruck erscheint auf seinem faltendurchzogenen Gesicht. „Naja, wollen – wollen ist was anderes. Aber es ist unvernünftig, das Boot noch länger zu halten. Es kostet viel Geld, und segeln werde ich es nicht mehr. Allerdings weiß ich nicht, ob ich es hier verkaufen kann. Eventuell bringe ich es nach Salzburg. Dann kann ich mich besser um den Verkauf kümmern."

„Verstehe. Und wann willst du das machen?"

„Dieses Jahr nicht mehr. In zwei Wochen flieg' ich zurück nach Österreich."

„Oh." Seine Worte treffen mich wie ein Hammerschlag. Ich habe fest damit gerechnet, dass er hier sein würde. Neben Haiti, der älteren Frau aus Surinam, die mit ihrem Mann Bobby in einem kleinen Holzschiff am Rand des Docks lebt, ist er der einzige Erwachsene auf dem Dock, der Deutsch spricht. Nicht, dass ich mich nicht in Englisch oder Französisch unterhalten könnte, aber die Muttersprache vermittelt ein Stück Heimatgefühl. Und trotz aller Überzeugung, dass unsere Entscheidung mit Schiff und Reise richtig war, trotz aller Freude, endlich hier zu sein, am Meer, in Freiheit, ohne Zwänge – trotz all dem ertappe ich mich dabei, dass ich alles, was nach Heimat riecht, aufsauge wie ein Schwamm. Interessanterweise wird diese Art Sehnsucht nach Vertrautem noch lange anhalten, obwohl ich nie ernsthaft den Wunsch verspürt habe, die Reise abzubrechen und in die Schweiz zurückzukehren. Vor allem der Klang der Muttersprache wird mich in den kommenden Jahren immer wieder aufs Neue berühren, wie beispielsweise auf Lanzarote.

Unterhosen und Vulkane

„Seegurken! Jonas, schau mal, da sind Seegurken!" Aufgeregt zeigt Rahel ins Wasser.

„Wo? Rahel, wo sind Seegurken? Ich seh' nichts!" Jonas versucht, am Geländer hinaufzuklettern.

„Wart, ich helf' dir!" Rahel greift ihm unter die Achseln und stemmt ihn hinauf. „Schau, dort, die dicken Würste im Wasser!"

„Ah, ja, ich seh' sie. Das sind Seegurken?" Ungläubig starrt er auf die länglichen, braunen Tiere.

„Ja! Papa, Mama, kommt, hier sind Seegurken!"

„Ui, das sind viele!" Ich staune, wie klar das Wasser hier im Fischereihafen ist und wie genau man die Seegurken erkennen kann. „Weißt du noch, wann du zum ersten Mal eine Seegurke in der Hand gehabt hast?" Ich blicke Rahel fragend an.

Sie runzelt die Stirn. Plötzlich strahlt sie. „Das war im Meeresmuseum in Faro! Die fühlen sich ganz glitschig an. Mama, wir haben's so gut! Wir können so viele Tiere in echt sehen! Seegurken, Wale, Delfine und Meeresschildkröten. Wir müssen gar nicht in den Zoo gehen dafür."

Ich lächle. „Ja. Und in der Natur sind sie viel schöner als in Gefangenschaft."

„Ich will hier runterhüpfen! Komm Rahel!" Jonas zieht Rahel an der Hand mit sich zu einer kleinen Mauer.

„Arrecife ist viel schöner, als ich erwartet hab'." Begeistert lasse ich meinen Blick über die weiß getünchten, würfelförmigen Häuser schweifen. Die grünen und blauen Fensterrahmen scheinen mir zuzuzwinkern. Michael zieht mich noch ein wenig enger an sich. „Es kommt doch immer so, wie's gut für uns ist. Das ist ein wunderbares Gefühl." Wir schlendern über eine Brücke des Charcos, des Beckens für Fischerboote am Rand der Altstadt. „Lass uns in einem der Cafés dort was trinken."

„Jonas, komm!" Rahel nimmt ihren kleinen Bruder an der Hand. Er hat Mauernhüpfen entdeckt. Mit Ausdauer klettert er auf die flachen Mäuerchen und hüpft hinunter. Bei großen Sprüngen hilft ihm Rahel, die keine Gelegenheit zum Klettern und Balancieren auslässt.. Die beiden lassen sich außer Atem auf zwei Stühle plumpsen. „Es ist schön hier!" Rahel freut sich. „Viel schöner als auf Madeira."

„Findest du?" Neugierig blicke ich in die großen Augen meiner Siebenjährigen.

„Naja, Madeira war auch schön, aber hier können wir mehr machen. Es hat den Spielplatz, den Strand und die vielen Geschäfte. Auf Madeira mussten wir immer den Bus nehmen."

Ich lächle. So unterschiedlich Kinder und Erwachsene auch sind, in der Wahrnehmung gewisser Dinge liegen wir nicht so weit auseinander. Ich finde vor allem den Haus- oder, besser gesagt, Schiffslieferdienst der Supermärkte sehr praktisch. Wir müssen die Sachen nicht selbst aufs Schiff schleppen und können viel größere Mengen auf einmal einkaufen. Zufrieden nippe ich an meinem heißen *café con leche*. Das Herantransportieren der Verpflegung unserer siebenköpfigen Familie ist ohne Auto eine große Herausforderung, insbesondere dann, wenn der Supermarkt nicht gerade um die nächste Ecke liegt.

Michael zieht aus seinem Rucksack ein Notizheft hervor und überlegt: „Was meinst du, sollten wir gleich wieder eine Pendenzen-Liste anlegen? Jetzt ist die Erinnerung an die Überfahrt noch frisch. Nach ein paar Wochen in der Marina haben wir die Hälfte der Dinge wieder vergessen, die uns auf See aufgefallen sind."

Ich kann mir einen leisen Seufzer nicht verkneifen. „Du hast Recht. Obwohl ich gar keine Lust auf Arbeiten am Schiff hab'. Ich will Lanzarote kennenlernen."

„Dazu bleibt auf jeden Fall genügend Zeit. Ich kümmere mich gleich morgen um ein Mietauto."

In meinem Kopf kreisen die Gedanken um den Pfeifton, wenn der Motor läuft, um die Roststellen an Deck, das tote Dampferlicht, den abgebrochenen Chock am Außenborder, die undichten Stellen am Dinghi. Doch ich will den Moment genießen. Auf der Insel ankommen. Wie auch immer unsere Reise weitergehen wird, bis hierher haben wir es geschafft! Teneriffa und La Gomera sind nah. Bald werde ich mit Michael den Pico del Teide besteigen, durch die Masca-Schlucht wandern und im Valle Gran Rei den Frühling riechen. Bilder, die durch Michaels Erzählungen in meinem Kopf entstanden sind und mich durch die letzten fünf Jahre getragen haben, tauchen auf. Michael hat vor vielen Jahren einige Monate lang als Reiseleiter auf Teneriffa und La Gomera gearbeitet. Ich rücke meinen Stuhl dicht an seinen und lehne meinen Kopf an seine Schulter. Er umfasst meine Hand und hält sie fest. Ein tiefes Glücksgefühl breitet sich in mir aus. Ich schließe die Augen und atme den salzigen Geruch des Meeres ein. Die Kinder sind bereits wieder aufgesprungen und balancieren gemeinsam auf einer kleinen Mauer.

„Neun Euro für fünf Kilo Wäsche?" Ungläubig blicke ich Tanja an.

Die sympathische Mitarbeiterin im Büro der Marina Lanzarote hebt entschuldigend die Schultern. „Tut mir leid. Die Waschmaschinen der Marina sollen in zwei bis drei Wochen angeschlossen werden, dann können Sie selbst waschen. Bis dahin kann ich Ihnen nur den Waschservice anbieten."

Dafür, dass die Marina Arrecife noch im Bau ist, lässt sich bereits gut hier leben. Noch sind die Duschen in Containern untergebracht, aber sie sind meistens sauber. Der Lärm der Baumaschinen erinnert mich an unser Jahr auf dem Trockendock in Faro und löst gute Gefühle aus. Die Kinder haben sofort die vielen leeren Räume, in denen irgendwann Restaurants, Cafés und Boutiquen einziehen werden, zum Spielplatz erklärt. Aber die Wäsche werde ich wohl vorläufig selbst waschen.

Wir schlendern zur PINUT zurück. Michael legt den Arm um meine Schultern.

„Nach der Abgeschiedenheit auf Madeira tut das hier ganz gut."

Sein Blick gleitet über die vielen Yachten, die an den unzähligen Schwimmstegen liegen. Die ersten beiden Stege sind den kleinen Fischerbooten vorbehalten. Danach kommen die kleineren Segelschiffe, dann die mittleren, zu denen wir uns zählen. Vorwiegend in der Einfahrt der Marina liegen die Großen und die Katamarane. Viele Schiffe sind unbewohnt. Die Eigner halten die Marina für ein gutes Winterlager oder auch geeignet für längere Segelunterbrüche. Trotzdem ist die Marina zu Zweidritteln leer. Das wird sich ändern, wenn die Boote für die Atlantiküberquerung eintreffen. Die meisten starten im November, um Weihnachten und Neujahr in der Karibik verbringen zu können. Jetzt haben wir Ende September. Wir genießen die beschauliche Gleichmäßigkeit, mit der das Leben vor sich hinplätschert.

Zurück auf dem Schiff mache ich mich an die Arbeit.

„Kinder, ich brauch' alle Unterhosen!"

„Alle Unterhosen an Deck!", posaunt Michael grinsend.

„Unterhosen? Was machst du denn mit unseren Unterhosen?" Irritiert schaut mich Ursina an.

„Ich koche sie."

„Du machst *was*?" Ihre Augen werden immer größer. „Und dann sollen wir sie essen?" Eine Welle allgemeiner Heiterkeit rollt durchs Schiff. Ich lasse Wasser in unseren größten Kochtopf laufen, stelle ihn auf den Herd und zünde das Gas an. „Nein, im Ernst, Mama, was machst du mit unseren Unterhosen?"

„Sagte ich doch schon, ich koche sie."

Amüsiert betrachte ich Ursinas Gesicht. Die Augenbrauen sind zusammengezogen, und dazwischen steht eine kleine Falte. Die dunkelblonden Haare stehen ungekämmt und wild in alle Richtungen.

„Und warum?"

„Die Waschmaschinen funktionieren noch nicht. Darum waschen wir die Wäsche selber."

„Aber warum *kochst* du die Unterhosen?"

„Weil die voller Bakterien sind, und Bakterien sterben erst ab einer Temperatur von 60°C. Das ist ganz heißes Wasser."

Ihr Wissensdurst scheint gestillt, sie widmet sich wieder der Zeichnung für ihre Patentante.

„Worin waschen wir sie?" Rahel stellt sich zu mir an den Herd.

„Ich dachte an das rosarote Becken, was meinst du?"

„Ja. Wo ist es?"

„Im Maschinenraum auf der Werkbank."

„Okay, ich hol's schon mal."

Kurze Zeit später balanciere ich den vollen Topf mit kochendem Wasser über die Niedergangsleiter ins Cockpit.

„Achtung, heiß!"

Jonas flieht respektvoll auf eine Bank. „Achtung, heiß, Seraina, heiß!", versucht er seine Schwester ebenfalls zur Flucht zu bewegen.

Sie hingegen steht gedankenverloren am Tisch und sortiert Lavasteine.

„Seraina, Abmarsch, der Topf ist schwer!"

„Oh, 'tschuldige!"

Ich klettere über die Bank aus dem Cockpit und stelle den Topf auf dem Vordeck auf den Boden. Rahel erscheint mit dem Becken. Ich verteile die Unterhosen.

„Jetzt kannst du ein wenig Waschmittel draufgießen." Behutsam lässt Rahel einen dünnen Strahl auf die Wäsche fließen.

„Gut so." Ich schütte das heiße Wasser darüber. Mit dem Stil eines Holzkochlöffels rühre ich im Becken. „Das lassen wir jetzt so stehen, bis das Wasser handwarm ist. Dann rubbeln wir die Hosen sauber."

„Rufst du mich? Ich helf' dir."

„Mach' ich, danke!" Ich drücke ihren dunkelblonden Schopf an meine Schulter. „Sag bitte den anderen, sie sollen alle schmutzigen T-Shirts an Deck bringen."

„Kochen wir die auch? Das ist ja viel Arbeit!" Rahel seufzt.

Ich muss lachen. „Nein, die waschen wir mit dem Wasser aus der Solardusche. Fühl mal, wie warm das ist!" Ich drehe den kleinen Hahn am schwarzen Plastiksack auf und lasse Wasser über ihre Hand fließen.

„Ist das von der Sonne?"

„Ja, Schwarz absorbiert das Sonnenlicht, das heißt, es nimmt es auf. So erwärmt sich das Wasser im Sack sehr schnell."

Begeistert spritzt sie sich das warme Wasser ins Gesicht.

„He, das brauchen wir für die Wäsche!"

„Ich bin auch schmutzig!" Sie lacht und hält mir ihre schwarzen Füße hin.

„Allerdings!" Ich grinse und schrubbe ihre Füße mit den Händen. Schuhe sind ihr ein Gräuel, wann immer möglich ist sie barfuß unterwegs.

„Ihr seid ja schon fleißig!" Auf der ANNE, dem deutschen Nachbarschiff steht Anette und streckt sich. „Große Wäsche? Magst du meine Waschmaschine ausprobieren?"

„Du hast eine Waschmaschine?" Überrascht blicke ich sie an.

Eine Waschmaschine passt so gar nicht zu der kleinen Yacht und Anettes durch und durch ökologische Ausrichtung. Immerhin benötigt so ein Ding neben Platz auch Süßwasser und Strom, wovon auf einer durchschnittlichen Fahrtenyacht nichts im Überfluss vorhanden ist.

„Es ist mehr eine überdimensionale Salatschleuder." Anette lacht. „Nele, hol doch bitte mal unsere Waschmaschine."

Das blonde Mädchen neben ihr verschwindet in den Tiefen des Schiffs.

„Wascht ihr auch selber?" Interessiert mustere ich die schmale Frau.

„Nicht immer. Vor Anker halt, und wenn in der Waschmaschine der Marina mehr Schimmel als sonst was ist."

„Hier!" Nele ist zurück und hält mir ein großes, weißes Etwas entgegen.

„Das sieht ja tatsächlich aus wie eine Salatschleuder!"

„Sag' ich doch!" Anette lacht verschmitzt. „Sie funktioniert auch genauso. In das Sieb legst du die Wäsche hinein, stellst es in den Übertopf, füllst ihn mit Wasser und Waschmittel, Deckel drauf und Kurbel drehen. Danach lässt du hier das Wasser ab und drehst wieder. Das ist dann der Schleudergang. Probier sie aus, ich brauch' sie heute nicht."

„Danke. Mal schauen, was ich da reinkrieg'." Wenn ich an die großen Berge Wäsche denke, die unsere Familie produziert, kann ich mir die Alltagstauglichkeit dieser „Waschmaschine" noch nicht vorstellen.

Bevor ich sie ausprobiere, mache ich mich auf den Weg zur Post. Nach erfolgreichem geduldigen Schlangestehen setze ich mich auf die warme Steinmauer. Ein junger Hund rast an mir vorbei, sein aufgebrachtes Frauchen rennt händeringend und laut rufend hinter ihm her. Ein Auto bremst hupend knapp vor einem Fahrradfahrer. Ein Schwall spanischer Wörter ergießt sich über den erschrockenen Mann, der sich mit eingezogenem Kopf auf seinen Sattel schwingt und rasch davonradelt. Ein Segelschiff zieht langsam auf den Horizont zu und entschwindet meinem Blick.

Aus meiner Umhängetasche ziehe ich das flache Paket, das ich soeben in der Post in Empfang genommen habe. Ein Kribbeln breitet sich in meinem Bauch aus. Gespannt ziehe ich an der Lasche der Kartonverpackung und hole den Inhalt heraus. Ja, es ist es! Zärtlich streiche ich über den weißen Einband und hinterlasse sofort Fingerspuren auf dem Lack. *Mararía.* DER Roman der kanarischen Inseln, DER Roman Lanzarotes. Das wichtigste Werk des kanarischen Schriftstellers Rafael Arozarena. Der Roman spielt in Femés, einem Bergdorf im Südwesten Lanzarotes. Auf unseren Autofahrten über die Insel haben wir Femés bereits einmal passiert. Einen besonderen Eindruck hat das Dorf nicht auf mich gemacht. Ich freue mich nun aber darauf, dieses Buch genau dort zu lesen. An der Kirchenmauer sitzend, den Blick auf die Papagayo-Strände in der Ferne gerichtet.

Tief atme ich ein. Das Buch halte ich fest in meinen Händen. Ich habe es noch nicht geöffnet. Ich widerstehe dem Drang, gleich darin zu lesen. Ich möchte es in Ruhe angehen. Jetzt fühle ich mich gedrängt, zum Schiff zurückzukehren. Die Kinder sind nun bereits seit einer Stunde allein. Nicht, dass das besonders riskant oder für die Kinder unzumutbar wäre. Sie kennen sich in der Marina aus, können sich gut für einige Zeit selbst beschäftigen und haben sich zudem mit vielen deutschen Familien angefreundet, die zwischenzeitlich auf Lanzarote eingetrudelt sind. Dennoch. Ein leichtes Ziehen bleibt. Immerhin ist Jonas auch dort, und je nach Idee, die der kleine Kerl gerade verfolgt, ist es für seine Schwestern nicht immer einfach, den dreijährigen Stürmer im Blick zu behalten. Trotzdem. Ich will noch nicht zurück. Ich schlage das Buch auf und streiche mit den Fingern über die erste Seite.

Wie sehr sich meine Einstellung zu Büchern innerhalb des vergangenen Jahres gewandelt hat! Gern gelesen habe ich immer schon, und gesammelt habe ich Bücher über lange Zeit. Meine Mutter war mir Vorbild: Große Büchergestelle waren voller Schätze, die gelesen werden wollten. Nach Saskias Geburt hat sich meine literarische Aktivität aufs Lesen von entwicklungspsychologischer Literatur beschränkt. Mit dem Umzug aufs Schiff habe ich mich von meiner Sammlung getrennt. Bücher sind schwer und brauchen Platz, den wir nicht haben. Stattdessen begleitet mich ein E-Reader. Er ist für mich ein Fenster in die Welt. In eine vertraute Welt. Die Welt der deutschen Sprache. Je länger ich unterwegs bin, desto mehr schätze ich meine Muttersprache. Nicht weil sie besonders klangvoll wäre oder mich besonders berühren würde. Nein. Sondern weil es die Sprache ist, in der ich denke. In der ich mit meiner Familie kommuniziere. Ich halte nichts von engen Gemeinschaften von Auswanderern, wie sie beispielsweise die Deutschen oder Engländer hier auf den Kanaren pflegen. Ich genieße den Austausch verschiedener Kulturen und eben auch das Erlernen fremder Sprachen. Trotzdem schlägt mein Herz jedes Mal ein wenig rascher, wenn ich Schweizerdeutsch höre. Ich spüre, wie ich intuitiv lächle, wenn – was selten vorkommt – ein Schiff mit Schweizer Flagge unseren Weg kreuzt. René, ein Schweizer, der vor Kurzem auf den Kanaren ein Schiff gechartert hatte, hat es treffend formuliert, als er spontan ausrief: „Ach, es tut gut, zwischendurch wiedermal die Muttersprache zu hören!" Ja! Es tut unglaublich gut! Darum ist mir die deutsche Literatur immer wichtiger geworden.

Es ist die Kargheit, die Arozarena in seinem Roman *Mararía* so treffend beschreibt, die mich an Lanzarote fasziniert. Nirgends leuchten die Orangen kräftiger als auf den kleinen Bäumchen zwischen den schwarzen Lavasteinen. Schwarz, grau, ocker, beige, der fast schmerzhafte Kontrast gelber, roter oder orangefarbener Blüten, der stahlblaue Himmel. Der stete, unbarmherzige Passatwind. Der Tourismus ist heutzutage natürlich auch auf Lanzarote angekommen. Bernieigfluglinien fliegen Arrecife an, große Kreuzfahrtschiffe machen hier Halt. Die zahlreichen beeindruckenden Kunstwerke, die der einheimische Künstler César Manrique immer im Einklang mit der Natur geschaffen hat – der Kaktusgarten, die Lavahöhlen, der Mirador del Río, die Jameos del Agua und weitere mehr – werden täglich von Touristenschwärmen besucht. Dennoch kann man die Einsamkeit spüren. In den Lavafeldern. Auf dem Vulkankegel. An den schroffen Felsküsten im Westen. Die Einsamkeit, welche die Menschen über viele Jahrhunderte lang auf Lanzarote begleitet haben muss. Die Einsamkeit, die zahlreiche Männer in die Arme der schönen Mararía getrieben hat. Mararía konnte der Einsamkeit nicht entfliehen, genauso wenig wie die Männer es konnten, die sich in sie verliebten.

Die Zeit, als mich die Einsamkeit traurig machte, ist vorbei. Jetzt suche ich sie, auf den Bänken an den weißgetünchten Hausmauern in Uga, an der Kirchenwand in Femés. Sie schafft in mir Raum, um mich auf die Insel einzulassen. Sie ermöglicht mir gleichzeitig, die pausenlose Lebendigkeit meiner großen Familie hinter mir zu lassen, um Atem zu schöpfen. Lanzarote und Einsamkeit sind für mich fest miteinander verbunden.

„Ich kann nicht mehr!"

„Haben wir noch Wasser? Ich verdurste!"

„Oben auf dem Krater gibt's die nächste Runde Wasser. Es ist nicht mehr weit", versucht Michael die Kinder zu motivieren.

Die Sonne brennt vom wolkenlosen Herbsthimmel. Nach einer Bustour durch den Timanfaya-Nationalpark haben wir das unbändige Bedürfnis nach Authentizität. Nach Ruhe. Nach eigenen Gedanken. Nach Körperarbeit. So haben wir uns kurzerhand entschlossen, die Montaña de Caldera Blanca zu besteigen. Der Vulkankegel ist nicht besonders hoch, aber einer der schönsten auf Lanzarote. Der Weg zum Vulkan führt durch ein Lavafeld aus schwarzen, scharfkantigen Lavabrocken. Bizarre Felsformationen laden zum Fantasieren ein.

„Schaut mal hier, eine Höhle!" Begeistert stürmt Saskia vorwärts. Durst und Müdigkeit sind vergessen.

Als ich an der Höhle vorbeikomme, sitzen Saskia und Seraina darin, haben soeben ihre Bananen verspeist und erzählen sich Geschichten. Jonas wiegt schwer hinter mir. Da die Wanderung nicht geplant war, habe ich ihn mit einem dünnen Baumwollschal auf meinen Rücken gebunden. Ihm macht der improvisierte Sitz nichts aus. Er schlenkert fröhlich mit seinen Beinchen und singt vor sich hin.

Je höher wir steigen, desto besser lässt sich die Umgebung überblicken. Hell erheben sich die alten Vulkane aus den jungen, schwarzen Lavaströmen empor. Die jüngsten Ausbrüche sind noch keine 200 Jahre her. Dabei entstanden neue Vulkane, die große Gebiete der Insel unter der Lava begruben.

„Sind bei den Ausbrüchen auch Menschen gestorben?" Saskia hängt sich bei mir ein.

„Ja, Menschen und Tiere. Die Lava hat ganze Dörfer zerstört. Viele Menschen sind nach Fuerteventura und Gran Canaria geflohen."

„Gab es da schon Flugzeuge, oder wie konnten die Menschen sonst so schnell fliehen?"

„Nein, Flugzeuge gab es noch keine. Die Menschen sind auf Schiffen geflohen. Die Vulkane spuckten aber auch nicht einfach so aus dem Nichts heraus Lava und Asche. Zuerst kamen Erdbeben, die einige Zeit dauerten. Die Menschen wurden sozusagen gewarnt, dass etwas passieren würde. Sie hatten Zeit, um sich und ihre Tiere in Sicherheit zu bringen."

„Aber trotzdem wurden Menschen getötet. Warum sind die nicht auch geflohen?"

„Manche Menschen waren sicher zu alt, um noch fortgehen zu können. Andere wollten nicht glauben, dass neue Vulkane entstehen könnten. Und wieder andere wollten wohl einfach ihr Zuhause nicht verlassen."

Nachdenklich schaut Saskia über die schwarze Fläche, die sich rund um den Krater des Caldera Blanca in alle Richtungen ausdehnt. „Kann der Vulkan wieder ausbrechen?"

„Theoretisch ist alles möglich. Im Innern der Erde brodelt es ja. Du weißt, dass der Kern der Erde heiß und flüssig ist und dass es überall auf der Welt Stellen gibt, durch die die Flüssigkeit aus dem Erdinnern, das Magma, durch die Erdschichten nach oben drängt. Heute kann man die Vulkane aber besser überwachen als früher. Mit speziellen Instrumenten, den Seismographen, kann die Aktivität im Innern der Vulkane gemessen werden. Solange alles gleich bleibt, ist die Wahrscheinlichkeit klein, dass ein neuer Ausbruch kommt. Wenn sich die Daten verändern, muss man das genauer untersuchen. Auf jeden Fall könnten heute die Menschen rechtzeitig gewarnt werden, wenn der Vulkan wieder spucken sollte."

„Dann ist es ja gut." Auf Saskias braungebranntem Gesicht macht sich Erleichterung breit.

Auf dem Krater angekommen, offenbart sich uns ein faszinierender Ausblick.

„Wow, ist das schön!" Seraina hält sich die Hand über die Augen und lässt den Blick über die Lavafelder und die umliegenden Vulkane schweifen.

Rahel reckt die Arme hoch, stürmt davon und ruft: „Hier kann ich den Himmel berühren!"

In diesem Augenblick verstehe ich, was Glück heißt: Die komplexe Welt schrumpft auf ein winziges positives Detail zusammen, das mich vollkommen ausfüllt. Das jede Faser meines Körpers, meines Denkens ergreift. Ich nehme nur Rahel wahr, wie sie mit ausgestreckten Armen den Himmel berührt.

Wie anders habe ich mich ein Jahr zuvor gefühlt, als ich mich in Faro mit Schiffsreparaturen und Rollenfragen herumgeschlagen habe.

Im Kampf gegen Rollenzwänge

„Habt ihr eine Crimpzange?"

„Eine was?" Ich runzle die Stirn.

„Eine Crimpzange."

Wolfgangs herablassender Tonfall ärgert mich. „Wenn du uns eine gibst, haben wir eine."

Er verdreht die hervorstehenden Augen. „Euren Werkzeugfundus musst du dringend aufpeppen, Michael."

Knack. Knack. Michaels Finger.

„Dann wisst ihr wohl auch nicht, was Schrumpfschläuche und Kabelschuhe sind?" Eine rhetorische Frage. Er wartet die Antwort nicht ab. „Wie willst du denn an deinem Schiff arbeiten ohne vernünftiges Werkzeug? Das musst du schon hier besorgen, auf einer Pazifikinsel kriegst du das nicht." Kopfschüttelnd verschwindet er über der Reling. „Bin gleich zurück."

Knack. „So langsam reicht's mir. Ich bin hier wohl am völlig falschen Platz. Nur weil ich ein Mann bin, muss ich doch nicht auch ein Handwerker sein." Michael schnaubt und knackt weiter mit den Fingern. „Wolfgang bestätigt für mich das negative Bild vom arroganten Deutschen. Er weiß alles, er kann alles, und alle anderen sind Deppen." Wütend schlägt er mit der Hand auf den Cockpittisch.

Ich zucke unwillkürlich zusammen. So stabil ist unser Tisch noch nicht. Auch eine Pendenz. „Immerhin hilft er uns."

„Am liebsten würde ich auf seine Hilfe verzichten und alles allein machen. Das blöde Gequatsche brauch' ich nicht." Michael ist wirklich sauer.

„Mir geht's umgekehrt. Nur weil ich eine Frau bin, werde ich von den Männern hier nicht ernst genommen."

Er blickt mich an. Kopfschütteln. „Das find' ich nicht."

„Doch. Alle wenden sich an dich, wenn's ums Schiff geht. Die Männer vom Dock, Wolfgang, Bernie. Eine Frau als Handwerkerin oder auch Seglerin passt nicht in die Vorstellungen der Männer. Jedenfalls nicht hier."

„Es wird nicht lange dauern und alle finden dich toll, wenn sie merken, was du drauf hast." Frustration und Neid schwingen in seinen Worten mit.

Ich stehe auf.

„Jetzt reicht's aber. Wir haben gewusst, dass wir in Bezug auf unsere Rollenverteilung auf Hindernisse stoßen werden. Die Männer hier kennen's nicht anders. Lass dich doch davon nicht aus der Ruhe bringen! Du bist der Kommunikations- und Krisenprofi."

Michael zieht mich heftig an sich. Er drückt seinen Kopf an meine Brust. Ich massiere seinen Nacken. Die Muskeln sind verhärtet. Hin und wieder stöhnt er leise auf.

„Du hast Recht", meint er nach einer Weile. „Ich sollte mich auf meine Stärken konzentrieren."

Ich halte mit Massieren inne und setze mich zu ihm.

„Klar. Wir wissen doch, dass wir als Paar stark sind, weil wir uns ergänzen. Wozu brauchen wir zwei Handwerker auf dem Schiff? Einer reicht, und das bin nun mal ich."

Er zieht mich an sich und küsst mich. „Ich verhandle und verdiene Geld, du reparierst das Schiff und gibst Geld aus. Alles klar!"

„Hey!" Ich knuffe ihn in die Seite und verschließe mit meinen Lippen seinen Mund. Übermorgen wird er wieder in die Schweiz fliegen. Umso mehr genieße ich seine Nähe.

Nach Michaels Abreise bin ich voller Tatendrang. Ich will das Schiff unbedingt seeklar haben, wenn er im Oktober wiederkommt. Die dunkle Ahnung, dass vielleicht doch noch mehr Unerwartetes auftauchen wird, verdränge ich optimistisch.

Beschwingt klettere ich aufs Cockpitdach und setze den Meißel an den Rand des ersten vollflächig verklebten, alten Solarpaneels. Wir möchten die beiden Paneele durch neue ersetzen. Ratsch! Das war nicht das Paneel, das sich freundlicherweise gelöst hat, das war das Knirschen von Holz. Der Meißel steckt im Cockpitdach. Vorsichtig hebe ich die Spitze ein wenig an und drücke sie nach oben. Ratsch! Eine Ecke des Paneels löst sich – samt Cockpitdach. Ich entdecke, dass das Dach aus zwei Holzschichten mit Hohlraum dazwischen besteht. Die obere Schicht scheint über große Stellen durchgefault zu sein. Die dunkle Ahnung schleicht sich wieder in mein Bewusstsein, ich schiebe sie genauso hartnäckig wieder weg. Dann nehme ich halt die obere Holzschicht komplett ab und ziehe über die untere eine Schicht GFK, so gewinnen wir sogar Platz nach oben zum Baum, denke ich.

„Hi, ich bin Sarah."

Mein Blick löst sich vom faulen Holz, gleitet über die Reling und bleibt an der korpulenten, blonden Frau hängen, die vor der PINUT steht und mich in Englisch anspricht.

„Hallo. Ich bin Corina." Ich schiebe eine vorwitzige Haarsträhne unter das Kopftuch. „Warte, ich komm' runter."

„Viel Arbeit?" Fragend blickt Sarah hinauf zum Cockpit.

„Immer." Ich grinse.

Sie nickt verständnisvoll. „Wir haben auch ein Stahlschiff. Unsere STEEL APPEAL liegt in der Lagune vor Faro."

Ich muss lachen. „ STEEL APPEAL ist ein sehr sinniger Name für eine Stahlyacht!"

Sarah lacht auch. „Hör mal, ich mache eine Ausbildung zur Facepainterin. Darf ich an deinen Kindern üben?"

Überrascht schaue ich sie an. „Du bemalst Gesichter?"

Sie nickt. „Ja. Ich bin noch nicht sehr gut darin, aber ich möchte längerfristig ein wenig Geld damit verdienen."

„Wo möchtest du denn malen?"

Sarah zuckt die Schultern. „Ach, da gibt's immer wieder Gelegenheiten. Auf Märkten, Feiern oder auch privat. Wenn ich genügend Fotos hab', will ich eine Website machen."

„Ich frage die Kinder."

„Danke. Ich komm' heute Nachmittag wieder vorbei, passt das?"

Sie hebt die Hand zum Gruß und verschwindet zwischen den Schiffen. Nachdenklich klettere ich die Leiter hinauf. Das wär' schon was, wenn ich auch eine Möglichkeit finden könnte, unterwegs ein wenig Geld zu verdienen. Zwei Holländerinnen verkaufen hier im Dock Selbstgebasteltes. Die eine kleine, gestrickte Mäuse, die andere Schmuck aus Muscheln, Bändern und Steinen. Das hat die Kinder bereits dazu animiert, selbst unter die Verkäufer zu gehen. Auf vier kleinen Tischen haben sie direkt neben dem Sanitärgebäude Muscheln und Steine an die Schiffsbewohner verkauft und dabei nicht wenig verdient. Ganz beflügelt von ihrem Erfolg möchten sie nun in der Adventszeit selbstgebackene Weihnachtskekse verkaufen. Ich weiß, dass es immer wieder Yachten gibt, die frisches Brot anbieten. Für mich wäre das nichts, ich bin mit der Frischbrotversorgung unserer großen Familie bereits ausgelastet.

Ein lauter Knall reißt mich aus meinen Gedanken, gefolgt von einem erschrockenen Schrei und lautem Weinen.

„Mama, komm schnell, Jonas ist durch die Dachluke gefallen!" Rahels Gesicht erscheint im Niedergang. Ihre sonnengebräunte Haut wirkt blass. Ich steige hinunter in den Salon. Jonas liegt auf dem Tisch, mitten auf einem Haufen Legosteine. Ich hebe ihn auf, ein Stein fällt auf den Boden. An seiner Stirn klafft ein Schnitt, Blut rinnt in kleinen Bächen über seine Augenbraue auf die Wange.

„Schnell, Rahel, gib mir Küchenpapier!"

Ich fange das Blut mit dem Papier auf, bevor es auf sein T-Shirt tropft. Es ist mucksmäuschenstill im Schiff, nur Jonas wimmert vor sich hin. Ich trage ihn ins Cockpit und setze mich mit ihm auf die Bank.

„Hier, Mama, die Notfalltasche." Seraina stellt die rote Tasche vor mich hin.

„Was machen wir nun? Muss Jonas zum Arzt?" Unsicher schaut mich Saskia an. In Ursinas Augen glänzen Tränen.

Ich schüttle den Kopf. „Er ist auf den Kopf gefallen und kann eine leichte Gehirnerschütterung haben. Er braucht vor allem Ruhe. Ich kenn' hier keinen Arzt, wir müssten ins Krankenhaus. Das wär' viel zu stressig für ihn."

„Aber was machen wir mit der Wunde?"

Saskia starrt auf das Stück Küchenpapier, das bereits mit Blut durchtränkt ist. Rahel hält mir ein neues Papier hin. Vorsichtig tupfe ich Jonas' Augenbraue sauber.

„Jetzt lassen wir sie erst einmal bluten. Das sieht zwar schlimm aus, ist aber gut, denn so wird die Wunde gereinigt. Wenn es aufhört zu bluten, schaue ich mir den Schnitt an. Ich denke, wir werden ihn mit Klammerpflaster kleben können."

„Tut das weh?", fragt mich Ursina besorgt.

Ich schüttle den Kopf. „Nicht mehr als der Sturz."

Sie drückt meine Hand.

„Ich warte, bis Jonas eingeschlafen ist, dann merkt er nichts davon. Bis dahin kleben wir die Stirn mit einer sterilen Kompresse ab. Seraina, bitte gib mir die kleine Karton-schachtel neben dem Mückenspray."

Kurz darauf prangt eine Kompresse auf Jonas' Stirn.

„Na, du siehst ja toll aus!" Saskia knufft ihren kleinen Bruder in die Seite.

Der dreht beleidigt den Kopf weg und beginnt sofort wie-der zu schluchzen.

„Alles in Ordnung, Jonas, das heilt wieder." Ich streiche ihm beruhigend über den Rücken.

Nach dem Mittagessen erwische ich ihn gerade noch, be-vor er sich mit Ursina in ein Rollerrennen stürzen kann. „Halt, junger Mann, erst Zähneputzen und Mittagsschläf-chen, danach kannst du mit Ursina spielen."

„Ich will nicht mit Ursina spielen, wir machen ein Ren-nen."

„Ja, nachher."

„Nein, jetzt, ich will nicht schlafen!"

Der Sturz scheint ihn nicht nachhaltig zu beeinträchtigen. Unter lautstarkem Protest trage ich ihn zum Waschbecken. Das Zähneputzen mit angestrengt zusammengepresstem Mund gelingt mit mäßigem Erfolg, aber sobald Jonas im Buggy sitzt, entspannt er sich. Langsam drehe ich meine Runden übers Dock. Hans, der kleine gesprächige Holländer, steht vor seiner Yacht.

„Hallo. Was macht die Arbeit?"

„Ach ja, es geht voran."

Der Blick aus den hellen Augen ruht auf Jonas, der bereits eingeschlafen ist. Dann nimmt mich Hans unvermittelt ins Visier.

„Weißt du schon, welches Antifouling du nehmen willst?"

„Nicht im Detail. Bisher war ein Hart-Antifouling drauf, das wollen wir aber nicht mehr. Ich möchte ein Self-Polis-hing."

„Dann musst du zwischen den beiden Antifoulings Hem-patex auftragen. Das ist ein aluminiumhaltiger Primer, der sehr stark aushärtet. So brauchst du das Kupfergrüst vom alten Antifouling nicht anzuschleifen."

„Das klingt ja super! Das Anschleifen hat mir nämlich schon Kopfzerbrechen bereitet." Erfreut lache ich Hans an.

„Wo bekomme ich das Wundermittel?"

„In Ayamonte. Dort gibt es einen Händler für Farben. Warte, ich hol' dir die Karte vom Laden."

Er dreht sich um und steigt die wenigen Stufen auf sein kleines Schiff hinauf. Ich weiß, dass die AEOLUS auch eine Stahlyacht ist, aber man sieht es ihr nicht an. Keine noch so kleine Rostspur, kein Kratzer, noch nicht mal ein klitzekleiner gelblicher Schimmer von Rostwasser. Natürlich kann man mit Farbe viel verdecken, aber selbst dann erkennt das geübte Auge meistens die kleinen Rostblasen unter dem Lack. Aber bei Hans' Schiff sehe ich gar nichts. Glänzend strahlt die Yacht vor sich hin.

„Was tust du gegen den Rost?", frage ich ihn interessiert, als er die Leiter wieder herunterkommt.

Er drückt mir eine speckige Visitenkarte in die Hand. „Hier, das ist der Laden. Er ist ganz einfach zu finden."

„Danke." Ich lasse die Karte in meiner Hosentasche verschwinden.

„Der Rost. Den musst du ganz sorgfältig behandeln, damit du ihn loswirst. Am besten wirkt Salpetersäure. Die lässt du auf die rostige Stelle tropfen und reibst den Rost nachher weg. Jedes kleinste Pünktchen muss weg. Das kannst du auch mithilfe einer Nadel machen. Nur wenn wirklich alles weg ist, hast du Ruhe. Sonst kommt er wieder."

Er blickt mir direkt in die Augen. Ich seufze.

Hans lächelt. „Ich weiß, das ist viel Arbeit, aber sie lohnt sich."

Das glaube ich ihm sofort. Beim Gedanken daran, wie ich mit einer Nadel auf unserem Deck sitze und die teilweise untertellergroßen Roststellen bearbeite, muss ich aber lachen.

Ich verabschiede mich und suche einen stillen Platz, an dem ich Jonas' Stirn behandeln kann. Vorsichtig ziehe ich die Kompresse ab. Jonas rührt sich nicht, er muss bereits tief schlafen. Ich hole einen Alkoholtupfer aus meiner Hosentasche und reinige die Haut um die Wunde. Es ist ein etwa zwei Zentimeter langer und vielleicht fünf Millimeter tiefer Schnitt, der noch immer ein wenig blutet. Behutsam schiebe ich mit einer Hand die Wundränder zusammen und klebe ein Klammerpflaster darüber. Ein zweites folgt, mit dem dritten bleiben die Ränder zusammen. Ich drücke die Enden gut fest und mache einen Schritt zurück. Prüfend betrachte ich Jonas' Stirn. Ich bin mit meiner Arbeit zufrieden. Klar, eine Narbe wird bleiben, aber sie wird gerade und unauffällig sein.

Als ich die Mädchen nachmittags mit ihren von Sarah kunstvoll bemalten Gesichtern fotografiere, sitzt Jonas stolz mit seiner gepflasterten Stirn dazwischen.

Atlantikfieber

An Sarahs Facepainting erinnere ich mich ein Jahr später in Arrecife an Halloween. Die Kinder verkleiden sich als Vampire und Dracula, bemalen ihre Gesichter so gruselig wie möglich, ziehen gemeinsam mit anderen Kindern von Schiff zu Schiff und sammeln Süßigkeiten, die redlich geteilt werden. Gar nicht so einfach bei der unüberschaubaren Kinderschar, die kurz vor Start der *Atlantic Odyssey* die Marina Lanzarote unsicher macht. Saskia, Seraina, Rahel, Ursina und Jonas sind glücklich.

„Mama, dürfen Nele und Paula heute bei uns zu Abend essen?"

„Und Mina!"

„Und Torge!"

„Sonst noch wer?" Amüsiert blicke ich in die Runde.

„Nein." Rahel schiebt sich eine Kartoffel in den Mund.

„Und was habt ihr euch zum Essen vorgestellt? Wir sind ja dann zehn Personen."

„Milchreis", schlägt Saskia vor. „Das kann ich mit Nele und Mina machen."

„Von mir aus ist das in Ordnung. Ihr dürft nur nicht vergessen, rechtzeitig anzufangen. Milchreis dauert."

„Haben wir genug Reis an Bord?"

„Ich schau' sicherheitshalber nach dem Essen nach." Saskia springt auf.

„Nach dem Essen!", rufe ich ihr hinterher.

„Hier, das sollte reichen." Sie erscheint mit einem halbvollen Behälter Rundkornreis.

„Und dürfen sie danach auch bei uns schlafen?" Ursina blickt mich erwartungsvoll an.

„Alle vier?"

„Ja!" Vierstimmige Begeisterung fegt durchs Cockpit.

„Nein, Kinder, vier sind eindeutig zu viele. Nele und Paula haben ja bereits einmal hier geschlafen. Daher schlage ich vor, dass Mina und Torge bleiben können."

„Oh nein, Mina und Torge, das klappt nicht. Dann lieber nur Torge." Rahel nickt überzeugt.

„Nein, nicht Torge! Dann zieh ich aus!" Saskia runzelt die Stirn.

„Ihr könntet euch ja aufteilen. Du, Saskia, fragst, ob du bei Mina schlafen darfst. Torge kommt zu uns, und Seraina könnte zu Nele gehen."

„Ja, das machen wir! Dürfen wir gleich fragen gehen?" Aufgeregt springt Rahel auf.

„Seid ihr mit dem Essen fertig?" Die Frage geht im Trubel unter.

Sogar Jonas lässt sich vom allgemeinen Eifer anstecken und streckt mir seine klebrigen Tomatensoßen-Hände entgegen. „Bitte putzen, Mama, schnell, sonst gehen sie ohne mich! Wartet!", ruft er den Mädchen hinterher.

„Und? Was hältst du von meiner Waschmaschine?" Anette lehnt sich aus dem Cockpit ihrer Segelyacht.

„Fürs Waschen finde ich sie nicht so geeignet, aber zum Schleudern ist sie praktisch. Für unsere Wäscheberge ist sie halt einfach zu klein. Aber trotzdem danke!" Ich klettere aufs Vordeck und reiche Anette die Waschmaschine hinüber.

Sie blickt die weiße Schleuder unschlüssig an. „Ich hab‘ noch nicht entschieden, ob sie in die Karibik mitkommen wird oder nicht. Eigentlich nutze ich den Platz lieber für Proviant.“

„Wie weit seid ihr mit den Vorbereitungen?“ Die ANNE ist Teilnehmerin der *Atlantic Odyssey*, die sich Mitte November auf den Weg in die Karibik machen wird.

„Ach“, sie macht eine wegwerfende Handbewegung, „ich weiß nicht. Wir arbeiten so vor uns hin und haken unsere Pendenzenliste ab. Aber sie wird nicht kürzer.“

Ich lache. „Das kommt mir bekannt vor! Ich glaube, es liegt im Wesen von Pendenzenlisten, dass sie nicht kürzer werden.“

Anette nickt und meint: „Wenn ich mir die ganze Hektik um uns herum anschaue, finde ich, wir schlagen uns ganz gut. An deine Gelassenheit kommen wir allerdings noch nicht ran.“ Sie zwinkert mir zu.

„Ich hab‘ ja auch keinen Abfahrtstress“, kontere ich und ergänze: „Ich fahre am Freitagabend nach Teguise zu einem Timple-Konzert. Kommst du mit?“

„Oh, die kleine kanarische Gitarre? Ja, gern! Wann?“

„Wenn wir hier um halb acht abfahren, sollten wir genug Zeit haben, um noch ein Gläschen Wein zu trinken.“

„Bis später.“ Sie hebt die Hand und verschwindet.

Ich lasse mich auf die Cockpitbank fallen, schnappe mir die Panaché-Flasche und genieße die plötzliche Ruhe. Pause. Aufatmen. Ich angle nach dem Laptop und beginne mit einer E-Mail an Michael. Vor vier Wochen ist er für einen längeren Arbeitseinsatz in die Schweiz geflogen. Die Atmosphäre hier wäre für ihn auch spannend gewesen. Die Marina hat sich in den letzten Wochen gefüllt. Viele Yachten sind angekommen, die sich auf die Atlantiküberquerung vorbereiten. Einige segeln zuerst nach Las Palmas auf Gran Canaria weiter, um von dort aus an der *Atlantic Rally for Cruisers (ARC)* mitzusegeln. Andere nehmen an der *Atlantic Odyssey* teil. Beide wurden vom in Rumänien gebürtigen Segelguru Jimmy Cornell ins Leben gerufen, um Fahrtenseglern die Angst vor einer Ozeanüberquerung zu nehmen. Charakteristisch sind die gemeinsame Vorbereitung, der gemeinsame Start sowie dasselbe Ziel in der Karibik. Der Unterschied liegt vor allem im Preis und damit verbunden an der Intensität der Betreuung. Während sich eine Teilnahme an der ARC nicht jeder leisten kann, ist die Odyssey vor allem auf Familien und junge Segler ausgerichtet, die nicht so tief in die Tasche greifen können oder wollen. Entsprechend karger ist die Betreuung. Wir kommen vor allem mit der Odyssey in Berührung, da der Start hier in der Marina Lanzarote ist. In der Woche vor dem Start gibt es für die Teilnehmer der Odyssey verschiedene Vorträge und Workshops. Ich schreibe an Michael:

> *„Die Atlantik Odyssey startet am 16.11. von hier aus. Nächste Woche gibt's zahlreiche Seminare, die allen Seglern offen stehen. Ich hab' mich für folgende Seminare eingeschrieben:*
> *Mo, 10 bis 11 Uhr: Voyage Planning in the age of electronic charts – Jimmy Cornell.*
> *Di, 11 Uhr 15 bis 12 Uhr 15: Practical aspects of long distance cruising – Jimmy Cornell.*
> *Di, 14 Uhr bis 15 Uhr 30: Offshore routines – Jimmy Cornell.*
> *Mi, 11 Uhr 15 bis 12Uhr15: Piracy and how to react in a dangerous situation – KlausHympendahl.*

Ich genieße den Trubel, den die Odyssey mit sich bringt. Überall wird geplant, eingekauft, optimiert. Auch die Kinder sind glücklich. So viele Familien haben wir seit dem Start unserer Reise nicht mehr um uns gehabt! Viele kommen aus Deutschland, haben sich ein Jahr Auszeit genommen.

Am nächsten Morgen starre ich missmutig auf den kümmerlichen Brotanschnitt, der auf dem Brotbrett liegt.

„Ist das alles, was ihr von den beiden Broten übriggelassen habt?"

Ursina murmelt: „Das war Rahel. Ich hol' sie."

„Wo ist sie denn?"

„Bei Torge!"

Weg ist sie. Ich blicke ihr nach, wie sie mit dem Roller zwischen den ersten Kreuzfahrttouristen des Morgens über die Marinapromenade düst. Ich nehme den Brotrest in die Hand. Das reicht noch nicht einmal für den hohlen Zahn. Wenn die Kinder mit dem Frühstück schon nicht warten wollen, dann können sie mir wenigstens genug übrig lassen. Verärgert lege ich den Anschnitt zurück.

„Hallo, Mama, was ist?" Rahel keucht über die Cockpitbank.

„Hier. Soll das alles sein für mich?" Grimmig halte ich ihr das Brotstück unter die Nase. Überrascht bemerke ich, wie Tränen in ihre Augen steigen. Heftig beginnt sie zu schluchzen. Damit habe ich überhaupt nicht gerechnet. Sofort tut sie mir leid. „Komm her." Ich fasse sie am Oberarm und ziehe sie sanft auf meinen Schoß. Ich streiche über ihren Rücken, bis das Schluchzen weniger wird. Vorsichtig wische ich die Tränen aus ihrem Gesicht. „Was ist denn los?"

„Ach, Mama!" Erneutes Schluchzen schüttelt sie. „Torge hatte solchen Hunger! Es hat ihm so gut geschmeckt, dass er ganz viel gegessen hat! Und er ist doch unser Gast, ich wollte ihm nicht sagen, dass er nicht so viel essen darf." Verzweifelt vergräbt sie ihren Kopf in meinem Hals.

Rums. Da ist sie, die Welle der Zärtlichkeit, die mich überrollt. Fest drücke ich Rahel an mich. „Ist schon gut, Rahel. Du hast alles richtig gemacht. Es ist schön, dass sich Torge bei uns so wohl fühlt. Es war ja das allererste Mal, dass er auswärts geschlafen hat."

„Ehrlich?" Erstaunt schaut mich Rahel aus ihren rotverweinten Augen an.

Ich nicke. „Ja. Seine Mutter hat es mir gestern gesagt. Sie war sich nicht sicher, ob er es wirklich durchziehen würde."

Rahel schnieft und strahlt über beide Backen. „Darf ich wieder zu ihm gehen?" Ich nicke. Sie ist schon fast um die Sprayhoodecke verschwunden, als sie noch einmal zurückkommt. „Aber Mama, was isst du denn jetzt?"

Ich erkenne Besorgnis in ihrem Blick. „Den Anschnitt hier. Und wenn der nicht reicht, frühstücke ich bei IKEA." Ich grinse.

„Dann ist's ja gut. Geh' ruhig frühstücken, wir kommen schon allein zurecht!" Sie winkt und stürmt sichtlich erleichtert von dannen.

Nachmittags finde ich mich auf der Schweizer Yacht PAROYA wieder. „Es geht nicht weiter! Irgendwo steckt es fest!" Ich hänge auf 16 Metern Höhe am Mast und versuche, das Kabel für die neue Dreifarbenlaterne an der Zugschnur durch den Mast heraufzuziehen. In den Bestimmungen der ARC ist ein zweites Beleuchtungssystem für die Positionslichter vorgeschrieben. Auf der Yacht von Patrizia und Roger fehlt jedoch die Dreifarbenlaterne auf der Mastspitze. Da Roger nicht schwindelfrei ist, habe ich angeboten, die Laterne zu montieren. Roger kauert am Mastfuß und stößt von unten am Kabel.

„Es muss irgendwo auf Höhe der Saling stecken, dort scheppert es, wenn du stößt!"

„Gib mal etwas nach. Ich ziehe das Kabel wieder ein wenig heraus, und dann versuchst du, es mit Schwung hochzuziehen."

Mit Schwung ist gut. Die Einzige, die hier am Mast schwingt, bin ich. Wie sehr vermisse ich in diesem Moment die massiven Maststufen der PINUT!

„Okay, ich lass' locker!"

Rund zwei Meter der Zugschnur verschwinden im Mast.

„Gut, jetzt zieh!"

Ich versuche, die Schnur so rasch wie möglich herauszuziehen. Plopp! Wieder an derselben Stelle. „Irgendwas blockiert. Wir kommen so nicht weiter!"

„Magst du runterkommen und eine Pause machen?"

„Gute Idee!"

Langsam gleite ich am Mast entlang nach unten. „Ich schlage vor, wir holen das Kabel nochmal ganz unten raus und kontrollieren den Übergang zur Zugleine. Vielleicht können wir sie noch besser miteinander verbinden, sodass kein Unterschied zu spüren ist."

Roger nickt. „Sonst lassen wir's. Die werden mich wohl auch ohne dieses ‚redundante Positionslicht' mitsegeln lassen." Er wirkt ein wenig genervt.

„Ach was, das schaffen wir!" Aufmunternd klopfe ich ihm auf die Schulter.

Bevor ich ein weiteres Mal in den Klettergurt steige, ziehen wir das Stromkabel aus dem Mast. Das Isolierband, mit dem wir das Zugseil befestigt haben, hat sich ein wenig gelöst, sodass das Kabel rund fünf Millimeter absteht. Roger wickelt die Zugschnur sauber um das Kabel und verklebt beides mit einigen Lagen Isolierband.

Ich begebe mich erneut in luftige Höhen.

„Ich ziehe!"

Immer mehr Schnur hole ich aus dem Mast heraus. Jetzt dürfte so langsam die heikle Stelle kommen. Noch blockiert nichts, es läuft locker weiter. Plötzlich halte ich Isolierband in der Hand. Ich ziehe ein letztes Mal und zerre das Kabel heraus.

„Ich hab's!"

Mein Freudenschrei schallt weit über die anderen Schiffe. Unmittelbar drehen sich mindestens zehn Köpfe in meine Richtung. Hoch erfreut wedle ich mit dem Ende des Stromkabels.

„Super!" Roger hält beide Daumen in die Höhe. „Jetzt schicke ich dir die Lampe." Er hängt einen Plastiksack an den Schäkel einer Toppnant und zieht sie hinauf.

Ich befestige das Kabel sicher am Verklicker und nehme vorsichtig die Lampe aus dem Sack.

„Die Löcher passen nicht! Wenn ich die Lampe so montiere, wie die Löcher sind, dann segelt die PAROYA gemäß Beleuchtung rückwärts…" Ich kann Rogers Grinsen nur vermuten, er ist zu weit unten.

„Lass den Sack wieder runter, ich schick' dir den Akkubohrer rauf", kommt postwendend seine Antwort.

Mangels Alternativen stecke ich die Lampe in den Ausschnitt meines Tops und schicke den Plastiksack auf seinen Weg. Der Akku der Bohrmaschine ist voll, der Bohrer scharf, das fehlende Loch rasch gebohrt. Es geht voran. Mein rechter Fuß ist eingeschlafen. Sorgfältig verbinde ich die Kabel über die Steckverbindungen miteinander und schraube die Lampe fest.

„Mach einen Leuchttest", rufe ich Roger zu.

Er verschwindet in den Tiefen des Schiffes. Kurz darauf erstrahlt die Laterne in Rot, Grün und Weiß. Voller Freude stoße ich mich mit den Beinen am Mast ab und lasse mich schaukeln. Aus dem Augenwinkel nehme ich wahr, wie etwas hinunterfällt. Unten angekommen identifiziere ich das Flugobjekt als Gummihülse, deren vom Hersteller zugedachte Position am Ausgang der Lampe um die Kabel herum wäre... Mit einem schiefen Grinsen reiche ich sie Roger.

„Sie leuchtet auch ohne Hülse", meint er trocken und steckt das Gummiding in die Hosentasche. Patrizia zieht uns ins Cockpit. Der kleine Tisch biegt sich fast unter der Last der zahlreichen Teller und Schüsseln. Schinken, spanische Chorizo, Käse, Surimi, Oliven, saure Gurken, Brot und Melone. Roger verschwindet in der Küche und kommt mit zwei Bierflaschen zurück.

„Auf dein ‚redundantes Beleuchtungssystem'!"

„Corina, weißt du, wie man mit dem Bus zum Flughafen gelangt?", fragt Angelika.

„Nicht wirklich. Ich weiß nur, wo die Bushaltestelle ist und dass der Bus eine Rundtour fährt."

„Unser Kurzwellengerät ist kaputt. Die Freundin einer Freundin bringt uns ein Ersatzteil mit. Sie muss aber die Fähre nach La Graziosa um fünf Uhr in Orzola erreichen. Ihr Flieger landet um vier."

„Ich hab' zurzeit ein Mietauto und kann dich fahren."

„Bringe ich damit nicht dein eigenes Programm durcheinander?"

„Welches Programm?" Ich lache. „Die Kinder sind so sehr ins Spiel mit den anderen Kindern vertieft, dass ich nicht viel von ihnen mitbekomme. Ich muss nur sicherstellen, dass Jonas betreut wird."

„Super, bis später!"

Auf unserem Steg liegen fünf Roller und vier Paar Schuhe. Da meine Kinder gewöhnlich barfuß in der Marina unterwegs sind, müssen mindestens vier Kinder zu Besuch sein. Dafür ist es aber erstaunlich ruhig an Bord. Leise steige ich ins Cockpit und spähe in den Salon. Neben meinen Fünfen entdecke ich Lasse, Torge, Nele, Felix und Alex. Sie sitzen auf den Salonbänken, in der Hundekoje und auf dem Boden. Auf dem Tisch in der Mitte steht ein riesiges Legoschiff. Offenbar wird gerade an einem Segel gebaut.

„Ein weißer Vierer!"

„Hier!"

„Jetzt ein Zweier!"

„Mama, schau mal, unser Schiff!" Rahel hat mich entdeckt und zeigt stolz auf das Bauwerk.

„Genial! Das sieht richtig gut aus!"

„Es fehlt noch das dritte Segel, und dann müssen wir noch das Cockpit bauen", erläutert Lasse.

„Und der Anker fehlt auch noch!", ergänzt Torge.

„Und die Leinen brauchen wir noch!" Jonas Augen glänzen, er hat ganz rote Backen.

„Kinder, ich fahr' Angelika zum Flughafen. Um fünf bin ich wieder zurück. Passt ihr auf Jonas auf?"

„Ich kann selber auf mich aufpassen!" Entrüstet stemmt der kleine Junge seine Fäuste in die Seiten.

„Ja, klar, das kannst du. Aber wenn du aufs Klo musst, sagst du Seraina Bescheid."

„Geh nur, Mama, wir schauen auf Jonas." Saskia zwinkert mir zu.

Die Sonne brennt vom Himmel. Obwohl es bereits Anfang November ist, schwitze ich in meinem Top und der kurzen Hose. Über den Autodächern flimmert die Hitze. Angelika kommt. Groß, schlank, die langen, blonden Haare zu einem Knoten aufgesteckt, dezent geschminkt und mit einem Hauch von Eleganz gekleidet. Ich schätze sie auf mein Alter. Wir steigen ein, ich starte den Motor, wir kommen zügig voran.

„Seid ihr auch für ein Jahr ausgestiegen?"

Angelika schüttelt den Kopf. „Wir hatten beide gute Jobs, es lief alles wunderbar, wir konnten uns alles leisten. Aber wir hatten nie Zeit, weder für uns noch für die Kinder." Aus den Augenwinkeln nehme ich wahr, wie sie in ihrer Handtasche kramt. „Wir haben alles verkauft – bis auf ein Cabriolet, das muss noch weg. Unser Ziel ist Neuseeland. Dort hoffen wir auf eine zweite Existenz." Sie findet einen Lippenstift und zieht sich sorgfältig die Lippen nach.

„Was arbeitet ihr?"

„Bernd ist Arzt. In Neuseeland sollen deutsche Ärzte sehr willkommen sein, und wir hoffen, dass er dort eine eigene Praxis eröffnen kann." Sie versorgt den Stift in der Tasche und zieht eine Kartonscheibe heraus. „Ich bin diplomierte Wirtschaftsprüferin. Einige Aufträge konnte ich mitnehmen. Für die Arbeit benötige ich nur den Laptop. Für einzelne

Kundentreffen fliege ich nach Deutschland. Und ihr? Ihr segelt nicht mit der Odyssey mit, oder?"

Ich spüre ihren Blick auf mir ruhen. „Nein. Wir sind gemütlicher unterwegs. Wir haben auch alles verkauft, aber Michael hat seine Jobs behalten. So muss er immer mal wieder zurück in die Schweiz. Darum geht's bei uns langsamer voran."

„Und wie sehen eure Segelpläne aus?"

„Vorerst möchten wir die Kanaren kennenlernen. Den nächsten Winter würden wir gern auf den Kapverden verbringen."

„Ihr segelt nicht direkt in die Karibik?"

„Nein. Die Kapverden wollen wir uns unbedingt ansehen. Man soll gut angeln können. Zudem kommt Rahels Patentante aus Ghana. Wir haben die Idee, mit ihr gemeinsam nach Ghana zu reisen und eine Weile dort zu bleiben. Afrika reizt uns mehr als die Karibik."

Angelika denkt sofort praktisch: „Und wie löst ihr die Versorgungsfrage? Schon auf den Kapverden soll die Versorgung schwierig sein."

„Wir sind auf unserem Schiff so organisiert, dass wir so viel wie möglich selbst herstellen. Letzte Woche habe ich 75 Kilogramm Bio-Getreide in einem Reformhaus in Arrecife bestellt. Das Mehl davon reicht für ein ganzes Jahr zum Brotbacken. Zudem züchten wir Sprossen und Junges Grün und haben ein Dörrgerät an Bord, um Früchte, Fleisch und Fisch zu trocknen. Und wenn's ganz eng wird, gibt's ja noch Bio-Gerstengraspulver für die Vitamine. Aus Bio-Vollmilchpulver lässt sich übrigens hervorragend Frischkäse und im Idealfall in der Thermoskanne sogar Joghurt herstellen."

Amüsiert lache ich über die Verwirrung, die in Angelikas Gesicht steht. „Mensch, das hätte ich dir gar nicht gegeben! Für mich ist Anette die Super-Mutti. Dich habe ich weniger durchorganisiert und vor allem weniger Bio eingeschätzt."

Nun lache ich lauthals heraus. Selbst- und Fremdwahrnehmung stimmen offenbar nicht überein.

„He, pass doch auf!"

Ich bremse scharf ab, als mir ein Kleinbus im Kreisel den Vortritt nimmt.

„Das war knapp!" Angelika streicht sich eine blonde Strähne aus dem Gesicht. Ich parke das Auto.

„Kommst du mit? Ich habe keine Ahnung, wie die Frau aussieht. Ich weiß nur, dass sie Püppi genannt wird." Angelika wirkt etwas hilflos. Ich stelle mir eine kleine, rundliche Frau mit Kugelaugen vor.

„Sie soll groß und kräftig sein mit kurzem, grauem Haar." Angelika zeigt mir die Kartonscheibe: PÜPPI. „Damit werde ich sie wohl finden." Wir stellen uns in der Ankunftshalle direkt an die großen Schiebetüren, durch die unablässig Reisende strömen. Einige Leute verkneifen sich ein Grinsen, wenn sie das Schild lesen.

Als wir mit dem Ersatzteil zurück im Hafen sind, setzen wir uns mit Pappbechern mit Kaffee auf die breiten Treppenstufen vor dem Burger King und blicken auf die Boote.

„Wie macht ihr das eigentlich mit der Schule? Unterrichtet ihr die Kinder?"

Ich zögere. Meine Standardantwort auf diese häufig gestellte Frage lautet: „Ja." Dann kommen meist keine weiteren Fragen. Bei Angelika könnte ich aber auf Verständnis stoßen.

„Nicht direkt." Ihr Blick ist erwartungsvoll.

Ich suche nach Worten, die meine Auffassung möglichst einfach erklären. „Ich vertraue auf die kindliche Neugier. Wie jedes Kind aus eigenem Antrieb sitzen, stehen, laufen und sprechen gelernt hat, so wird es auch lesen, schreiben und rechnen lernen. Ich verstehe mich mehr als Vorbild denn als Lehrerin. Wir haben ja eine Lebensweise gewählt, in der wir ganz eng mit den Kindern zusammenleben. Alles, was wir Erwachsenen tun, erleben die Kinder mit, und es interessiert sie. Sie möchten die Welt der Erwachsenen verstehen. Sie möchten dieselben Fähigkeiten ausbilden wie wir. Das ist ein ganz natürlicher Entwicklungsprozess. Unsere Aufgabe ist es, jedes einzelne Kind in seiner aktuellen Entwicklungsphase angemessen zu unterstützen. Ihm das Werkzeug zur Verfügung zu stellen, das es gerade für sich benötigt."

Angelika nickt. „Ich verstehe dich. Genauso fühle ich es auch. Die Kinder lernen sowieso das am besten, was sie interessiert, anstatt emotionslos Inhalte zu lernen, um sie nach der Prüfung wieder zu vergessen. So, wie wir es in der Schule getan haben."

„Weißt du, was mir erst vor Kurzem klar geworden ist? Ich habe zwar lange Zeit mit dem sogenannten Lernen verbracht, viele Abschlüsse gemacht, aber Freude habe ich dabei selten gespürt. Ich habe mich durch Gymnasium, Studium und weitere Prüfungen gebissen, um die entsprechenden Titel oder Befähigungen zu erhalten." Diese Erkenntnis lässt mir auch jetzt wieder einen kalten Schauer über den Rücken rieseln. Ich schüttle mich.

„Was hast du denn studiert?" In Angelikas Stimme schwingen Interesse und Neugier mit.

„Staatswissenschaften mit Spezialisierung auf Internationale Beziehungen. Das Studium an sich hat mich sehr interessiert. Es geht um internationale Zusammenhänge auf wirtschaftlicher, politischer und rechtlicher Ebene. Aber das Studium war zu weit von der Praxis entfernt." Ich lasse die letzten Tropfen Kaffee über meine Zunge laufen. „Parallel dazu habe ich Kulturmanagement studiert. Ich war schon als Kind in Chören und Theatergruppen aktiv, habe dann später Kulturprojekte organisiert. Ich kam also aus der Praxis und wollte die Theorie ergänzen. Das war viel harmonischer und scheint mir nachhaltigeres Lernen zu sein."

Einträchtiges Schweigen. Wir beobachten eine kleine Yacht, die langsam gegen den Wind in eine Box einparkiert. Das Deck ist vollgepackt mit einem rostigen Bordgrill, einem Fahrrad und zahllosen Wasserflaschen.

„Die größte Herausforderung für jeden Menschen ist es doch, eine Tätigkeit zu finden, mit der er sein Leben finanzieren kann und die er jeden Tag aufs Neue gern tut", nehme ich nach einer Weile das Thema wieder auf. „Seine eigenen Neigungen, Fähigkeiten oder Talente – wie auch immer man es nennen mag – zu entdecken. Ich glaube, vor allem darin müssen wir unsere Kinder unterstützen. Wenn sie einmal herausgefunden haben, was sie wollen, dann eignen sie sich die notwendigen Fertigkeiten sehr rasch an."

Nachdenklich zerdrückt Angelika den Pappbecher in ihren Händen. „Es ist nur nicht immer ganz einfach, die innere Überzeugung auch tatsächlich umzusetzen. Ich meine, Felix und Alex sind ja noch klein. Felix wird sechs und käme jetzt in die Schule. Handlungszwang spüre ich noch keinen. Aber wie werde ich denken, wenn er mit sieben oder acht Jahren noch immer kein Interesse am Lesen oder Schreiben hat? Werde ich die Zuversicht haben, dass er diese elementaren Fertigkeiten lernen wird, wenn für ihn die Zeit stimmt?"

Ich lehne mich zurück und stütze die Hände auf die Treppenstufen hinter mir. „Bei mir ist es ein Hin und Her. Bisher hab' ich die Kinder frei lernen lassen. Aber jetzt ertappe ich mich dabei, wie ich hin und wieder mit dem Gedanken spiele, feste Lernzeiten einzurichten. Wenn ich das typische Schulwissen meiner Kinder mit demjenigen eingeschulter Kinder vergleiche, müsste ich eigentlich dringend handeln."

„Dafür werden deine Kinder wohl nie mehr vergessen, warum ein Vulkan Feuer spuckt, wie die Guanchen gelebt haben und warum Meerwasser salzig ist."

Dankbar blicke ich sie an. „Und warum der Große Bär am Himmel Großer Bär heißt, wie man den Orion finden kann, und warum eine Sonnenfinsternis nicht auf der ganzen Welt zu sehen ist. Die Selektion von sogenanntem relevantem Wissen ist doch eigentlich total willkürlich", formuliere ich einen neuen Gedanken. „Wer weiß schon, was jedes einzelne Kind für sein Leben brauchen wird? Womit es sich seinen Lebensunterhalt verdienen wird? Welches Rüstzeug es dazu braucht?"

„Niemand. Alle Kinder müssen dasselbe lernen, egal, ob sie Friseur, Ärztin, Kinderbetreuer oder Meeresbiologe werden."

Andächtig schweigen wir. Ich versuche, mich an meine eigene Schulzeit zu erinnern. Bilder vom Pausenplatz erscheinen schwach, Szenen von Schlägereien. Gummiwist-Hüpfen. Nachsitzen wegen Schummelns während eines Diktats. Szenenproben für einen Kurzfilm zum Thema „Fairness" in der dritten Klasse Grundschule. Rechnen lernen mit den Montessori-Rechenstäbchen. Rollenspiele in der zweiten Klasse, bei der mir immer die Lehrerin-Rolle zufiel. Ich nehme wahr, dass ich mich vor allem an Ausschnitte meiner ersten Schuljahre erinnere. Von der Zeit aus dem Gymnasium ist fast nur noch die Erinnerung an die großen Chorprojekte geblieben. An eine unglückliche Liebe.

Lerninhalte? Die Kuh hat sieben Mägen. Die größte Kirche Europas ist der Kölner Dom. Okay, ich kann lesen, schreiben und rechnen. Aber das hätte ich vielleicht außerhalb der Schule gelernt.

„Jedenfalls braucht es Mut, einen anderen Weg mit seinen Kindern zu gehen." Angelika holt mich in die Gegenwart zurück.

„Hier seid ihr!" Saskia bremst ihren Roller scharf vor unseren Füßen ab. Jonas, der vorne auf dem Roller steht, knallt gegen den Lenker.

„Aua! Das war schnell!" Noch scheint er unschlüssig, ob er sich über die rasante Tour empören oder begeistern soll. Bevor er sich entscheiden kann, fährt Saskia bereits weiter.

„Das Forum fängt an!", ruft sie in unsere Richtung und ist verschwunden. Angelika steht auf, wirft sich ihre Handtasche über die Schulter und schlendert zum Seminarraum.

Meine Gedanken hängen in der Schulfrage fest. In unserem ersten Jahr unterwegs hätte ich die Kinder beim besten Willen nicht unterrichten können. Neben der Arbeit am Schiff hat kaum etwas anderes Platz gehabt, und wenn doch hin und wieder freie Zeit zur Verfügung gestanden hat, haben wir sie für Ausflüge genutzt. Für Ausflüge in „unsere" Bucht. Ich denke daran zurück, wie wir zum ersten Mal in Boca do Rio eingefahren sind.

Unser kleines Paradies

„Heute machen wir einen Ausflug." Wir sitzen im Cockpit beim Mittagessen. „Wer mag noch Salat?"

„Ich!" Seraina reicht mir ihren Teller.

„Hat's noch Tortilla?" Rahel blickt sich suchend nach der Bratpfanne um.

„Nein, alles weggeputzt."

„Och, schade!"

„Wohin gehen wir?" Saskias Tonfall klingt skeptisch. Sie geht nicht gern vom Trockendock weg, seit sie ihre Katze gefunden hat. Eine junge Straßenkatze, die solange übers Dock gestrichen ist, bis Saskia ihr ein Schüsselchen Milch hingestellt hat. Seither wurde das Schüsselchen durch eine Doppelschüssel für Futter und Wasser ersetzt. Aus herumliegenden Brettern hat Saskia ein Hüttchen gezimmert, das vor dem hungrigen Straßenhund schützen soll, der ebenfalls zwischendurch vorbeikommt. Saskia liebt Tiere und hätte am liebsten einen eigenen Hund.

„Wir suchen uns eine schöne Bucht, in der wir übernachten können."

„Wir gehen zelten?" Rahel strahlt mich an.

„Zelt haben wir keines dabei, aber im Auto können wir übernachten."

„Juchee! Wir schlafen im *Vivaro*!" Seraina jauchzt.

„Wie lange werden wir weg sein?" Saskia zieht die Augenbrauen in die Höhe.

„Ich denke zwei Nächte."

„Okay, das geht. Soviel Futter kann ich für Katharina einfüllen." Saskia ist zufrieden.

„Fahren wir gleich los?" Rahel zappelt ungeduldig auf der Bank herum.

„Nein. Ich möchte das Cockpit vorher noch streichen. Das ist nämlich der Grund, weshalb wir wegfahren. Die Farbe muss richtig trocknen, das dauert rund zwei Tage."

„Och, dann müssen wir ja noch ewig warten, bis wir losfahren können." Rahel verzieht das Gesicht.

„Von wegen. Ich streiche das Cockpit mit der Hilfe von einer von euch. Die anderen räumen die Küche auf und bereiten alles für den Ausflug vor. Dann sind wir gleichzeitig fertig. Was brauchen wir alles?"

„Schlafsäcke!" - „Zahnbürsten!" - „Was zu essen!" - „Die Kühlbox!" - „Den Campingkocher!" Die Rufe der Kinder verweben sich ineinander.

Saskia kramt nach Papier und Bleistift und versucht, das Chaos zu ordnen. Knappe drei Stunden später sind wir startklar. Das Cockpit erstrahlt in neuem Glanz. Zufrieden stecke ich den Pinsel in den leeren Farbtopf. Für den Boden hat die Farbe nicht mehr gereicht. Aber das macht nichts. Eigentlich habe ich das Cockpit gar nicht streichen, sondern nur zwei neue Solarpanele auf dem Cockpitdach verlegen wollen... Es waren die ersten beiden nachhaltigen Lektionen, die ich in Bezug auf Arbeiten am Schiff gelernt habe: Jede Reparatur dauert erstens mindestens doppelt so lange wie geplant und wird zweitens von unabsehbar vielen, ebenso ungeplanten Folgearbeiten begleitet.

Ich schnappe mir meinen Rucksack und klettere vom Schiff hinunter. Das Auto ist beladen mit Schlafsäcken, Kühlbox, Grill und Kindern. Die Luft steht. Die Betonwände der umliegenden Gebäude reflektieren noch immer die Hitze des Tages. Ich sehne mich nach einem kühlen Bad im Meer. Oder nach einem Bier.

„Mama, ich hab' Hunger."

Halb sieben. Weit kommen wir heute sowieso nicht mehr.

Wir beginnen unseren Ausflug ins Wochenende mit einem Besuch im Restaurant des nächsten Supermarkts. Die Wartezeit auf die Pizzen verbringen wir damit, uns mit Proviant einzudecken. Ganz zuoberst auf unserer Prioritätenliste stehen frische Sardinen. Wir wollen sie auf unsere neuste Errungenschaft legen: einen kleinen portugiesischen Holzkohlegrill mit einer Rostfläche für zehn mittelgroße Sardinen. Die Pizzen schmecken, und das alkoholfreie Bier prickelt durch meine Kehle. Entspannt lehne ich mich auf dem unbequemen Plastikstuhl zurück. Der Zeitdruck, unter den ich mich heute Nachmittag gesetzt habe, weicht einer fröhlichen Gelassenheit. Irgendeinen Parkplatz für die Nacht werden wir schon finden.

„Mama, hier ist das Paradies!" Mit einem Kranz rosaroter Blüten im Haar tanzt Seraina auf mich zu. Blumen, Blüten, Garten, Seraina ist in ihrem Element.

Rahel folgt ihr mit großen Blättern. „Ich bin die Blätterkönigin, und Seraina ist die Blütenkönigin."

Ich fühle mich auf diesem Parkplatz mitten in Quarteira, einem touristischen Vorort von Vilamoura an der portugiesischen Südküste, umgeben von Autos und Restaurants nicht gerade wie im Paradies. Mein Paradies wäre eine wilde Bucht mit klarem Wasser und Sandstrand. Wo ich die finden werde, weiß ich noch nicht. Die Kinder dagegen sind gefangen von der Pracht der Sträucher, dem kleinen Springbrunnen und den soliden Kletterbäumen. Autolärm, abendliche Spaziergänger und fehlende sanitäre Infrastruktur sind für sie inexistent. Auch die latente Angst, nachts von Polizisten vertrieben zu werden. Ich behalte meine Gedanken für mich. Jonas liegt neben mir und lächelt im Schlaf. Die anderen Kinder finden nicht so einfach Ruhe.

„Liest du uns noch eine Geschichte vor?", bettelt Ursina.

Sie streckt mir ein kleines Büchlein entgegen: „Dornröschen". Das Ende der Geschichte bekommt sie bereits nicht mehr mit. Seraina beklagt sich über zu wenig Beinfreiheit. Niemand kann ihr helfen. Für fünf Personen ist die Liegefläche nicht gedacht, auch nicht für fünf Kinder. Irgendwie findet trotzdem jedes Kind seinen Platz. Als ich nur noch gleichmäßiges Atmen höre, lege ich mich so bequem wie möglich über die beiden vorderen Sitze. Die Handbremse drückt in meinen Rücken. Ich stopfe eine Jacke darüber. Ich schlafe unruhig, wache von den unterschiedlichsten Geräuschen auf. Ein Hund bellt. Neben uns startet ein Motor. Menschen gehen laut diskutierend am Auto vorbei. Irgendwann zwängen sich die ersten Sonnenstrahlen durch die Vorhänge. Mit der Dunkelheit schwindet das Unwohlsein. Ich setze mich auf und ziehe die verspannten Schultern hoch.

„Ja, das ist sie! Das ist unsere Bucht!"

Ich schalte den Motor aus und springe förmlich aus dem Auto. Sofort umfängt mich das kraftvolle Rauschen der Wellen. Heftig atme ich die salzige Luft ein, bis ich das Gefühl habe, meine Lungen würden platzen oder mit mir davonfliegen. Ich fühle mich so leicht. Das Auto steht am Ende einer Sandpiste direkt vor einem hellen, mit großen Steinen durchsetzten Sandstrand. Keine 20 Meter entfernt laufen die Wellen im Sand aus. Schaumkronen tanzen auf dem Wasser.

Zwei Möwen fliegen kreischend über unseren Köpfen hinweg.

„Ist das schön hier!" Seraina ist neben mich getreten. Ihre Augen leuchten, glücklich reckt sie die Arme gen Himmel und stürmt über den Strand.

Die anderen Kinder machen es ihr nach. Jonas blickt mich kurz an und stolpert hinter den Großen her. Die Sonne steht tief und taucht die Welt in ein magisches Licht. Die Felsküste schimmert rötlich. Ein Windstoß fährt durch die hohen Schilfhalme, die an der Flußmündung stehen. Boca do Rio heißt die Bucht. Über den Strand verstreut stehen Wohnmobile und bunte Busse in mehr oder weniger gutem Zustand. Aus einer Ruine ragen die Äste eines Feigenbaumes.

„Ich will immer hier bleiben!", ruft mir Saskia entgegen. „Nur Papa fehlt."

Ja. Michael fehlt mir auch. Ganz besonders jetzt, da mich das Glück überrollt. Ich würde es so gern mit ihm teilen, dass es schmerzt.

„Diese Bucht müssen wir Papa zeigen!"

„Ja, das machen wir. In fünf Wochen ist er wieder bei uns. Dann ist es auch noch schön hier."

Als die Kinder schlafen, nehme ich ein Glas Portwein und setze mich auf einen großen Stein direkt am Wasser. Der Halbmond taucht über der Felsküste auf. Einen Augenblick lang leuchtet er golden. Dann wird er heller, gewinnt an Kraft und überschüttet das Meer und den Strand mit Silber. Ich atme den süßen Geruch des Portweins ein, trinke einen Schluck, spüre dem Geschmack auf der Zunge nach. Die Gegenwart durchdringt mich ganz tief. Das Geräusch der Wellen, der Duft des Weins und das Licht des Monds. Ich denke nichts, ich fühle nichts. Ich bin einfach nur da, im Hier und Jetzt. In dieser Nacht schlafe ich tief und ruhig wie seit vielen Monaten nicht mehr.

Wir sind soeben mit dem Frühstück fertig, als ein etwa zweijähriger Junge in Windeln an unserem Kleinbus vorbeistapft. Ganz in die Bewegung des Gehens versunken, setzt er ein nacktes Füßchen vors andere. In einigem Abstand folgt ihm ein sehr großer, schlanker Mann in weiten Baumwollhosen und gräulich-weißem T-Shirt. Die dunklen Locken werden von einem roten Stirnband aus dem Gesicht gehalten. In einer Hand hält er ein kleines T-Shirt.

„Mattis, warte!" Er beschleunigt seinen Schritt und erreicht den kleinen Kerl. „Ich zieh' dir dein T-Shirt an."

Rahel lehnt sich aus dem Busfenster. „Wir sind auch deutsch."

„Hallo." Der Mann lächelt sie an. Leichten Schritts folgt er seinem kleinen Entdecker.

„Kinder, da sind Deutsche!", rufe ich.

„Wissen wir." Saskia wirkt desinteressiert. „Die sind viel zu jung für mich."

„Weißt du doch gar nicht, vielleicht sind da ja noch mehr Kinder", entgegnet Rahel.

„Ich geh' nachschauen."

Bevor ich sie zum Zähneputzen aufhalten kann, ist Ursina aus dem Bus geschlüpft, im Pyjama.

„Und außerdem sind wir nicht deutsch. Wir sind Schweizer."

„Welche Laus ist dir denn über die Leber gelaufen?" Aufmerksam betrachte ich meine älteste Tochter.

Unwillig wirft sie den Kopf zurück. Die langen Haare fliegen über die Schulter. „Ach, ich will Kinder zum Spielen, aber nicht so kleine."

„Schau doch mal, ob vielleicht auch ältere Kinder hier sind", versuche ich sie aufzumuntern.

„Quatsch. Die sind doch alle in der Schule."

Sie hat nicht ganz unrecht. Die Kinder, die wir bisher getroffen haben, waren im Vorschulalter. Mit ihren neun Jahren hat sie es nicht leicht, gleichaltrige Freunde zu finden. Andererseits hat sie ein Händchen für kleine Kinder. Sie laufen ihr nach und vertrauen ihr vom ersten Moment an. So kommt es nicht selten vor, dass sich Drei- und Vierjährige, die in Ursinas Alter wären, an Saskia hängen – ganz zum Leidwesen von Ursina. Dass sie Gleichaltrige vermisst, kann ich Saskia nicht verdenken. Ich setze mich neben sie und lege den Arm um ihre Schulter. Schweigend sitzen wir zusammen. Ich weiß, dass ihr Versprechungen nicht helfen. Zumal ich mir nicht einmal sicher bin, ob es nicht leere Versprechungen wären. Ich hatte gehofft, dass wir rasch mit dem Schiff ins Wasser kommen und andere Familien treffen würden. Zu der maroden Elektrik und dem Loch im Rumpf sind jedoch weitere Mängel gekommen. Zu zweit wäre die Arbeit in einigen Wochen zu schaffen. Allein mit fünf Kindern werde ich Monate brauchen, bis das Schiff seeklar ist. Unseren Plan, im Oktober bei Michaels Rückkehr einzuwassern, haben wir bereits aufgegeben. Die nächste realistisch erscheinende Möglichkeit ist Anfang Januar. Solange bleiben wir also auf dem Trockendock. Und solange ist die Chance für Saskia gering, neue Freunde zu finden. Jetzt, im Herbst, ist die träge Ruhe in der Werft zwar gewichen. Fast täglich werden neue Schiffe mithilfe von den großen Kränen aus dem Wasser gehoben, die Stellplätze füllen sich. Mit aufgeregter Neugier erwarten die Kinder die Ankunft der Schiffe, identifizieren den Flaggenstaat und heißen die Neuankömmlinge willkommen. Auf vielen Schiffen sind sie bereits gewesen, haben Kekse und Schokolade genossen und erste Erfahrungen mit fremden Sprachen gemacht. Nur: Auf Kinder sind wir bisher nicht gestoßen. So verbringt Saskia viel Zeit mit Lesen.

„Mama, Mama, schau her, was wir gefunden haben!"

Das Blut in meinem Kopf pulsiert, meine Schultern fühlen sich heiß an. Ich muss eingeschlafen sein. Angestrengt versuche ich zu begreifen, wo ich bin.

„Wo ist Jonas?" Suchend blicke ich mich um.

„Er kommt. Mama, schau! Wir sind Glückskinder!" Serainas Stimme überschlägt sich. Ihr ganzer Körper zittert vor Erregung, jede Faser scheint zu glühen. Sie hält mir unser Abwaschbecken unter die Nase. Darin liegen zwei unterarmgroße Fische.

„Wo habt ihr denn die her?"

Die Schuppen glänzen silbern, die Augen sind klar und grau.

„Die sind tot. Sie sind dort auf dem Wasser getrieben." Sie weist in Richtung Flussmündung. „Mama, jetzt haben wir ein Abendessen und können doch noch eine Nacht hierbleiben!"

So sicher wie die Kinder bin ich mir noch nicht. „Ich weiß nicht, was das für Fische sind. Warum sind sie tot? Vielleicht ist der Fluss nicht sauber."

„Komm, wir probieren sie einfach." Rahel ist wie immer fürs Ausprobieren.

„Das ist mir zu heikel. Wisst ihr was? Ursina hat erzählt, dass auf einem der Schiffe eine Lehrerin ist. Nehmt die Fische und geht zu ihr. Vielleicht weiß sie, was das für Fische sind, und hat eine Erklärung dafür, warum sie tot im Wasser treiben."

„Komm, Ursina, zeig uns, wo sie wohnt!"

Saskia nimmt Ursina an der Hand, Seraina trägt das Becken mit den Fischen. Jonas krabbelt auf meinen Schoß. Er ist müde. Ich kraule seinen Kopf. Gemeinsam warten wir auf die Rückkehr der anderen. Als sie kommen, ist Jonas eingeschlafen. Ich lege ihn in den offenen Bus.

„Was hat sie gesagt?"

„Sie vermutet, dass es Meerforellen sind. Die Fische schwimmen zum Fluss, in dem sie geboren wurden, um neue Babys zu machen. Manchmal sterben sie dabei."

„Mama, komm mal mit. Du musst dir das anschauen. Die Fische können fast nicht ins Meer schwimmen, weil so viel Sand dazwischen liegt." Saskia stellt das Becken mit den Fischen in den Schatten.

„Ich bleibe hier." Rahel setzt sich dazu.

Ich lasse mir von Saskia den Fluss zeigen. Der schmale Flusslauf verbreitert sich zu einem kleinen See, der auf der einen Seite durch Felsen, auf der anderen Seite durch den Strand begrenzt ist. Ein kleines Rinnsal stellt die Verbindung zum Meer her. „Ich kann mir vorstellen, dass bei Springtide das Wasser aus dem Meer weit genug heraufreicht, um den Sand zum See abzutragen. Dann wird der Fluss wieder breiter, und die Fische können wegschwimmen."

„Was ist Springtide?" Seraina runzelt die Stirn. Eine hellblonde Strähne fällt ihr ins Gesicht. Sie schiebt sie hinters Ohr.

„Wenn Vollmond oder Leermond ist, ist der Wasserstand bei Ebbe tiefer als gewöhnlich und bei Flut höher. Bei Halbmond ist Nippzeit, dann sind die Unterschiede zwischen Ebbe und Flut gering. Schaut euch heute Abend den Mond an, er ist fast halb. Es wird wohl etwa eine Woche dauern, bis die Flut das Wasser wieder weit genug auf den Strand heraufbringt, dass die Fische ohne Gefahr ins Meer zurückschwimmen können."

„Die armen Fische." Ursina blickt traurig auf einen ganz kleinen Fisch in ihrer Hand. „Warum macht die Natur sowas Gemeines?"

Ich setze mich in den Sand und nehme sie auf den Schoß. „Die Natur unterscheidet nicht zwischen gut und schlecht. Sie ist einfach da. In ihr hat alles Platz: Leben und Tod, geboren werden und sterben. Die Fische, die hier in den Fluss schwimmen, haben ganz viele Fischeier abgelegt. Daraus schlüpfen viele kleine Fische. Einige davon werden überleben, weil sie den Weg des geringsten Widerstands gehen. Andere werden sterben, weil sie ungeduldig sind."

„Welchen Weg gehen die schlauen Fische?" Das will sie genauer wissen.

„Den Weg des geringsten Widerstands. Es ist unglaublich anstrengend, durch diesen schmalen Bach ins Meer zu gelangen. Schau, dort ist eine Stelle, die fast trocken ist. Dort müssen die Fische hüpfen, damit sie nicht austrocknen. Wenn sie nur eine Woche warten, wird der Bach dort wieder breiter und tiefer sein, und sie können gefahrlos durchschwimmen."

„Aber warum wissen das die Fische nicht? Wir müssen das ihnen sagen!" Verzweifelt umschließt sie mit ihren kleinen Fingern das Fischlein.

„Das muss jeder Fisch selbst herausfinden. Genau wie wir Menschen. Wir möchten manchmal auch Sachen machen, die für uns im Moment zu schwierig sind. Ein bisschen später geht es dann ganz einfach."

Sie blickt mich aus ihren grünen Augen mit den langen Wimpern überrascht an. „Das stimmt! Jonas wollte letzten Sommer immer Rollerfahren, dabei konnte er überhaupt noch nicht laufen. Er ist so wütend geworden. Und jetzt kann er Roller fahren, weil laufen kann." Glücklich über diese Erkenntnis lächelt sie. Doch gleich darauf wird ihr Blick wieder traurig. Sie öffnet die Hand und streichelt den kleinen Fisch. „Du warst nicht so klug, du kleiner Fisch. Du hättest länger warten müssen." Sie schweigt. „Darf ich ihn behalten? Ich mache ihm ein kleines Bett, dann hat er es gut."

Eine Welle Zärtlichkeit überrollt mich. Ich drücke das Mädchen fest an mich. „Das geht leider nicht. Der Fisch verfault und wird ganz furchtbar stinken."

„Dann begrabe ich ihn hier im Sand. Wo ist die Schaufel, die wir mitgenommen haben?" Sie springt auf, ohne meine Antwort abzuwarten.

Als ich zum Auto zurückkomme, steht ein Mann mit einem Korb davor. „Hallo. Wollt ihr Brot kaufen? Rein biologisch, erstklassiges Vollkornbrot." Er hebt das Tuch und zeigt mir große, dunkle Brote in seinem Korb.

„Sehr gern. Ich nehme das große dort unten. Was willst du dafür?"

„Fünf Euro."

Ich ziehe einen Fünf-Euro-Schein aus dem Portemonnaie und tausche ihn gegen das Brot. Es wiegt schwer in meiner Hand. „Danke! Das wird unser Frühstück für morgen."

„Juhu, wir bleiben hier!" Saskia hat die Szene verfolgt und gleich scharf kombiniert. Sie fasst Rahel an den Händen und tanzt mit ihr im Kreis herum.

„Warum hast du nicht gleich zwei Brote genommen, dann könnten wir noch länger bleiben?" Seraina denkt wie immer sehr praktisch.

Ich muss lachen. „Das Brot ist zwar sicherlich sehr gut und sättigt vermutlich auch, aber es kostet auch viel. Zehn Euro für zwei Brote möchte ich nicht ausgeben. Ein Brot reicht uns für morgen früh. Danach müssen wir sowieso zurück zum Schiff."

„Och, dann arbeitest du wieder nur, und wir müssen allein spielen." Seraina legt ihre Arme um meine Hüfte und vergräbt den Kopf in meinem Bauch.

Ich streiche über ihr Haar. „Irgendwann ist alle Arbeit gemacht und dann habe ich ganz viel Zeit für euch." So richtig vermögen sie meine Worte nicht zu trösten. „Und ich bin sehr froh, wenn du mir wieder hilfst. So, wie beim Cockpitdach. Die Glasfaser-Epoxy-Schicht hätte ich ohne dich nicht aufbringen können."

Ich meine es ehrlich. Es war das erste Mal, dass ich mit Glasfasermatten und Epoxy gearbeitet habe. Dunkle Wolken waren über den Himmel gezogen, es hatte nach Regen gerochen. Und das Zeug klebte an meinen Gummihandschuhen anstatt auf dem Dach. Mit ihrer Engelsgeduld war mir Seraina beigestanden, hatte die widerspenstigen Matten in Position gezogen, in der Epoxybüchse gerührt, bevor sich eine Haut bildete und gelassen mein Geschimpfe ertragen. Ihre Anwesenheit tat mir gut. Ich blicke in die klugen Augen, die oft zeigen, dass Seraina in Gedanken weit weg zu sein scheint. In irgendwelchen weit entfernten Welten. Serainas Welten.

„Ich will zu dem kleinen Bub gehen." Ursina steht in ihrer nassen Badehose vor mir.

„Das darfst du. Komm, ich helfe dir, was Trockenes anzuziehen." Ich nehme ihre Hose von der improvisierten Wäscheleine und helfe ihr beim Umziehen. „Nun geh, mein Frosch!"

„Kommst du mit? Ich trau' mich nicht allein."

„Ja. Ich hole Jonas." Mit dem verschlafenen Jonas auf dem Arm und Ursina an der Hand laufe ich die Sandpiste entlang zu einem großen Platz, der etwas zurückversetzt in der Nähe des Flusslaufs liegt. Auf dem Platz verteilt stehen viele Busse und ältere Wohnmobile. Einige erzählen von langen Reisen. Auf einer kleinen Anhöhe etwas abseits steht ein Bus, dessen Bewohner vollkommen autark unterwegs zu sein scheinen. Zwei große Solarpanele lehnen an der Seite, auf einem kleinen Tisch neben dem Bus stehen zahlreiche Grünpflanzen. Ich entdecke Basilikum, Petersilie und Schnittlauch. Die anderen Gewächse sind mir fremd.

Ursina zieht mich zu einem großen Wohnmobil mit bunten Kinderzeichnungen an den Wänden. Neben der Tür steht eine kleine Holzbank, davor liegen ein roter Plastikbagger und einige Sandförmchen. An einer langen Wäscheleine hängen Kinderkleider. Ich klopfe und werfe einen Blick ins Innere des Wohnmobils.

„Hier ist niemand. Komm, wir suchen sie."

Mein Blick bleibt an einem Bus hängen. Leuchtende Farben mit kindlichen Motiven, vom Dach bis zu den Rädern. Vor dem Eingang ein ausgefranster Vorhang, davor eine staubige Decke. Darauf sitzt ein behäbiger Mann in bunten Kleidern. Seine langen Haare sind im Nacken zusammengebunden. Er hält einen Pinsel in der Hand und bemalt konzentriert einen runden Stein. Wir gehen näher hin und schauen ihm zu. Als der Stein ganz in Rot gehüllt ist, hebt der Mann den Blick.

„Hallo. Wer seid ihr denn? Wollt ihr auch malen? Kommt, setzt euch."

Zaghaft setzt sich Ursina und zieht mich zu sich hinunter. Jonas auf meinem Schoß sieht die vielen bunten Farbtöpfe.

„Ich will auch!"

„Ich bin Mattes der Maler", sagt der Mann. Seine Stimme klingt weder hoch noch tief und hat eine ungewöhnliche Färbung.

„Ich bin Corina, und das sind Jonas und Ursina."

„Ich hab' euch noch nie hier gesehen."

„Unser Bus steht dort drüben am Strand." Ich tauche einen dicken Pinsel in die hellblaue Farbe. „Bist du immer hier?"

„Meistens. Im Sommer biete ich Workshops für Kinder an. Ich lasse sie zu einem bestimmten Thema malen. Zuerst eine Skizze auf Papier, dann mit Acrylfarben auf kleine Leinwände. Sehr gute Sujets pause ich durch und stelle damit neue Kompositionen zusammen. Die Bilder verkaufe ich."

„Lebst du davon?"

„Mittlerweile schon."

Interessiert blicke ich Mattes an. „Wie kommst du als Deutscher hierher und malst Bilder?"

Er lächelt. „Das ist eine längere Geschichte. Ich erzähle sie dir gern mal. Wie lange bleibt ihr hier?"

„Nur bis morgen früh. Wir wohnen auf einem Segelschiff in Faro."

Nun ist es sein Blick, der mich interessiert und erstaunt mustert. „Und wo wollt ihr hin?"

„Im Moment renoviere ich das Schiff. Sobald es fertig ist, segeln wir über Madeira zu den Kanarischen Inseln. Dann weiter auf die Kapverden und dann schauen wir, wohin uns der Wind bläst."

„Mama, hier bist du! Wir haben dich überall gesucht!" Saskia stürmt mit Rahel und Seraina herbei. „Oh, hallo. Was macht ihr denn hier?"

„Wir bemalen Steine und unterhalten uns mit Mattes."

„Dürfen wir auch malen?" Serainas Augen glänzen.

„Klar. Sucht euch einen Stein und setzt euch. Es gibt nur eine Regel, die ihr unbedingt einhalten müsst: Wascht die Pinsel immer gut aus und geht nicht mit einer Farbe in eine andere. Einverstanden?"

„Kommt, wir suchen Steine!" Saskia wirbelt davon.

„Ich bin fertig. Wo kann ich den Stein hinlegen?" Ursinas Finger sind mindestens genauso bunt wie ihr Stein.

„Am besten in die Sonne. Da kann er gut trocknen."

„Mama, schau, jetzt sind sie da!" Aufgeregt zeigt Ursina zum großen Wohnmobil mit den Kinderzeichnungen hinüber. Der kleinere der beiden Jungen spielt mit dem Bagger, während der größere mit einem dicken Stock Kreise in die Luft zeichnet. Vor der Wäscheleine steht eine schlanke Frau in weiter Baumwollhose. „Kommst du bitte mit?"

Ursinas Hundeblick kann ich mal wieder nicht widerstehen. Ich stehe auf und klopfe den Sand von meinen Beinen. „Wir sehen uns noch, Mattes. Danke fürs Malen."

Er lächelt mich an und wendet sich Seraina zu, die mit ihrem Stein, dem Pinsel und den Farbtöpfen eins zu sein scheint.

„Ich komme mit!" Rahel kommt von irgendwoher angerannt. Sie hatte keine Lust auf Malen.

„Wohin geht ihr?" fragt Saskia alarmiert. Sie bleibt nicht gern zurück, wenn sie die Chance auf etwas Neues wittert.

„Dort rüber zu den Jungs."

„Ich komm auch mit!" Jonas setzt sich sofort zum Plastikbagger und schaut dem kleineren Jungen zu. Er dürfte etwa so alt sein wie Jonas.

„Hallo. Schön, dass so viele Kinder hier sind!" Die dunkle Stimme der Frau klingt sympathisch. Ihr Blick ist offen, sie lacht. „Ich bin Eva." Sie streckt mir ihre Hand entgegen.

„Corina. Ich freue mich, dich kennenzulernen."

„Dürfen wir in euer Wohnmobil?"

Gespannt blicken drei Augenpaare auf Eva. Schiffe haben sie schon einige gesehen, aber in einem Wohnmobil waren sie noch nie.

„Klar, geht ruhig rein. Nil, magst du den Mädels euer Bett zeigen?"

Der größere der beiden Jungen wirft seinen Stock auf den Boden und klettert die kleine Treppe zum Wohnmobil hinauf. „Kommt!"

Eva lächelt. „Nil hat seine Freunde aus dem Kindergarten sehr vermisst. Und wir haben leider bisher keine Kinder in seinem Alter getroffen."

„Wie alt ist er?"

„Er wird Mitte Oktober vier."

„Dann ist er ein Jahr jünger als Ursina."

„Na, da ist ja plötzlich was los!"

Ich habe den mächtigen Mann nicht bemerkt, der hinter mich getreten ist.

„Ich bin Jan."

Er streckt mir eine kräftige Hand hin. An Jan ist alles groß. Er überragt mich um einen ganzen Kopf, hat große Füße, die in ausgelatschten Flipflops stecken, breite Schultern und einen mächtigen Bauch. Kleine Schweißperlen stehen auf seiner Stirn.

„Du bist sicher die, die mit ihrer Kinderschar auf dem Schiff lebt." Es ist mehr eine Feststellung als eine Frage.

„Das Buschtelefon funktioniert ja prächtig." Besonders begeistert bin ich davon nicht.

„Ich wollte auch mal auf einem Schiff um die Welt segeln. Hatte bereits alle Scheine in der Tasche. Hab' Freunden beim Ausbau ihrer Boote geholfen, bin mitgesegelt. Aber dann reichte das Geld nicht für eine eigene Yacht. Und jetzt bin ich IV-Renten-Empfänger, habe einen kaputten Rücken und mein Traum ist geplatzt." Die Worte sprudeln wie kleine Blasen aus ihm heraus.

„Und was tust du jetzt?"

„Jan macht superschönen Schmuck aus Gabeln." In Evas Augen leuchtet Begeisterung.

„Aus Gabeln? Darf ich mal schauen?"

„Komm mit."

Zwischen Jan und Eva laufe ich zu Jans Bus. Er ist sehr gepflegt, mit einer großen Solarzelle auf dem Dach. Daneben steht ein Motorroller. An der Markise hängen an Seilen mindestens drei Dutzend unterschiedlich geformte Gabeln. Die Zacken sind kunstvoll gedreht, mal nach innen, mal nach außen. Bei einigen Exemplaren sind die Stiele verbogen, andere sind mit kleinen Pailletten verziert. Sie sind als Anhänger, Broschen oder Fingerringe gearbeitet.

Ich fröstle. Eine schmale Wolkenschicht hat sich vor die Sonne geschoben, und ein hartnäckiger Wind zerrt an meinem Shirt. „Ich glaube, ich muss mich um unseren Fisch kümmern, bevor es zu kalt wird."

„Wie lange bleibt ihr?"

„Wir fahren morgen nach dem Frühstück. Aber ich denke, wir kommen nächstes Wochenende wieder. Seid ihr dann noch hier?"

„Ja, auf jeden Fall." Eva nickt.

„Und du?" Ich blicke fragend zu Jan.

„Och, ich bin immer da, wo was los ist. Wenn ich weiß, dass ihr kommt, werd' ich hier sein."

„Schön!" Ich spüre ein Kribbeln im Bauch. Nach den langen einsamen Wochen auf dem Trockendock fühlt es sich gut an, mit Menschen zu kommunizieren, die Deutsch sprechen und ähnlich gestrickt sind. Und es ist schön, gemeinsame Pläne zu machen, erwartet zu werden. „Eva, schickst du mir die Kinder in einer halben Stunde rüber?"

„Mama, ich muss aufs Klo!"

Ich schiebe die Tür auf und fasse Ursina an der Hand. Im hellen Licht des Monds steigen wir über die Steine und suchen einen Weg zum großen Busch, der allgemein als Toilette benutzt wird.

Ursina zuckt zusammen. „Was war das?"

Ich schaue mich um. „Ein Hund. Schau, dort."

„Was macht der?" Ängstlich klammert sie sich an meine Hand.

„Wahrscheinlich sucht er nach etwas Essbarem."

„Gehört der denn niemandem?"

„Es gibt viele streunende Hunde hier. Vielleicht gehört er aber auch zu einem Wohnwagen. Komm, hier kannst du dich hinsetzen."

Kurz darauf kehren wir zum Bus zurück. Die Tür ist offen, außer Jonas, der bereits eingeschlafen ist, ist niemand zu sehen.

„Wo sind denn alle hin?" staunt Ursina.

„Das wüsste ich auch gern", grummle ich. Die Tage fordern mich, sodass ich am Abend Zeit für mich brauche. Die Vorstellung, drei übermütige Kinder zusammensuchen und zum Schlafen bewegen zu müssen, ärgert mich. „Saskia? Seraina? Rahel?" Meine Rufe klingen erschreckend laut durch die abendliche Stille.

„Mama ruft!"

Ich höre Saskias Stimme dumpf hinter mir. Sie muss aus Jans Bus kommen. Sogleich öffnet sich die Tür, die drei klettern heraus und schlüpfen zu mir.

„Sie wollten noch eine Gute-Nacht-Geschichte hören", entschuldigt sich Jan. Er muss meinen düsteren Gesichtsausdruck bemerkt haben.

„Schon gut." Ich schließe die Tür. „Was habt ihr denn bei Jan gehört?"

„Ritter Rost, der ist sooo lustig! Wir wollen morgen unbedingt weiterhören!" Serainas Augen funkeln im Mondschein.

Ich schließe die Tür. Gemeinsam singen wir einige Schlaflieder. Ursina ist bereits eingeschlummert. Leise klopft es. Jan steht am Fenster. Er räuspert sich.„Ähm, falls du nachher Lust hast, du kannst gern rüberkommen. Wenn die Kinder schlafen."

Forschend blicke ich in seine Augen. Der schwache Schein des Türlichts wirft Schatten auf sein Gesicht. Sein Blick huscht an mir vorbei ins Innere des Busses, kehrt zurück und bleibt an meinem Blick hängen.

Mein Herz klopft rascher. „Kommt drauf an, wie rasch die Bande einschläft."

„Klar."

Ich ziehe das Fenster zu und verharre einen Moment lang an der Tür. Das Blut pulsiert in meinen Ohren. Als die Kinder eingeschlafen sind, lösche ich das Licht und suche eine einigermaßen bequeme Liegeposition.

„Warum können wir nicht hierbleiben? Jetzt haben wir endlich andere Kinder getroffen und haben gar keine Zeit zum Spielen." Ursina schmollt.

„Ich will auch nicht zurück aufs Dock", bestärkt Seraina. „Ich will bei Mattes malen."

„Glaubt mir, Kinder, ich habe auch keine Lust, nach Faro zurückzufahren. Aber das Schiff repariert sich nun mal nicht von selbst."

„Och, das blöde Schiff! Warum können wir nicht einfach mit dem Vivaro herumreisen?"

„Weil das Auto für längere Reisen zu klein für uns ist. Ich freue mich bereits nach diesen drei Nächten ganz gewaltig auf mein Bett!" Allein die Vorstellung meiner weichen Matratze entlockt mir einen wohligen Seufzer.

„Und wenn wir das Schiff verkaufen und einen großen Camper dafür kaufen?" Seraina ist wieder ganz die Praktikerin.

„Schluss jetzt, keine Diskussion. Wir fahren um ein Uhr mittags. Solange könnt ihr noch Spielen. Und nächstes Wochenende kommen wir wieder, dann schon am Freitag und haben drei Nächte hier."

Diese Aussicht vermag die erhitzten Gemüter ein wenig zu beruhigen. Nachdem alles aufgeräumt und verstaut ist, mache ich mir einen letzten Instantkaffee und schlendere zu Mattes' Bus. Von Seraina ist keine Spur zu sehen. Ich klopfe und schiebe den Vorhang ein wenig zur Seite.

„Komm rein." Mattes sitzt rittlings auf einem abgewetzten Fahrersitz, Seraina an einem kleinen Tisch an der rechten Fahrzeugwand und malt. Das Licht ist dämmrig. Die Wände sind mit schwarzen Netzen behängt, in denen allerlei Nützliches verstaut ist. Unzählige bunt bemalte Dosen hängen und stehen herum. Sie dienen unter anderem als Kochlöffel-, Pinsel- und Besteckhalter. „Willst du wirklich schon gehen?" In Mattes' Stimme schwingt Bedauern mit. „Ich würde gern Seraina noch länger beim Malen zusehen. Sie hat so viele gute Ideen und setzt sie mit viel Geschick um."

Ich blicke Seraina über die Schulter. Auf einem Blatt Papier ist eine Unterwasserwelt entstanden. Ein Seepferdchen schwimmt zwischen Algen, ein Fischschwarm glitzert im schwachen Sonnenlicht. Ich freue mich. Das Bild ist detailreich, Seraina tut die Ruhe hier drinnen gut.

„Nein, ich will nicht wirklich."

„Warum fährst du denn?"

Ich bin mir nicht sicher, ob Mattes die Antwort wirklich hören möchte oder ob er einfach nur fragt, um mich zu provozieren. Wenn ich meiner Sache nicht so sicher wäre, würde ich mich vielleicht sogar zum Bleiben überreden lassen. „Ich will segeln. Ich will mit meiner Familie die Welt bereisen. Dazu brauche ich ein seetüchtiges Schiff. Darum fahren wir heute zurück."

„Dagegen komme ich nicht an." Das klingt ehrlich enttäuscht. „Kommt ihr wieder?" Er blickt mich offen an. „Ich würde mich freuen."

„Danke. Wir sind nächsten Freitagabend wieder hier. Komm, Seraina. Ich hole die anderen und erwarte dich in fünf Minuten beim Bus."

„Mhm."

Mattes zieht mich an sich. Der Geruch nach Rauch und Bratfett steigt mir in die Nase. Seine Bartstoppeln kratzen an meiner Wange. Ich lächle ihm zu und trete ins gleißende Sonnenlicht. Aus den fünf Minuten werden 30. Niemand will gehen, niemand will uns gehen lassen. Alle zögern den Aufbruch hinaus. Bis ich sauer werde, weil Jonas zu quengeln beginnt und mein Magen knurrt. Mit einem kurzen Hupen und langem Winken fahren wir über den Platz, dem Alltag entgegen. Wir werden wiederkommen, ganz bestimmt. Die Freundschaften, die wir hier geschlossen haben, sind kostbar, selbst wenn sie von begrenzter Dauer sein werden. Sie sind Farbtupfer im anstrengenden Dock-Alltag, sie schenken Kraft und Freude. Erst viel später, kurz bevor wir Faro verlassen, werden wir unsere künftigen Seglerfreunde Ute und Valentin von der FELBA kennenlernen, mit denen wir auf große Fahrt gehen.

Die Kunst des Angelns

Lanzarote-Gran Canaria, Dezember 2014

Meine Gedanken hängen noch in der Schweiz fest, wo wir die letzten drei Wochen mit Treffen von Freunden und Familie verbracht haben, als mich Saskias Ruf zusammenzucken lässt.

„Die FELBA! Kinder, Ute und Valentin sind hier!" Saskia lässt ihre Tasche mitten auf dem Steg fallen und stürmt zur rot-orange-gelben Stahlyacht mit der österreichischen Flagge, die am gegenüberliegenden Finger festgemacht hat.

„Die FELBA!" Die anderen Kinder folgen ihrem Beispiel.

Ich freue mich auch. Vorsichtig steige ich über den Taschenhaufen und stemme meinen Rucksack über die Reling der PINUT. Michael ist bereits mit den Kindern auf der FELBA verschwunden. Ich nutze den Moment der Ruhe und lasse meinen Blick über die Yachten schweifen.

Als wir vor Anfang November in die Schweiz geflogen sind, waren die Stege weitgehend belegt, überall türmten sich Einkaufstaschen, Kisten mit Früchten und Gemüse. Die Vorbereitungen für die Überquerung des Atlantiks waren in vollem Gange gewesen.

Jetzt ist die Marina halbleer. Einige Nachzügler scheinen die Ruhe ebenfalls zu genießen, erledigen letzte Arbeiten an

1. Fenderschaukel auf dem Achterdeck

2. Jonas wäscht Geschirr auf dem Steg

3. Weihnachtsbaum auf Langfahrt

4. Seraina auf den Dünen in Maspalomas

2

4

5. Uga, Lanzarote
6. Jonas im Lavafeld von Orzola, Lanzarote
7. Abendstimmung in der Marina Arrecife, Lanzarote

8

9

10

8. Der schönste Spielplatz der Welt auf Lanzarote

9. Weinanbau auf Lanzarote

10. Kinderschiff in der Marina Arrecife, Lanzarote

11

12

11. Rahel im Bug auf See

12. Michael und Jonas auf See

13. Corina beim Fischausnehmen

14. Unter Segel vor La Gomera

13

14

15

16

15. Ursina und Jonas in der Kinderkajüte

16. Michael und Ursina auf Teneriffa

17. Bordunterricht

18. Nadelwald auf Teneriffa

17

18

19

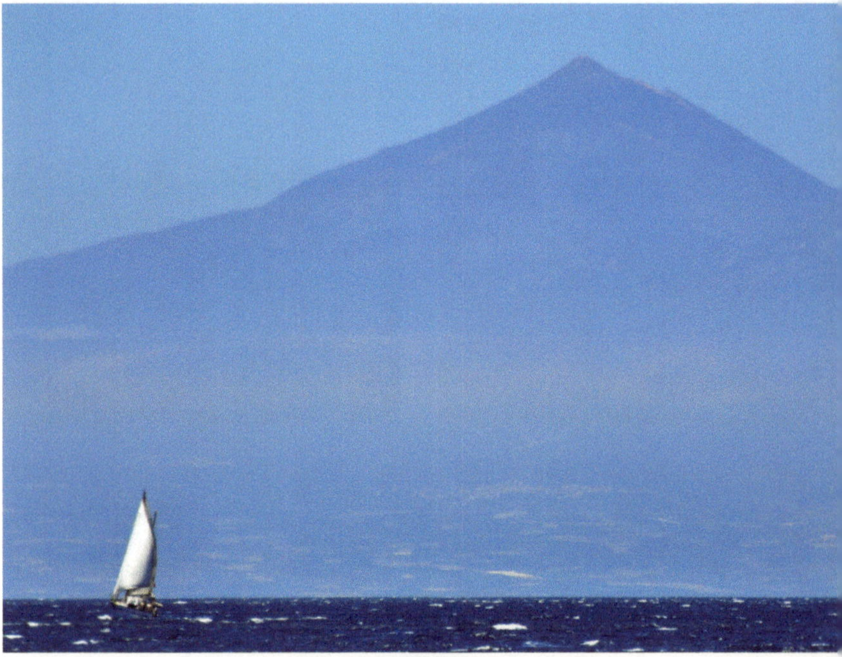

20

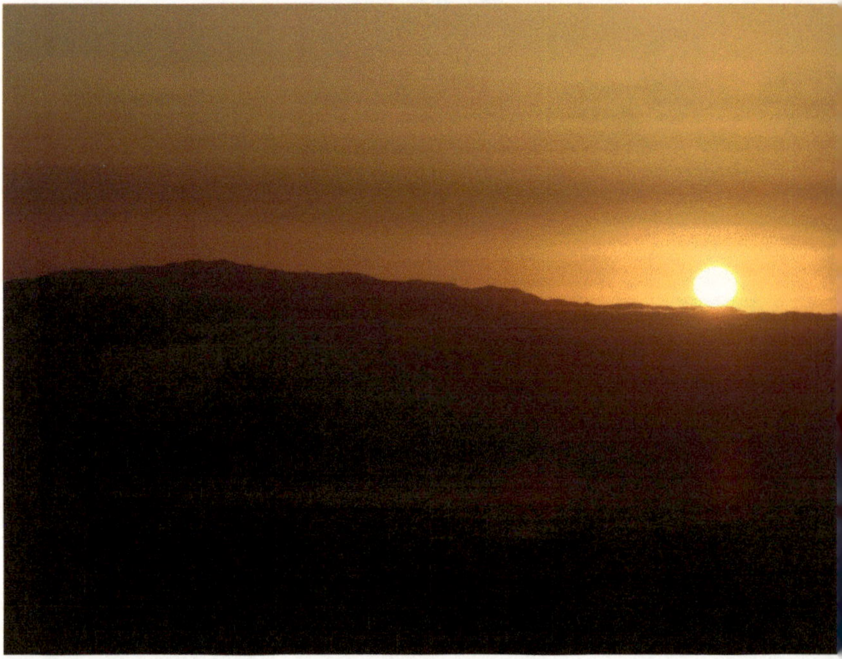

19. PINUT unter Segeln vor Teneriffa
20. La Gomera im Abendlicht

21

22

21. Vor Gran Canaria beim Start der ARC

22. Unter Schweizer Flagge über die Weltmeere

23. Jonas und das Wikingerschiff, Teneriffa

24. Michael und Corina auf dem Weg zum Pico del Teide, Teneriffa

23

24

25

26

27

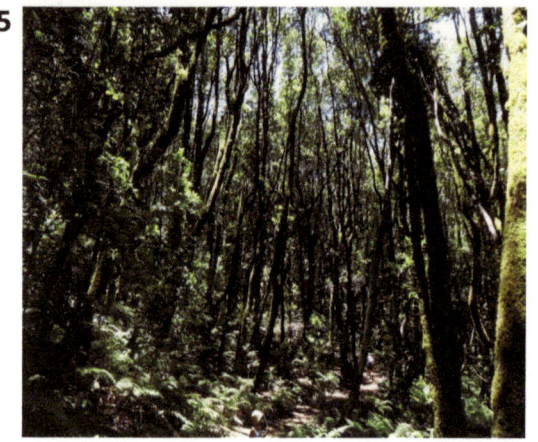

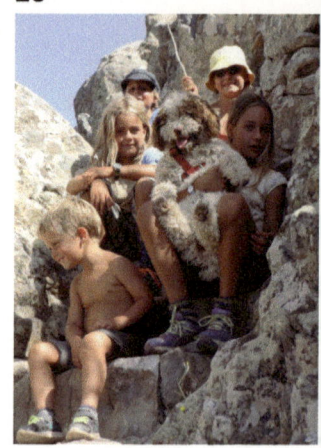

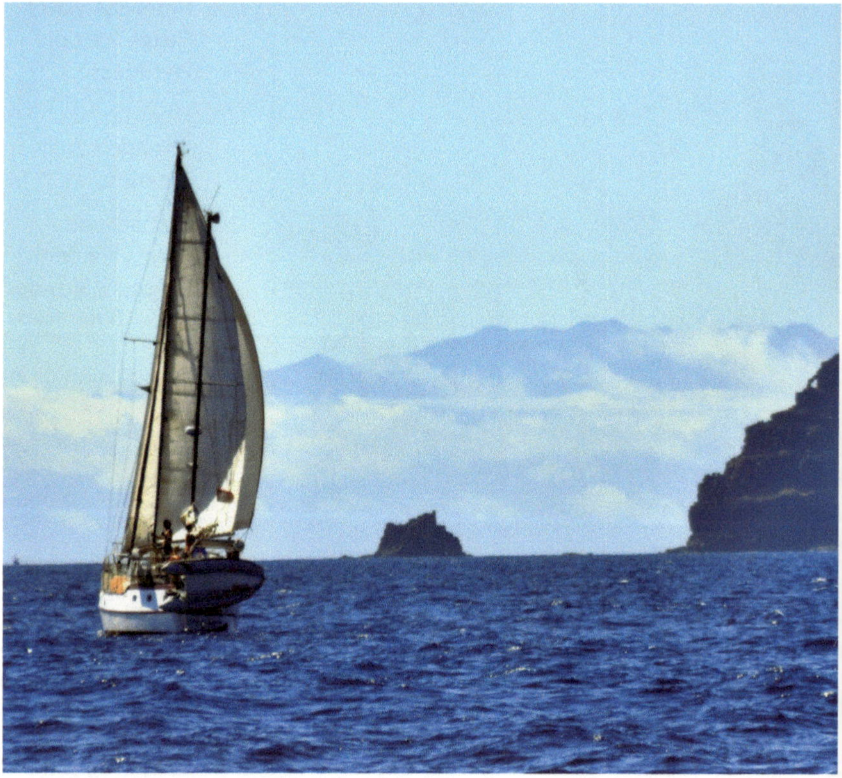

25. Im Nebelwald auf Teneriffa

26. Wandern auf Teneriffa

27. Die PINUT in Fahrt

ihren Schiffen oder warten auf ein günstiges Wetterfenster für den Aufbruch. Wehmut vermischt sich mit meiner Freude, wieder in Arrecife zu sein. Die Zeit mit all den deutschen Familien war so prall gefüllt gewesen, dass mir jetzt alles grau und trüb vorkommt. Trotz Sonnenschein und noch immer angenehmen Temperaturen. Ich strecke mich und verscheuche die Erinnerung.

„Mama, wo bleibst du? Wir sind alle hier!" Rahels Kopf erscheint zwischen den Planen des knallgelben Regenverdecks der FELBA.

„Ich komme."

Ich drücke Ute fest an mich. In ihrem Blick sehe ich dieselbe Freude, die ich auch empfinde. Vor vier Monaten haben wir uns in Faro getrennt. Die FELBA ist unser Nachbarschiff auf dem Dock gewesen. Ute und Valentin, beide Ärzte aus Wien, haben sich in etwa zeitgleich mit uns für ein Leben auf dem Wasser entschieden. Ihre FELBA könnte die größere Schwester der PINUT sein: Ein robustes Stahlschiff mit endlos viel Platz in den Kajüten, in denen die Kinder zwischendurch logieren dürfen. Wir wollten gemeinsam in Faro starten, aber unvorhergesehene Reparaturarbeiten haben das Ablegen der FELBA verzögert.

„Schön, dass ihr hier seid!"

„Ja. Endlich. Hat alles ein wenig länger gedauert, als wir dachten." Ute wirft sich die langen, braunen Haare über die Schulter.

„Sind noch mehr Mängel aufgetaucht auf der Überfahrt von Madeira hierher?" Sie nickt und seufzt. „Ja. Wir haben Wasser in der sonst staubtrockenen Bilge und wissen noch nicht, wo es herkommt. Wir hoffen, dass ein Fenster während der Überfahrt nicht ganz zu war."

Ich verstehe ihre Besorgnis. Wasser in einem Stahlschiff macht Angst. „Wie lange wollt ihr hierbleiben?"

„Wir bekommen über Weihnachten und Neujahr Besuch von Valentins Tochter mit Mann und zwei weiteren Freunden. Gemeinsam mit ihnen möchten wir nach Gran Canaria segeln. Und ihr?"

„Wir wollen so rasch wie möglich aufbrechen. Michael muss Mitte Januar wieder in die Schweiz, und wir möchten auf Gran Canaria so viel Zeit wie möglich haben, um die Insel zu erkunden." Ich folge Ute ins Cockpit. „Hallo, Valentin!"

„Lass dich drücken!" Ich fühle mich klein an seiner breiten Brust zwischen den kräftigen Armen. Sein grauer Bart kratzt an meiner Wange, die Augen leuchten. „Kaffee?"

„Immer gern. Danke."

Ich fühle mich wohl im geräumigen Cockpit der FELBA, ein bisschen wie zuhause. Die Beklemmung, die mich soeben noch gestreift hat, löst sich auf. Mit Freunden gemeinsam reisen ist noch schöner als allein.

Bereits am nächsten Tag stecken wir wieder mitten im Schiffsalltag.

„Kinder, wie wäre es, wenn ihr mit den Lego aufs Vordeck umzieht?" Beim Versuch, vom Vorratsgang in die Küche zu gelangen, habe ich eine Legoplatte zertreten. Ich reibe mir die schmerzende Fußsohle.

„Nein! Dann fällt alles ins Wasser!" Rahel reißt die Augen weit auf.

„Ihr könnt ja Deckenwürste an den Rand des Decks legen, damit nichts runterfällt. Aber hier im Salon ist definitiv nicht der richtige Platz." Energisch schiebe ich mit einem Besen die Legosteine auf dem Boden zusammen.

„Okay, lass, wir machen das schon." Seraina nimmt mir den Besen aus der Hand und beeilt sich, die Steine wieder in den Korb zu füllen. „Komm, Rahel, wir breiten sie oben auf einer Decke aus, dann können wir sie schneller wieder versorgen."

„Hier!" Ich werfe ein verlorengegangenes Einer-Steinchen in den Korb. Die beiden trollen sich.

„Mama, baust du für mich ein Fahrrad?" Jonas schaut mich mit großen, erwartungsvollen Augen an.

Ich kann nicht widerstehen. Ich nehme ihn auf den Rücken und klettere mit ihm aufs Vordeck.

„Da, ein Rad!" Triumphierend hält er ein passendes Rad in die Luft.

„Sehr gut! Dann brauchen wir noch ein Lenkrad und ein zweites Rad." Wir suchen.

„Darf ich helfen?"

„Ute, komm rauf!"

Sie lässt sich auf einer Backskiste nieder. „Was baut ihr?"

„Ein Fahrrad für Jonas. Es fehlt uns noch der Lenker."

Sie durchforstet systematisch den Legohaufen auf der Decke.

Die Sonne brennt auf meinen Nacken. „Wie geht's dir?"

Ute blickt kurz auf und sucht dann weiter. „Die vielen Mängel am Schiff sind ein großer Rückschlag. Da kommen manchmal Zweifel, ob die Entscheidung richtig war, eine Weltreise zu machen statt einer Karriere als Ärztin."

Ich betrachte sie. Mit ihren 41 Jahren ist sie nur gerade sechs Jahre älter als ich. Das lange Haar ist zu zwei Zöpfen zusammengebunden. Schweigend suchen wir weiter.

„Hier, das könnte passen!"

Ich stecke ein dünnes, langes Viererteil auf den Einerstapel. Es sieht tatsächlich ein wenig aus wie ein Lenker.

„Jonas, schau her!"

Jonas betrachtet sein Fahrrad kritisch, dreht es hin und her und sagt dann bedächtig: „Ja, das ist ein Fahrrad. Kinder, Mama hat mir ein Fahrrad gebaut!" Stolz läuft er von einer zur andern und ist sogleich ins Spiel vertieft.

„Ich kenne diese Zweifel. Vor einem Jahr sah es bei mir auch so aus. Ich hatte gedacht, nur ein paar Kleinigkeiten am

Schiff anpassen zu müssen und ganz viel Zeit für die Kinder zu haben. Nach einem Jahr hatte ich ein fast komplett revidiertes Schiff und mit den Kindern kaum mehr als die Wochenenden verbracht."

Ute nickt. „Ja, so ist es. Wenn man an einer Stelle kratzt, geht gleich der ganze Lack ab." Sie verzieht den Mund.

Mir kommt ein Gedanke. „Wir suchen noch Begleitung für die Überfahrt nach Gran Canaria. Habt ihr Lust mitzukommen?"

„Ich hätte schon Lust! Es müsste einfach vor dem 20. Dezember sein, dann kommt unser Besuch. Ich frag' Valentin." Ute lächelt.

Eine Woche später stechen wir gemeinsam in See.

„Michael, holst du mir bitte WD40? Dieser Sicherungsbolzen bewegt sich keinen Millimeter." Ich sitze mit Ute auf dem Vordeck, eingekeilt zwischen der Backskiste und der Fußreling, und versuche den Spibaum fürs Ausbaumen der Genua vorzubereiten.

„Und bring gleich auch einen großen Schraubenzieher und einen Hammer mit!"

Wozu Ute diese beiden Sachen benötigt, ist mir noch nicht klar.

„Material kommt!"

Valentin streckt uns die gewünschten Sachen entgegen. Ich sprühe die Spibaumspitze kräftig mit dem Gleitöl ein. Ute zielt mit der Spitze des Schraubenziehers auf das sichtbare Ende des Bolzens und schlägt mit dem Hammer drauf.

„Gute Idee! Schau, er bewegt sich!"

Eine Welle wäscht über das Deck und tränkt meine Jeans.

„Das wäre nicht nötig gewesen", knurre ich. „Überhaupt schaukelt es ein bisschen heftig. Könnt ihr für kurze Zeit einen ruhigeren Kurs fahren?", rufe ich den beiden Männern zu.

Michael hält den Daumen in die Höhe und luvt ein wenig an. Sofort lassen die Schaukelbewegungen nach.

„Der Spibaum läuft wieder!" Stolz zieht Ute am Draht, und der Bolzen öffnet sich, als hätte er nie etwas anderes getan.

„Sehr gut! Dann können wir jetzt die Schot durch die Öse ziehen und den Baum am Mast einhängen."

Mit der Hilfe der Männer gelingt das Unterfangen. Die ausgebaumte Genua steht. Zufrieden betrachte ich das Konstrukt.

„Und wozu soll das nun gut sein?" Auf Valentins Stirn stehen steile Falten.

„Der Spibaum steht stabiler und damit auch die Genua. Zudem können wir jederzeit eine Kursänderung fahren, ohne jedes Mal die Pulltalje lösen zu müssen. Der Spibaum hängt an der Toppnant und nicht am Segel. Solange wir Vorwind- und Raumkurs ohne Parasailor fahren, ist das die einfachste und sicherste Einrichtung zum Ausbaumen der Genua."

„Das ist ja richtig schöner Wind!" Michael strahlt. Wider Erwarten gleiten wir mit sechs Knoten im gleißenden Sonnenschein dahin. „Wenn wir in diesem Tempo weitersegeln, erreichen wir die Schifffahrtsstraße doch noch im Dunkeln."

„Warte nur, bis wir in Lee von Fuerteventura sind. Dann kommen wir nicht mehr voran", fürchte ich.

Ganz so schlimm wird es nicht, aber die Geschwindigkeit sinkt auf vier Knoten. Kurz vor Sonnenuntergang serviert Michael das Abendessen.

„Mh, das riecht lecker! Eintopf?" Ute schnüffelt.

„Ja. Linseneintopf mit Würstchen. Unser traditionelles Essen auf See."

Einträchtig sitzen wir mit unseren dampfenden Schüsseln im Cockpit, die Füße irgendwie verkeilt, um nicht von den

Bänken zu rutschen. Warum schmeckt das Essen während des Segelns immer besser als sonst?

„Ich mag nicht mehr." Ursina reicht mir ihre Schüssel.

„Ist dir übel?" Sie schüttelt den Kopf und lehnt sich an Valentin.

„Komm, wenn du satt bist, kannst du dich ins Bett legen. Ich helf' dir." Michael nimmt mir die Schüsseln ab, ich schwanke mit Ursina in die Vorschiffkajüte. Auf Zähneputzen und Pyjama verzichten wir wieder einmal.

„Ist das nicht die Kassiopeia?" Seraina liegt dick eingemummelt im Cockpit und schaut in den Himmel.

Ute legt den Kopf zurück. „Ja. Und dort ist der Kleine Wagen. Siehst du den Polarstern?"

„Ja. Aber das ist doch der Kleine Bär?"

„Kleiner Bär und Kleiner Wagen sind zwei Namen für dasselbe Sternbild."

„Und wo ist Pegasus?"

„Den kenne ich nicht." Ute schüttelt den Kopf.

Seraina setzt sich auf und erzählt: „Pegasus, Perseus und Andromeda stehen alle nebeneinander. Andromeda war die Tochter von König Cepheus. Cepheus sollte Andromeda dem Meeresungeheuer zum Fraß vorwerfen, um den Meeresgott Poseidon zu besänftigen. Er hat sie an einem Felsen festgebunden, aber als das Ungeheuer sie fressen wollte, flog Perseus auf seinem Pferd Pegasus durch die Luft und hat sie gerettet." Serainas Stimme klingt ganz aufgeregt.

„Woher weißt du das?" Erstaunen klingt in Utes Stimme.

„Von den Griechischen Sagen. Und aus einem Buch über die Sterne."

Ein dünner Wolkenschleider schiebt sich vor den Mond.

Ich deute mit der Hand auf einen hellen Streifen am Himmel. „Schaut mal, jetzt sieht man ganz schwach die Milchstraße. Wenn ihr euch vom Polarstern aus eine gerade Linie durch den letzten Stern der Kassiopeia über die Milchstraße hinaus denkt, stoßt ihr direkt auf Pegasus und

Andromeda." Ich freue mich über die klare Sicht. Endlich kann ich Seraina die Sternbilder am Himmel zeigen.

So könnte es immer bleiben, denke ich. Die Wellen schaukeln das Schiff sanft, der Wind bläst konstant. Eine große Wolke schiebt sich vor den Mond.

„Jetzt leuchten die Sterne noch viel heller!", jubelt Seraina.

Glücklich schließe ich die Augen. Nur kurz. Ich möchte dieses Glücksgefühl ganz tief in mir abspeichern. Lasse es in mich hinein sinken. Spüre ihm nach.

Später trage ich Seraina ins Bett. Um nicht einzuschlafen, erzählen Ute und ich uns aus unserem Leben. Es ist eine friedliche Nachtfahrt.

„Eigentlich könnten wir den Köder raushängen." Ich kämpfe gegen die Müdigkeit.

„Habt ihr denn eine Angel?"

„Die Kinder haben zwei Angeln, aber wir haben eine neue Bootsrolle. Die könnten wir montieren. Magst du?"

„Klar! Alles besser als einschlafen." Ute gähnt.

Ich verkrümle mich in den Maschinenraum und suche die Bootsrolle. „Hier."

„Aha." Fachfraumäßig begutachtet Ute meine neuste Errungenschaft. „Rolle, Schnur, Haken und Schrauben. Hast du noch zwei Schraubenschlüssel?"

„Kommen sofort." So leise wie möglich, um Michael nicht aufzuwecken, tauche ich wieder in der Achterkajüte ab. „Hier. Wo sollen wir sie befestigen?"

„Die Badeplattform eignet sich nicht, dort hängt das Dinghi im Weg. Ich würde sie hier gleich neben dem Cockpit montieren."

„Und den Fisch dann gleich im Cockpit auseinandernehmen?" Ich pruste los.

„Wenn du meinst?" Ute kichert. „Du kannst ihn aber auch neben dem Cockpit auf dem Deck bearbeiten."

„Stimmt. Also hier. Hältst du bitte die Rolle? Ich versuche, die Schrauben in die Muttern zu drehen." Ein Unterfangen, das sich als anspruchsvoller als gedacht herausstellt: Stirnlampe, Wellengang und klamme Finger. Pflotsch!

„Was war das?" Ute bemüht sich vergeblich, ernst zu bleiben.

„Ein Schraubenschlüssel samt Schraube."

„Wenig nahrhaftes Fischfutter. Am besten frisst unser Fisch zuerst den Schraubenschlüssel und geht uns dann an den Haken. Dann haben wir den Schlüssel wieder zurück."

Wir klammern uns aneinander und lachen uns warm. Utes Telefon meldet sich.

„Schon wieder zehn Minuten um?" Ich stehe auf und lasse den Blick über die silberne Wasserfläche gleiten. „Zwei weiße Lichter steuerbord voraus." Ich schalte das Radar in den Aktivmodus. Das Echo ist deutlich zu erkennen. „Der wird uns nicht in die Quere kommen."

Wir lassen das Radar an, während wir mit einem weiteren Schraubenschlüssel und einer Ersatzschraube die Bootsrolle befestigen. Ein letztes Rütteln.

„Die hält." Zufrieden versorge ich die Werkzeuge. „Welchen Köder würdest du nehmen?" Ute hat ein wenig mehr Angelerfahrung als ich.

„Hast du einen Wobbler?"

„Ja." Ich befestige den Köder samt Vorfach an der Schnur und lasse ihn ins Wasser. „Gute Reise!"

Wir kichern schon wieder.

„Aber was machen wir, wenn ein Fisch anbeißt?"

„Wir holen die Männer!"

Die Männer können durchschlafen. Der nächste Morgen kündigt sich mit einem Silberstreifen am Horizont an. Ganz langsam färbt sich das nachtschwarze Wasser blau. Noch nie habe ich ein solches Tiefblau gesehen wie auf hoher See.

Eine Farbe, die alles durchdringt, in der ich mich verliere. Kein anderes Farberlebnis hat bisher einen solch bleibenden Eindruck auf mich gemacht. Dieses Blau macht süchtig. Ich sehne mich danach, wenn wir im Hafen liegen, wenn wir am Strand baden oder an der Küste schnorcheln. Es versöhnt mich mit den Strapazen, welche die Hochseeseglerei mit sich bringt: der anfänglichen Übelkeit, den blauen Flecken, dem Muskelkater durch die vielen ungewohnten Festhalte-Bewegungen bei jeder noch so simplen Tätigkeit. Beim Gemüseschneiden, beim Kochen, beim Getreidemahlen, selbst beim Klogang. Diese bewegte blaue Tiefe hat mein Herz in sich aufgesogen. Auf einem der großen Kugelfender auf dem Achterdeck sitzend, in die Lifeline eingepickt, die Hände um die Relingsstütze geklammert, versinke ich in der Betrachtung des Meers. Die Wellen rauschen unter der PINUT hindurch, heben sie hoch, lassen sie wieder hinunter. Der Wind begleitet uns, mal schiebt er, mal zieht er das Schiff auf seinem Weg. Frieden. So fühlt sich Ewigkeit an.

Das Boot als Feind

Von diesem Glücksgefühl träume ich, als ich im Herbst 2013 in Faro versuche, die PINUT seeklar zu machen. Michael ist in der Schweiz, der Alltag auf dem Trockendock hat sich eingependelt. Ich arbeite, die Kinder helfen mit oder spielen, die Wochenenden verbringen wir in unserer Bucht.

„Hallöchen, ist da wer?"

„Das ist doch Jan!" Saskia stürmt aufs Achterdeck. „Jan! Kinder, Jan ist da!"

Im Nu stehe ich mit meiner Standpauke über das überhandnehmende Kleiderchaos in der Kinderkajüte auf verlorenem Posten. Seufzend lege ich Jonas' Pyjamahose auf sein Bett. Nicht aufregen, versuche ich, mich zu beruhigen. Es gelingt mir nicht immer. Jetzt aber ziehen die aufgeregten Kinderstimmen meine Aufmerksamkeit auf sich. Mit einiger Mühe höre ich Jans ungewöhnlich hohe Stimme aus dem Durcheinander heraus. Ich lasse dem Chaos seine Ruhe und steige zu den Kindern hinunter.

„Jan! Schön, dass du uns besuchen kommst!"

Als ich die kräftigen Arme um meine Schultern spüre, ist der letzte Rest Ärger verschwunden.

„Ich wollt' mir unbedingt euer Schiff anschauen. Ich stand die letzten beiden Nächte in Olhao mit dem Bus." Anerkennend spaziert er um die PINUT herum. „Schöner Riss. Knickspanter. Ist das eine Suncoast?"

„Ja. 42 Fuß."

„Und was müsst ihr daran noch arbeiten?"

„Die Abdeckung einer Backskiste ist morsch. Ein Schreiner, der sich um ein anderes Schiff gekümmert hat, wollte sie reparieren. Das Holz hat er geliefert und zugeschnitten, danach ist er verschwunden. Der Ankerkasten ist komplett verrostet und zudem mit PU-Schaum vollgesprüht. Das muss alles raus und ein neuer Farbaufbau drauf. Zudem möchte ich gern einen Kettenkasten aus Holz, damit die Kette keinen direkten Kontakt zum Stahl hat. Der bisherige Wassertank bestand aus einer Holzverkleidung im Vorschiff mit GFK-Auskleidung und ist irgendwo undicht. Da muss ein ganz neues Tanksystem rein. Irgendwo im Besanmast ist ein Loch, durch das es hineinregnet. Am Rumpf haben wir neben einem Loch einige rostige Stellen, und am Bugkorb muss ich die Relingstützen wieder anschrauben."

Jan zieht die Augenbrauen in die Höhe. „Das willst du alles allein machen?"

Ich zucke mit den Schultern. „Manchmal ja, manchmal nein. Bei einigen Arbeiten können die Kinder mithelfen. Magst du einen Kaffee?"

„Ja, gern."

„Jan, dürfen wir wieder Karussellfliegen?" Rahel zupft an seiner Hand.

„Wenn ihr mich dabei nicht kaputtmacht, dann geht das." Er lacht.

„Ich als Erste!"

„Ich auf der anderen Seite!" Seraina schnappt sich Jans zweite Hand.

„Achtung, seid ihr bereit?"

Jan beginnt sich im Kreis zu drehen und die Kinder heben an seinen Armen vom Boden ab. Es ist das Spiel, das jedes Kleinkind liebt. Jan hat Statur und Kraft, um es auch mit Schulkindern zu spielen. Immer schneller wird die Drehung, Seraina jauchzt. Rahels Flipflop fliegt gegen eine Stahlstütze. Nach zehn Runden wird Jan langsamer und stellt die Kinder wieder auf dem Boden ab.

„Weiter, weiter!" ruft Rahel.

„Nein, jetzt will ich!" Ursina schiebt Rahel zur Seite.

„He, lass mich!"

„Kein Streit, Kinder. Sonst schließt das Karussell."

Rasch lässt Rahel Jans Hand los. Sie hofft auf eine weitere Runde. Ich klettere ins Schiff und setze den Kaffee auf.

„Autsch!"

Jans Ruf wird vom Geräusch splitternden Holzes begleitet. Ahnungsvoll eile ich aufs Achterdeck. Jan steht auf der Badeplattform, eine zerbrochene Stufe der Badeleiter in der Hand.

„Tut mir leid." Ein bisschen erinnert er mich an einen begossenen Pudel.

„Hast du dich verletzt?"

„Nur eine kleine Schürfwunde am linken Fuß. Ich sollte wohl besser unten bleiben." Bekümmert betrachtet er die Lücke in der Leiter.

„Quatsch. Ich denke eher, dass wir uns die Sprossen genauer anschauen müssen." Prüfend betrachte ich die anderen Tritte. „Hier, die sieht auch nicht mehr sehr stabil aus." Ich zeige auf einen breiten Riss in der obersten Sprosse. „Ich fürchte, wir müssen alle auswechseln. Gut, dass wir das jetzt gemerkt haben und nicht auf dem Wasser." Mir fällt auf, dass sich Gleichgültigkeit in mir ausbreitet. Irgendwann härtet man wohl einfach ab. Oder mein Vertrauen in meine eigenen Fähigkeiten ist gewachsen. Ich lächle Jan an. „Kommst du trotzdem rauf? Der Kaffee ist fertig."

„Wenn du meinst – ich kann mich aber auch unten hinsetzen." Zweifelnd betrachtet er die Leiter.

„Ach was. Du willst dir doch das Schiff anschauen. Der Rest ist aus Stahl..."

„Beruhigend!" Vorsichtig klettert Jan ins Cockpit. Die Erleichterung steht ihm ins Gesicht geschrieben, als er sich auf der Bank niederlässt. „Wenn du neue Sprossen machen lässt, bestelle sie doch gleich ein wenig breiter."

„Ja, gute Idee." Ich puste in meinen heißen Kaffee.

„Ja-an, wann kommst du wieder runter?" Rahels Kopf erscheint am Heck.

„Nachher."

„Okay." Sie verschwindet wieder.

Es poltert am Rumpf. „Corina, bist du da?"

„Ja, Bernie, komm an Bord!" Wenige Augenblicke später schiebt Bernie seine langen Gliedmaßen unter der Sprayhood ins Cockpit. „Hi Bernie. Das ist Jan, ein Freund."

„Hi." Bernie reicht Jan die Hand. Er wirkt irritiert. Offenbar hat er keinen Männerbesuch auf der PINUT erwartet.

„Möchtest du einen Kaffee?"

„Nein, danke." Ich stutze. Bernie ist sonst immer für einen Kaffee zu haben. Er mustert Jan.

„Wie kann ich dir helfen?" Fragend blicke ich ihn an.

„Oh, weißt du schon, wann ich dein Loch schweißen soll?"

„Nein. Ich möchte zuerst das restliche Schiff überprüfen. Kann sein, dass ich dabei noch mehr Löcher finde." Mein Tonfall klingt sarkastisch.

„Kann sein." Abwesend dreht Bernie einen Schraubenschlüssel in den Händen. Er gibt sich einen Ruck. „Hier, den hast du vergessen." Er reicht ihn mir. „Gib mir Bescheid, sobald du so weit bist. Ich muss nächste Woche einige Arbeiten für John machen." Er klettert übers Achterdeck und verschwindet.

„Arbeitet er für die Werft?" Jan nippt an seinem Kaffee.

„Nein. Er besitzt eine Yacht am Ende des Docks. Die Yacht hat mehr Rost als Stahl. Er ist dabei, Stück für Stück auszuschneiden und neu einzuschweißen."

„Warum kauft er nicht gleich ein neues Schiff?""

„Er sagt, er fühle sich wohl hier. Er habe alles, was er brauche, vor allem sei er hier frei. Er könne sein Schiff so gestalten, wie er wolle. Er habe alles Knowhow, das er brauche."

„Na, ich würde lieber segeln. Aber jedem das seine." Jan stellt seine Tasse auf den Tisch und nimmt sich einen Keks.

Ich denke daran, wie wichtig Bernie für mich geworden ist allein durch die Tatsache, dass er immer hier ist. Hin und wieder sitze ich auf einem seiner wackligen Plastikstühle vor seinem Schiff, trinke Instantkaffee und schnabuliere britische Ingwerkekse. Oder er kommt hierher, wenn er einen Seelentröster braucht oder sich mal wieder einen Metallspieß eingefangen hat. Zu Jan sage ich: „Für uns ist er ein Glücksfall. Er verfügt über einen riesigen Fundus an Werkzeug und Maschinen und weiß für fast jede Schwierigkeit eine Lösung."

Schweigend trinken wir unseren Kaffee.

„Wenn du magst, kann ich dir bei den Arbeiten helfen."

Ich blicke Jan an. Seine bunte Strickmütze mit dem eingerollten Rand sitzt wie immer ein wenig schräg auf dem Kopf.

„Ich bin gelernter Schreiner und kann die Holzarbeiten machen."

Mein Herz klopft sogleich ein wenig schneller. „Das wäre fantastisch! Das Backskistenproblem liegt mir nämlich im Magen und der Kettenkasten auch."

Jans Augen blitzen. „Gut. Meinst du, ich kann meinen Bus neben euer Schiff stellen?"

„Ich bin mir nicht sicher. Gewöhnlich sehen sie's nicht gern, wenn Autos neben den Schiffen stehen. Ich schlag' vor, wir probieren's einfach aus. Kannst du denn gleich bleiben?"

„Klar."

Ich fühle mich leicht, so, als ob mir soeben eine große Last von den Schultern genommen worden wäre. „Ich zeig dir das Schiff. Am besten steigst du gleich hier in die Achterkajüte hinunter."

Nach dem Rundgang meint Jan schnaufend: „Für mich wär' das Schiff eindeutig zu klein geraten." Ich entgegne nichts. „Aber sag mal, wo schlafen denn die Kinder alle?"

„Zwei Kinder schlafen in der Vorschiffkajüte und zwei im Salon. Abends senken wir den Salontisch hinunter und schaffen so eine große Schlaffläche. Jonas schläft bei mir im Bett."

„Meinst du nicht, dass jedes Kind sein eigenes Bett braucht? Ein eigenes Zimmer muss ja nicht sein, aber so ein wenig Privatsphäre mit einem eigenen Bett finde ich schon wichtig."

Ich stimme ihm zu. Ich hätte mir eine Yacht mit zwei Achterkajüten gewünscht, dann hätten wir sechs feste Kojen gehabt, und der Salon wäre frei geblieben für Gäste. Es war aber schlichtweg nichts auf dem Markt, was unter seglerischem Aspekt nicht zu groß und zudem noch finanzierbar gewesen wäre. Unser Anspruch ist, dass jeder von uns die Yacht im Notfall auch allein segeln kann. 42 Fuss und 20 Tonnen ohne Bugstrahlruder sind für unsere aktuellen Fähigkeiten das Maximum.

„Ich meine, es müsste möglich sein, über die bestehende Bettenfläche im Vorschiff links und rechts je ein Kajütbett reinzubauen. Die Höhe müsste reichen. Dann hättet ihr dort Platz für vier Kinder. Saskia kann ja dann später in die Hundekoje wechseln, wenn Jonas bei euch auszieht." Aus Jans Augen sprühen Funken, seine Wangen zieren rote Flecken.

Der Gedanke scheint nicht abwegig zu sein. Ganz neue Perspektiven tun sich plötzlich auf. Der Salon würde Salon bleiben, wir könnten ihn abends als Wohnraum nutzen und müssten uns nicht im Cockpit in Decken einmummeln, wenn es im Winter kalt wird.

„Weißt du, wo man hier gutes Holz bekommt? Das Holz aus den Baumärkten hier kenne ich, das ist unbrauchbar." Er schüttelt sich.

„Ja, es gibt eine Sägerei im Industriegebiet von Faro mit ausgezeichnetem Holzangebot und gutem Service. Dort möchte ich auch die neuen Sprossen für die Badeleiter in Auftrag geben."

„Perfekt! Ich werde die Kajüte morgen ausmessen und nachmittags könnten wir Holz besorgen." Jan ist in seinem Element.

Ich lasse mich von seiner Begeisterung anstecken. „Und aus dem Rest können wir den Kettenkasten bauen. Der muss 70 Meter Ankerkette tragen." Die Sonne ist bereits am Besanmast vorbeigewandert. Ich schaue auf die Uhr. „Wenn du den Bus noch reinholen willst, musst du dich beeilen. Um 18 Uhr schließt das Tor."

Am nächsten Morgen fühlt sich das Aufwachen anders an als gewöhnlich. Es vergehen einige Minuten, bevor ich verstehe. Es ist ruhig. Kein Schreien durchbricht die Stille, kein Streit reißt mich aus meinen Träumen. Nicht einmal der Wind rüttelt an den Leinen. Stille. Ich versuche sie zu fassen, es fällt mir schwer. Meine Gedanken sind zu laut. Jonas liegt neben mir und schläft mit offenem Mund. Die Händchen hat er weit von sich gestreckt. Wo sind die Mädchen? Das Sonnensegel über dem Achterdeck leuchtet, folglich ist die Sonne schon aufgegangen. Die Mädchen schlafen sicherlich nicht mehr.

Vermutlich sind sie bei Jan. Ein aufgeregtes Kribbeln breitet sich von meinem Bauch über Arme und Beine aus.

Wenn Jan gut ist, können die Kinder vielleicht schon heute Abend in ihren eigenen Betten schlafen. Und ich muss mich nicht mehr um die Backskiste und den Kettenkasten kümmern. Plötzlich fühle ich mich stark. Überall kribbelt es, ich muss aufstehen. Ich weiß nicht, wann ich mich das letzte Mal auf den Tag gefreut habe. Doch, wenn wir nach Boca do Rio gefahren sind. Seit wir die Bucht entdeckt haben, waren wir jedes Wochenende dort. Seither hat das Leben ein wenig Struktur gewonnen. Und es gibt Lichtblicke, auf die ich mich freue. Michael fehlt mir. Mit ihm an meiner Seite wäre das alles hier viel leichter zu schaffen. Die praktische Unterstützung einerseits, aber vor allem die körperliche Nähe und die Gespräche würden mir helfen, im Gleichgewicht zu bleiben.

Nun denn, jetzt ist Jan hier. Er tut meiner Pendenzenliste gut und den Kindern. Sie lieben seine gutmütige Art. Sie sind glücklich, jemanden zu haben, mit dem sie sprechen können inmitten all der portugiesischen und englischen Menschen. Und Jan mag die Kinder.

Innerhalb von drei Tagen repariert Jan die Backskiste, zimmert einen Kettenkasten und schenkt den Kindern eigene Betten. Damit verewigt er sich auf der PINUT. Die Betten stellen einen bedeutenden Zuwachs an Wohnqualität dar. Der Raum der Vorschiffkajüte ist nun bis in den letzten Winkel genutzt. Trotzdem fühlt er sich luftig an, und man kommt ohne Probleme überall hin, auch zum Ankerkasten.

Am Freitagnachmittag sitzen wir zusammen im Cockpit und trinken Kaffee. Die gemeinsame Kaffeepause ist zur geschätzten Routine geworden, ebenso wie der morgendliche Besuch der Kinder ins Jans Bus.

„Was hast du nun vor?" frage ich Jan. „Wenn du wieder fahren möchtest, müsstest du den Bus rausstellen. Übers Wochenende bleibt das Tor geschlossen."

Jan wirkt unschlüssig. „Och, es gefällt mir ganz gut bei euch. Kann ich dir denn noch was helfen?"

Ich zögere. Bisher habe ich es auf die lange Bank geschoben, aber jetzt wäre an sich der richtige Moment gekommen, um mich ums Unterwasserschiff zu kümmern. „Du könntest die Roststellen am Unterwasserschiff untersuchen. Sie müssen abgeschliffen werden, damit wir sehen, ob der Stahl in Ordnung ist."

„Okay. Und sonst?"

„Sonst?" Verständnislos blicke ich ihn an. Meine Planung ist noch nie über diesen Punkt hinausgegangen. Es wird mir bewusst, dass mich die rostigen Stellen blockieren. Für mich bedeutet Rost gleich Loch. Und der Gedanke an Löcher im Schiff löst noch immer Panik in mir aus. „Tja, der nächste Schritt ist das Streichen des Unterwasserschiffs mit einem Primer. Der Voreigner fuhr ein Hartantifouling. Wir möchten auf Self-Polishing-Antifouling umsteigen. Dazu brauchen wir eine Zwischenschicht. Die könntest du auftragen, die Farbe habe ich hier."

„Einverstanden. Ich bleibe bis Montag. Danach brauche ich wieder eine Portion Ruhe."

Ich nicke verständnisvoll. Dankbarkeit steigt in mir auf. „Warum beziehst du eigentlich eine IV-Rente?"

„Ich habe nach meiner Schreinerausbildung viele Jahre im Messebau gearbeitet. Das ist ein knallhartes Geschäft. Herumschleppen schwerer Ausrüstung und immer unter Druck. Alles muss schnell gehen. Ich war gut in meinem Job, er hat mir Spaß gemacht. Aber die Arbeit macht dich kaputt. Meinen Rücken kann man nicht mehr reparieren. In meinem Beruf kann ich nicht mehr arbeiten. Daher die Rente."

„Und warum lebst du hier in deinem Bus?"

Jan trommelt mit den Fingern auf den Tisch. „Aus vielen verschiedenen Gründen. Hier ist es schön. Und hier werde ich in Ruhe gelassen." Jans Augen wandern unruhig durchs Cockpit.

Ich bin mir bewusst, dass ich sehr persönlich werde, aber die Frage brennt mir auf der Zunge: „Wolltest du nie eine Familie? Die Kinder lieben dich."

Nachdenklich meint Jan: „Ich habe immer mal wieder eine Freundin. Aber ich glaube nicht, dass ich mich zuverlässig um Kinder kümmern könnte." Traurigkeit schwingt in seiner Stimme.

Ich senke meinen Blick. Es tut mir leid, dass ich danach gefragt habe.

„Deine Kinder sind für mich ein klein wenig Familie. Ich genieße das Zusammensein mit ihnen, die spontane Zuneigung, die sie mir entgegenbringen. Dafür möchte ich dir danken. Dass du das zulässt."

Er schaut mir direkt in die Augen. Ich suche nach einer Antwort, finde keine.

Am nächsten Mittag treffen wir uns nach einem arbeitsreichen Vormittag vor dem Schiff.

„Und?" Gespannte Stille.

Jan zögert und setzt sich schnaufend auf einen Stuhl im Schatten. „Alles in allem habe ich 22 Löcher gefunden."

Ich spüre, wie das Blut aus meinem Gesicht weicht. Ich setze mich auf den Boden, lehne mich an eine Stahlstütze. Ich schließe die Augen und versuche, mich auf meinen Atem zu konzentrieren. Ihn tief und ruhig in meinen Bauch zu schicken.

„Hey, alles klar bei dir?" Jans Frage klingt besorgt.

Ich nicke und öffne die Augen. „Große?"

„Nein. Die meisten sind etwa bleistiftdick."

Langsam stehe ich auf und gehe auf die PINUT zu. Jan tritt zu mir.

„Ich habe sie mit Bleistift eingekreist. Hier. Und hier." Er zeigt mir alle Löcher. „Ich habe auch viele andere Stellen angeschliffen, bei denen ich nicht sicher war. Die sind aber in Ordnung, ich male sie nachher wieder zu."

„Ich brauch' einen Schnaps. Willst du auch einen?"

„Kaffee wäre mir lieber."

„Ich bring' ihn runter."

Jan fühlt sich unten nach wie vor wohler als auf dem Schiff. Kurz darauf sitzen wir unter dem flatternden Sonnensegel.

„Prost!" Ich hebe mein Glas und lasse den Grappa durch meine Kehle rinnen.

„Mama, du trinkst am Tag Alkohol?"

Irritiert schaut Saskia auf mein Schnapsglas. Jonas klettert auf Jans Schoß. Zweifelnd sucht Saskia nach einem Hinweis auf Tränen in meinen Augen. Ich weiß, dass es die Kinder belastet, wenn ich weine. Die Rollenverteilung kehrt sich dann um, sie wollen stark sein und mich trösten, fühlen sich genötigt zu führen. Damit sind sie überfordert.

Mir ist überhaupt nicht nach Weinen zumute. Ich habe mit den neuen Löchern gerechnet. Trauer spüre ich keine, nur Angst. Was, wenn Jan nicht alle Schwachstellen entdeckt hat? Ich bin mir sicher, dass er so sorgfältig wie möglich gearbeitet hat. Trotzdem kann er ganz kleine Stellen übersehen haben. Ich versuche, sachlich zu denken und die Angst zu vertreiben.

„Zuerst muss ich herausfinden, was hinter den Löchern im Innern des Rumpfs ist. Bernie schweißt nur, wenn er sicher ist, dass dahinter kein brennbares Material ist. Dann versuche ich zu rekonstruieren, warum die undichten Stellen entstanden sind. Ein Schiff rostet von innen heraus. Es muss sich also Wasser von irgendwoher an den verschiedenen Stellen gesammelt haben." Ich seufze.

„Ich werd die Löcher aussparen und den restlichen Rumpf nach dem Mittagessen streichen. Morgen können wir die zweite Farbschicht auftragen", meint Jan und lässt Jonas auf seinen Knien hüpfen.

„Und ich geh' zu Bernie rüber und informiere ihn über die neue Situation."

Ich stehe auf und stelle mein Glas auf den Campingtisch. Mit Saskias Roller kurve ich zwischen den Schiffen hindurch nach *down under*. Aus Bernies Schiff klingt das Geräusch der Schneidemaschine. Klopfen ist sinnlos. Ich klettere die Leiter hinauf und steige vorsichtig über einen losen Stahlbalken, der quer über dem Achterdeck liegt. Bernie kniet im Salon und scheidet an einem Rohr. Als er die Maschine absetzt, grüße ich.

„Hi, Bernie."

Erschrocken hebt er den Kopf. „Ich hab' dich nicht gehört." Er steht auf, legt die Maschine auf den Boden und klopft sich die Hände an seinem blauen Overall ab. „Ist alles in Ordnung mit dir?" Aufmerksam betrachtet er mich.

„Wir haben noch mehr Löcher gefunden."

„Wie viele?"

„22."

„Das ist viel. Du schaust ängstlich." Ich antworte nicht. Er macht einen Schritt auf mich zu. Sein Gesicht schiebt sich ganz nahe vor meins. „Das Boot ist nicht dein Feind. Es ist dein Freund."

Ich lache bitter. „Ich spüre das nicht so."

„Ich weiß. Aber du solltest. Solange du das Boot als Feind betrachtest, verlierst du Energie. Du solltest negative Emotionen im Zusammenhang mit deinem Boot vermeiden." Seine Worte klingen eindringlich.

Ich lehne mich an eine Wand.

„Kaffee?"

„Ja."

Er geht voraus. Unter seinem Schiff hat er eine Freiluftküche eingerichtet. Er schiebt mir einen weißen Plastik-Wackelstuhl hin und macht sich am Wasserkocher zu schaffen. Seine Worte klingen in meinem Kopf nach. Tropfenweise finden sie den Weg in mein Bewusstsein. Er hat Recht. Solange ich das Schiff als Feind betrachte, mache ich mich selbst kaputt. Die negativen Emotionen fressen mich auf. Wenn es mir gelingt, die Yacht als das zu sehen, was sie ist, nämlich eine alte Dame mit viel Erfahrung und gewissen Altersbeschwerden, wandeln sich meine Gefühle ins Positive. Die Yacht ist fast 40 Jahre alt. Und sie ist unser Zuhause. Ich sollte ihr tatsächlich mit Fürsorglichkeit anstatt mit Wut begegnen.

Bernie reicht mir eine Tasse. „Nimm das." Er schiebt einen Ingwerkeks hinterher. „Nimm zwei. Einen für…"

„…jede Hand, ich weiß." Ich muss lachen. Er spielt dieses Spiel immer mit den Kindern, wenn sie auf ihren Runden übers Dock bei ihm einen Stopp machen, um Kekse abzuholen. „Du hast Recht, Bernie."

„Ich weiß." Bescheidenheit ist nicht sein Ding. „Ich werde morgen rüberkommen und mir die Löcher anschauen." Er zwinkert mir zu.

„Alles klar. Danke."

„Keine Sorge!"

Ob das jemals aufhört, das Reparieren? Ob die PINUT jemals fertig sein wird? Ich seufze leise, denn ich kenne die Antwort. Ein Schiff bedarf stetiger Pflege, regelmässig geht etwas kaputt. Das liegt in der Natur der Sache: Sonne, Wind und Salzwasser setzen dem Material zu. Was unterwegs wohl alles an Reparaturarbeit auf uns zukommen wird? Nachdenklich kurve ich zwischen den Schiffen hindurch.

Kanarischer Frühling

Gran Canaria, Januar 2015

„Mama, bitte komm schnell!"

Serainas Tonfall schreckt mich auf. Alarmiert hebe ich den Fuß von der Wasserpumpe in der Küche und lege das Brotmesser ins Waschbecken.

„Mama!"

„Wo bist du?"

„In eurem Bad!"

Ich schlüpfe durch den schmalen Vorratsgang.

„Schnell, eine Schüssel, der Schlauch ist gebrochen!" Seraina steht neben der Kloschüssel und hält das Ende des Abwasserschlauchs in die Höhe. Wenige Augenblicke später halte ich eine weiße Plastikschüssel unter den Schlauch. Gemeinsam mit Seraina schaue ich zu, wie sie sich mit Wasser füllt. „Wie ist das denn passiert?" Verständnislos blicke ich auf den abgebrochenen Schlauch. Seraina zuckt aufgeregt die Schultern. „Ich war am Spülen, und plötzlich ist der Schlauch gebrochen, und alles Wasser schoss auf den Boden."

Mit dem nächstbesten Handtuch wische ich das Wasser weg, damit es nicht zwischen den Spalten hindurch im Stahlrumpf landet.

„Ich hab' gesehen, wie Jonas immer auf den Schlauch gestiegen ist, wenn er aufs Klo musste. Vielleicht ist der Schlauch schon angerissen gewesen und jetzt einfach abgebrochen", überlegt Seraina.

Immerhin ist vor dem Bruch schon genügend Wasser durchgeflossen, um alle unappetitlichen Inhalte hinauszubefördern.

„Das ist möglich." Nachdenklich betrachte ich das abgebrochene Stück. „Schau, nicht der Schlauch ist kaputt, sondern das Plastikstück von der Pumpe, an dem der Schlauch befestigt ist. Es ist abgebrochen. Das wird schwierig zu reparieren sein."

Wir kleben den Klodeckel mit Klebeband zu, und Seraina malt ein wunderschönes Verbotsbild, das wir auf den Deckel legen. Dieses Klo bleibt vorerst außer Betrieb. Sicherheitshalber lege ich den Kippschalter der Spülsicherung um.

Der Versuch, das abgebrochene Stück mit Plastik-Epoxymasse zu kleben, misslingt.

„Müssen wir jetzt immer vorne auf Klo?" Ursina schaut mich besorgt an.

Die Handspülung in der Vorschifftoilette erfordert vollen Körpereinsatz und ist für die kleineren Kinder zu schwer zu betätigen.

„Ich weiß nicht."

Ein wenig ratlos studiere ich den Abwasserschlauch. Gemeinsam mit Serainas praktischem Geist entwerfen wir eine Lösung.

„Meinst du, das hält?" Sie betrachtet die Konstruktion kritisch.

„Ich glaub' schon. Das neue Schlauchstück sitzt jetzt ganz nah an der Pumpe. Es fungiert als Brücke zum Abwasserschlauch. Das abgebrochene Stück Plastik im Innern des Schlauchs verhindert, dass die Schlauchschelle den Schlauch zusammendrückt. Das sollte funktionieren.

Lass es uns testen! Du spülst, und ich schaue, ob irgendwo Wasser rausläuft."

„Soviel Schlauch", murmelt Seraina und drückt auf die Spülung. Alles bleibt trocken.

Jonas steht daneben und denkt laut. „Ich kann ja aufs Holz da steigen. Dann brauch' ich den Schlauch nicht mehr. Schaut mal, so!" Er demonstriert uns seinen neuen Weg aufs Klo.

„Super, so geht nichts mehr kaputt!" Seraina freut sich und drückt Jonas.

„Na dann, Kinder, fröhliches Scheißen!" Ich strahle die Kinder an und entferne das Verbotsbild vom Klodeckel.

„Mama!"

Der Aufschrei klingt mehrstimmig. Grinsend blicke ich in die empörten Gesichter meiner Kinderschar.

Eine leichte Bö lässt die Moskitonetze an meiner Seite erzittern. Die Tage riechen jetzt, Ende Januar, auf Gran Canaria bereits nach Frühling. In den hohen, schlanken Kanarenpalmen singen die Vögel, die ersten Knospen zieren zaghaft die kahlen Äste der Rosensträucher. Die Sonne hat Kraft und vermag die Luft und die schwarzen Basaltsteine angenehm zu erwärmen. Sogar ins Meer haben wir uns gewagt und das erfrischende Prickeln des Salzwassers auf der Haut genossen. Aber die Nächte sind kühl. Ich ziehe die weiche Baumwolldecke fester um meine Schultern. Die Ruhe tut gut nach der aktiven, lauten Zeit in Arrecife. Die Marina hier in Pasito Blanco ist das Gegenteil der letzten Monate. Außer dem Liegeplatz und den sanitären Einrichtungen ist keinerlei Infrastruktur vorhanden. Das Restaurant ist wegen Besitzerwechsel geschlossen, der Supermarkt wird gerade umgebaut. Im Umkreis von 20 Gehminuten ist nichts außer nicht mehr bewirtschafteten Terrassenfeldern, Sandstrand, Klippen und Meer.

Die Kälte kriecht unter meine Decke. Ich stehe auf und recke meine steif gewordenen Glieder. Guia hebt müde den Kopf, blickt mich kurz an und schläft weiter. Die Hündin ist vier Monate alt und seit zwei Wochen bei uns. Mit ihrem lockigen, unglaublich weichen Fell gleicht sie von hinten einem kleinen Schaf, meint Seraina. Dass wir einen Spanischen Wasserhund haben wollten, war uns rasch klar. Die Hunderasse stammt von hier, wo sie traditionellerweise als Hütehunde von Schäfern und als Begleiter der Fischer gehalten wird. Diese Familienhunde sind intelligent und aktiv und verlieren kaum Haare. Wir haben Guia von einer Frau in einem kleinen Bergdorf im Norden Gran Canarias gekauft, in Santa Maria de Guía.

Ich falte die Decke zusammen, klemme die Thermoskanne unter den Arm und greife nach der leeren Teetasse. Langsam steige ich über die steile Leiter hinunter in den Bauch des Schiffs. Ich stelle Kanne und Glas in die Küche. Durch den schmalen Salon schlängle ich mich nach vorne zum Bug, lege im Vorbeigehen ein heruntergefallenes Kissen zurück auf die Bank. Leise öffne ich die Tür zur Vorschiffkajüte. Warme, stickige Luft schlägt mir entgegen. Ich löse die Klemmen und öffne die Dachluke. Unmittelbar fällt die Nachtluft durch die Öffnung auf die Bettenfläche. Seraina murmelt etwas im Schlaf, Jonas dreht sich auf die Seite. Ich werfe einen Blick in den kleinen Toilettenraum. Die Zahnpastaspuren auf dem großzügigen Spiegel sind Zeugen eines kreativen Moments. Mit etwas Fantasie lassen sich ein Stern und ein Herz ausmachen. Ich lasse das Bild stehen und lege den Schwamm auf den Rand des Waschbeckens. Für morgen. So leise wie möglich schließe ich die Badezimmertür. Sie klemmt und überwindet die letzten fünf Zentimeter mit einem quietschenden Ruck. Ich lasse die Dachluke bis auf einen breiten Spalt zufallen und verlasse die Vorschiffkajüte.

Im Bett kuschle ich mich in meine Decke. Der stürmische Wind der letzten beiden Tage hat sich gelegt. Das Meer benötigt mehr Zeit, um sich zu beruhigen. Die Wellen ziehen und zerren am Schiff, die Festmacherleinen knarren an den Pollern. Ich finde keine Ruhe. Ich liebe die Schaukelbewegung. Mein Blick schweift über die Bullaugen und bleibt an einer einlaminierten Karte hängen. Darauf zu sehen sind Segel und das Meer im Abendlicht. Darunter steht ein Ausspruch von Mark Twain: *„In 20 Jahren wirst du mehr enttäuscht sein über das, was du nicht getan hast, als über das, was du getan hast. Also löse den Knoten, laufe aus dem sicheren Hafen aus und erfasse mit deinen Segeln die Passatwinde."*

Plötzlich erinnere ich mich an Jan. Er hätte gerne die Leinen gelöst und wäre auf den Weltmeeren unterwegs. Stattdessen betrachtet er nun das Meer von seinem Bus aus. Ein klein wenig Wehmut überrollt mich, als ich an Boca do Rio zurückdenke.

Wiedersehen im Paradies

„Wir sind gleich da, Papa! Da sind schon die großen Schilfhalme!"

„Und da vorn kommt gleich der Camper, den man kaufen kann!" Aufgeregt zeigen die Kinder aus dem Fenster.

„Ob Jan und Mattes wohl wieder hier sind?"

„Ganz sicher! Sie wissen ja, dass wir kommen, dann sind sie sicher hier!"

Die letzte Kurve. Mit Hupen und lautem Rufen fahren wir über den großen Platz in „unserer" Bucht. Nil und Mattis kommen angerannt, Eva, Jörg und Jan winken uns zu. Ich drehe eine Ehrenrunde an den Rand der Sandpiste. Ich möchte Michael unseren ersten Standplatz zeigen. Mitten im Wellenrauschen, dem Meer ganz nah.

„Warum fahren wir nicht zu den anderen?" Ursina schaut mich enttäuscht an.

„Machen wir gleich. Ich möchte Papa nur den schönsten Platz zeigen."

„Wir gehen schon mal zu Nil!" Die Kinder stürmen aus dem Auto über die Sandpiste. Auf dem großen Platz verteilen sie sich: Ursina, Jonas und Saskia steuern auf das große Wohnmobil mit den Kinderzeichnungen zu, Seraina und Rahel gehen zu Jan.

„Du hast nicht zu viel versprochen." Michael holt tief Luft. „Herrlich!"

Er zieht die Schuhe aus und läuft barfuß durch den Sand. Ich folge ihm. Gemeinsam schlendern wir am Saum der Wellen über den Strand. Der Sand ist noch angenehm warm. Michael drückt meine Hand fest. Ein warmer Strom durchfließt mich. Ich schließe die Augen und lasse mich führen. Es fühlt sich gut an. Wir setzen uns auf einen großen Stein. Ich lehne mich an Michaels Schulter, er schließt seine Arme um mich. Die Zeit bleibt stehen. Ich spüre das Blut durch meinen Körper pulsieren, spüre die Wärme der Sonne auf meiner Haut. Michaels starken, geschmeidigen Körper, seine Kraft, seine Energie. Ich schnuppere den lange vermissten Duft und vergrabe meinen Kopf in seinen Haaren. Nie mehr aufstehen, nie mehr loslassen.

„Jan, das ist Michael. Das sind Jan, Eva und Jörg." Händeschütteln, interessiertes gegenseitiges Betrachten.

„Wo ist Mattes?"

„Er steht dort oben, bei der Burgruine." Jan zeigt mit der Hand auf einen Hügel an der Küste.

„Warum denn das?" Seraina wirkt enttäuscht.

„In den letzten beiden Wochen war die Polizei zweimal hier und hat alle vom Platz verjagt", erklärt Eva. „Nachts klopfte es plötzlich laut an unserer Tür. Zwei Polizisten standen davor und sagten, wir hätten zehn Minuten Zeit, um von hier zu verschwinden. Wir haben unsere Sachen gepackt und sind in den Wald gefahren wie viele andere auch."

„Warum denn?" Rahel blickt bestürzt.

„Wir sind hier in einem Naturschutzgebiet. Campen ist offiziell verboten. Ab 23 Uhr müssen die Strände leer sein." Jan seufzt. „In vielen anderen Buchten wurden bereits große

Parkplätze und Restaurants gebaut. Das soll hier auch geschehen."

„Nein! Das darf nicht!" Seraina und Rahel sind entsetzt. „Wir wollen keinen blöden Parkplatz!"

„Und wir wollen hier übernachten!" Entschlossen stemmt Seraina die Fäuste in die Hüften.

„Jetzt ist ja noch alles in Ordnung", beruhige ich sie.

„Mattes fürchtet Strafgeld und ist darum zur Burg hinauf umgezogen", erklärt Jan. „Ich steh' mal hier, mal da. Nach dem zweiten Polizeiaufmarsch waren wir eine Weile lang im Wald. Dort kontrollieren sie nicht. Aber ich halt' das nicht lange aus. Ich brauch' das Meer und die Sonne." Jan streckt sich.

Ich schaue Jörg an. „Und ihr? Wie lange werdet ihr hierbleiben?"

„Für unseren geplanten Abstecher nach Marokko ist es jetzt zu spät. Anfang November müssen wir uns auf die Heimreise machen, also in rund drei Wochen. Ich fang' im Dezember wieder an zu arbeiten. Wir bleiben hier, solange sie uns lassen. Wenn sie zu aufdringlich werden, fahren wir der Küste entlang nach Spanien."

„Wir möchten gern noch bis Nils Geburtstag hierbleiben." Eva streicht sich eine Haarsträhne aus dem Gesicht. „Nil möchte ein Fest mit euren Kindern machen. Und er würde sich gern mal euer Schiff anschauen."

„Dann feiern wir doch am besten bei uns auf dem Dock. Das Wohnmobil könnt ihr auf den Parkplatz im Areal stellen. Dusche, Toilette und Waschmaschine könnt ihr von der Werft benützen. Wann hat Nil Geburtstag?"

„Am 24. Oktober."

„Das ist in zehn Tagen. Das machen wir!"

Eva strahlt.

Gemeinsam sammeln wir trockenes Holz, um ein Feuer in unserem kleinen, vom vielen Gebrauch bereits angerosteten Holzkohlengrill entfachen zu können.

„Warum wohl die Strände alle ‚zivilisiert' werden?" Die Frage gilt mehr mir selbst anstatt Eva.

Sie antwortet dennoch. „Das beschäftigt uns alle. Für mich und meine Familie ist es nur ein langer Urlaub, den wir hier verbringen. Aber unter den anderen sind viele, die aus Deutschland – oder auch Frankreich, England oder Holland – ausgewandert sind, aus unterschiedlichen Gründen. Sie beziehen IV-Rente oder leben vom Ersparten. Anstatt sich eine Wohnung zu kaufen, wie das viele Rentner aus Nordeuropa hier tun, ziehen sie mit ihren Wohnmobilen oder Bussen zu den schönsten Stränden. Einfach, weil sie die Freiheit spüren wollen. Dadurch fallen sie aber durch die Maschen der staatlichen Kontrolle. Sie melden keinen Wohnsitz an und bezahlen keine Steuern. Sie nützen den Tourismusgeiern nichts, weil sie keine Touristenzentren besuchen und nicht massenhaft Geld im Land lassen. Sie sind still und unauffällig, aber man kann an ihnen eben kein Geld verdienen." Nachdenklich stochert Eva mit einem Stöckchen im Sand herum. „Letzte Woche hat die Polizei einen kleinen alternativen Markt aufgelöst. Einmal im Monat trafen sich dort Handwerker, Künstler und Biobauern, um ihre Waren zu verkaufen. Es war keiner der Märkte, die durch die Gemeinden wöchentlich in festem Rahmen organisiert werden, sondern eine private Initiative. Der Markt hat einen guten Ruf gehabt und wurde auch von Touristen gern besucht. Die Polizei hat allen Marktständen ein Ultimatum von zehn Minuten gestellt, um ihre Waren einzupacken. Was dann nicht verschwunden war, ist zerstört worden. Stell dir vor, sie haben ganze Brotlaibe einfach in die Mülltonne geworfen!" Die Empörung spricht aus Evas Augen, ihr schlanker Körper drückt Verachtung aus. „Die Razzien auf den Stränden werden immer häufiger. Vor allem Familien sind bereits nach Spanien weggezogen." Sie lässt ihren Blick über die Bucht und den Flusslauf gleiten. „Was nützt uns all die prachtvolle Schönheit, wenn wir nachts

Angst haben müssen, von der Polizei vertrieben zu werden? Ohne Kinder würden wir das wegstecken. Aber die Jungs verstehen das nicht und bekommen Angst."

„Das Ganze ist paradox: Die Camper werden vertrieben, es werden Parkplätze und Restaurants gebaut und Toilettenhäuschen aufgestellt. Aber anstatt die Strände dadurch zu schützen, werden sie verschmutzt. Jeder, der mit seinem Bus hier steht, trägt durch sein Verhalten zum Schutz des Gebiets bei: Keiner möchte an einem zugemüllten Strand schlafen. Okay, es gibt die Toilettengebiete, die stinken halt. Aber jeder kennt sie, jeder benutzt sie, und letztlich verrottet alles. Nur die Tagestouristen sind oft zu faul, die Mülltonnen zu benützen, beschallen den Strand mit Musik und gehen ihren Aktivitäten nach, ohne sich um ihre Umgebung zu kümmern."

Mir kommt eine Situation vom letzten Wochenende in den Sinn. Wir waren in einer anderen Bucht, dem Barranco, gemeinsam mit Eva und ihrer Familie. Es ist einer jener Strände, die bereits zugepflastert wurden. Dennoch stehen hier viele Aussteiger, meistens junge, das gibt dem Strand eine ganz besondere Stimmung.

Ich frage Eva: „Ist dir im Baranco der Trupp junger Leute aufgefallen, die mit Plastiksäcken den Strand aufgeräumt haben? Die Typen sahen hippiemäßig aus."

„Ja, ich erinnere mich."

„Einer von denen kam am Vormittag total wütend zu mir und fragte mich, ob Rahel meine Tochter sei. Sie habe einen der Büsche als Toilette benutzt, ohne ihr Geschäft zu vergraben. Dabei sei es so einfach, in den weichen Boden ein Loch zu buddeln, sein Geschäft dort hinein zu machen und alles wieder zu vergraben. Ich war im ersten Moment perplex, aber er hat Recht. Sag das mal einem Tagestouristen, dass er das tun soll!" Verächtlich schüttle ich den Kopf. „Der Staat sollte sich die Umsicht der Aussteiger zunutze machen, anstatt sie zu vertreiben."

In meinem Kopf beginnen die Ideen zu sprudeln, wie man eine positive Dynamik in die Situation bringen könnte. Ich wische sie weg. Es ist eines unserer letzten Wochenenden hier. Die Tage werden kürzer, die Luft wird kühler, das zuverlässige Sommerhoch macht immer öfter Regenfronten Platz. Zum Baden haben wir alle nicht mehr so richtig Lust, und die Nächte in unserem unbeheizten Bus sind klirrend kalt. Für den Winter werde ich einen anderen Kraftplatz suchen, an dem wir wenigstens einen der Wochenendtage verbringen können. Aber noch sind wir hier.

„Ich glaub', das reicht."

Ein großer Haufen dünner, trockener Holzstöcke liegt neben dem Grill. Es ist ein Leichtes, ein kräftiges Feuer zu entzünden, in das wir die Holzkohlen legen können. Die Sardinen braten wir in sechs Etappen, je zehn Fische pro Mal. Die lodernden Flammen, die aufsteigen, wenn Fett auf die glühenden Kohlen tropft, lösche ich mithilfe einer Petflasche, in die Löcher geschnitten sind. Sie ist mit Wasser gefüllt und funktioniert wie eine Gießkanne. Ich habe sie bei meinem ersten Grillversuch von einem Portugiesen bekommen, der mit seinem Camper neben unserem Bus stand und meinen Kampf gegen die Flammen wohl ziemlich amüsiert zugesehen haben muss. Jedenfalls stand er, als bereits ein verräterischer Geruch nach verbranntem Fisch über den Platz zog, plötzlich mit der Flasche neben mir und meinte grinsend: *„Take this."* Seither gehört sie zu unseren Grillutensilien wie die Holzkohle.

„Mh, schmeckt himmlisch!"

Rahel genießt. Die letzte der 60 Sardinen verschwindet in ihrem Mund. Die anderen Kinder sind schon längst mit Essen fertig und haben sich alle gemeinsam zum Schlafen in Nils Reich zurückgezogen. Die Sonne verschwindet soeben hinter den Felsen. Die Wolken sind zuerst goldgelb, dann orangefarben und schließlich zartrosa. Wir sitzen einträchtig und schauen dem Farbenspiel zu.

Allmählich wird es dunkel. Ich räume die Teller zusammen und stelle den Grill hinter den Bus. Aus dem Wohnmobil klingt deutlich Nils Stimme.

„Feuerwehrmann Sam!"

Er singt. Die Mädchen scheinen zu lauschen, plötzlich höre ich Applaus. Leise steige ich die Stufen hinauf und schaue in den engen Wohnraum. Mattis und Nil haben ihr Reich im Alkoven über der Fahrerkabine. Die Wände sind ganz mit Holz ausgekleidet, ein massives Geländer hindert die Kinder am Hinunterfallen. Rote Vorhänge können bei Bedarf zugezogen werden. An einer Wand prangt ein großes Poster mit einem Segelschiff und Piraten. Auf dem Boden liegen zwei Matratzen. Ein Himmelreich für Kinder. Nil scheint sich an einer Schmalseite des Raums positioniert zu haben, die Mädchen liegen alle drei nebeneinander am anderen Ende und klatschen.

Eva strahlt mich an. „Nil hat soeben den Mädels seinen Song vom Feuerwehrmann Sam vorgesungen. Das hat er noch nie getan! Er singt gern, aber immer nur für sich. Er ist wohl gerade ein Stückchen über sich selbst hinausgewachsen."

Ich lächle. „Wenn die Bande gar keine Ruhe findet, schickst du mir meine Kinder wieder rüber."

Die ersten Sterne sind zu sehen. Mit der Kapuze meiner Trainingsjacke über dem Kopf und den Händen in den Jackentaschen schlendere ich über den Strand. Es ist Ebbe, das Wasser ist weit zurückgegangen. Das Meer liegt schwarz vor mir. Keine Sicht, nur unaufhörliches Rauschen. Eine schwarze, undurchdringliche Wand. Wie es wohl sein wird, nachts über dieses schwarze Meer zu fahren? Ich denke mich auf die PINUT, wie sie Kurs nimmt auf Madeira. Ein leichtes Schaudern läuft zwischen meinen Schulterblättern über meinen Rücken.

Über-Lebenskünstler

Gran Canaria, Januar 2015

„Mama, darf ich eine Banane?" Jonas' Stimme dringt dumpf an mein Ohr.

„Ja", murmle ich und drehe mich auf die Seite.

„Danke!" Er hüpft davon.

Wenig später: „Mama, ich muss aufs Klo!"

„Mh." Die Tür zum Badezimmer knallt auf, der Spiegel scheppert.

„Mama, ich bin fertig!" Mit einiger Mühe begreife ich, dass ich nicht mehr in der Bucht, sondern mit der PINUT auf Gran Canaria bin. Die letzten Gedanken vor dem Einschlafen waren so lebendig gewesen, dass die Vergangenheit in meinem Traum weitergelebt hat. Ich schäle mich aus meiner Bettdecke und gehe verschlafen ins Bad. Jonas schlingt seine kleinen Hände um meinen Hals und presst mir einen schmatzenden Kuss auf die Lippen. Ich drücke ihn fest an mich. Er windet sich und schlüpft aus der Tür. Rasch krieche zurück ins Bett und kuschle mich in meine Decke. Wohlig strecke ich mich. Atme die frische Morgenluft ein. Der Himmel schimmert blassblau durch die Dachluke. Meine Augen fallen wieder zu. Ich mag noch nicht aufstehen.

Jäh holt ein Klingelton meine Aufmerksamkeit zurück in die Kajüte. Michael tastet nach seinem Handy und bringt es zum Schweigen.

„Warum hast du den Wecker gestellt?", murmle ich.

Er blinzelt mich aus einem Auge an. „Wir wollten joggen gehen."

Ich ziehe mein Kissen auf seine Matratze und lege den Kopf in seine Armbeuge. Ich spüre seine Wärme, schließe erneut die Augen. Seine Finger massieren meine Kopfhaut. Einfach liegenbleiben und nie mehr aufstehen müssen.

„He, das ist mein Haus, gib es mir sofort zurück!"

„Nein, wir haben abgemacht, dass ich heute damit spielen darf!"

„Das stimmt nicht, das ist meins!"

Poltern, die Tür fliegt auf. „Mama, Rahel hat mir mein Legohaus weggenommen!"

„Mh."

„Mamaaaaa!"

„Ursina, geh zurück zu Rahel, ich kann dir hier nicht helfen."

Ursina stampft mit dem Fuß auf, schnaubt und trollt sich. Die Tür bleibt offen.

„Nun denn", seufzt Michael, „gehen wir's an." Er stützt seinen Kopf in die Hand und beugt sich über mich. Seine Lippen berühren die meinen wie der Flügelschlag eines Schmetterlings.

Ich lächle. „Joggen?"

„Joggen."

Ich rolle mich aus dem Bett. Michael setzt sich auf und lässt die Beine von der Bettkante baumeln. Er umfasst meine Taille und zieht mich an sich. Sein Kopf lehnt an meiner Brust. Ich streiche über sein volles Haar. Ich liebe die großen Locken, die bis weit über seine Schultern hängen. Viele grauweiße Strähnchen schimmern zwischen den schwarzen Haaren. Als wir uns vor 13 Jahren begegnet sind, waren sie noch nicht da. Sie sind in vielen Tagen, Wochen, Monaten und Jahren gewachsen wie die Zahl unserer Kinder und der große Schatz an gemeinsamen Erlebnissen. Vieles hat sich seither verändert. Das Kopfkraulen ist geblieben.

Ich erinnere mich an einen Moment vor elf Jahren, als ich mit Saskia schwanger gewesen bin. Wir haben in einer großzügigen Wohnung in Georgien gewohnt, die wir für einige Wochen gemietet haben. Michael ist auf einem der großen Lehnstühle gesessen und ich habe seinen Kopf gekrault.

„Machst du das auch noch, wenn das Baby da ist?"

„Klar. Das Baby ist ja kein Ersatz für dich."

Ersatz sind die Kinder alle nicht geworden. Sie sind beides: Bereicherung und Herausforderung für unsere Partnerschaft.

In diesem Moment sind sie Herausforderung: „Mama, wann kommst du endlich?" Ursina steht wieder in der Tür. „Rahel gibt mir mein Haus nicht zurück!"

„Ich zieh' mich an und komme."

Michael schiebt sie aus der Tür und schließt sie.

„Wer kommt heute mit zum Joggen?"

„Ich!" Seraina strahlt. Sie sieht gut aus in ihrer kurzen Jogginghose, dem Träger-T-Shirt und den neuen Turnschuhen.

„Schön!" Gemeinsam räumen wir die Brotbrettchen in die Küche, ich wische den Tisch ab, klappe ihn zusammen und versorge die Kinderbank. „Bis später, Kinder! Und vergesst das Abwaschen nicht!"

„Tschüss Mama, tschüss Papa!" Jonas umarmt uns. „Macht's gut!" Der kleine Kerl bleibt am Heck stehen und winkt, bis wir um die Ecke biegen.

Wir machen einen kurzen Stopp im Marina-Büro und erkundigen uns nach dem Verbleib unseres Pakets. Ich habe einen Relingsgrill und zwei Wassertanks im November bestellt, als wir noch in Arrecife auf Lanzarote waren. Irgendwo zwischen Frankreich und den Kanaren ist das Paket hängen geblieben, während wir nach Gran Canaria gesegelt sind. Immerhin habe ich inzwischen eine Abholeinladung bekommen. Auf der Post in Arrecife ist das Paket aber trotzdem nicht, wie uns Ute und Valentin von Lanzarote aus mitteilten. Sie wollten es abholen. Wir wissen nun, dass wir der Post einige Dokumente zukommen lassen müssen, damit die Ware zugestellt wird. Das haben wir getan. Im Büro schüttelt der hilfsbereite Angestellte aber den Kopf. „Vielleicht morgen", meint er lächelnd.

Der erste Teil unserer bewährten Joggingroute führt über einen kleinen, mit Steinen durchsetzten Sandstrand. Obwohl es noch relativ früh am Morgen ist, aalen sich bereits einige Sonnenhungrige auf mitgebrachten Liegestühlen. Am Ende des Strands kommen wir an orange-beigen Sandsteinfelsen vorbei. Zur Mittagszeit, wenn die Sonne die Steine erwärmt hat, sitzen in den Ritzen und auf den Vorsprüngen zahlreiche Echsen. Die größte, die wir bisher gesehen haben, war fast so lang wie mein Unterarm. Ihre Haut ist grauschwarz mit einer orangefarbenen Stelle am Hals und glänzt ledern in der Sonne. Jetzt zeigt sich keines dieser wendigen Tiere. Offenbar ist es ihnen noch zu kalt.

Unser Weg geht weiter am Wasser entlang über Steine und Felsen, vorbei an einem Schiffswrack, das vor wenigen Wochen auf die Felsen geworfen worden ist. Der Skipper hat zu wenig Kette gesteckt, und der Anker hat sich bei starkem Wind und entsprechender Welle losgerissen, hat man uns erzählt. Mich schaudert. Dennoch zieht der rosarot-weiße Rumpf meinen Blick magisch an. Der Zerfall ist rasch, man kann ihm fast täglich zusehen. Die Bullaugen sind zertrümmert, im Innern der kleinen Yacht ist alles durcheinandergeworfen. Ein großes Loch klafft auf der Steuerbordseite des Unterwasserschiffs. Der Name des Schiffs, der in den ersten Tagen am Heck in hellgrüner Farbe sichtbar war, ist inzwischen sorgfältig entfernt worden. Ich wende meinen Blick ab und springe weiter. Ich spüre Ehrfurcht und Respekt vor der Gewalt des Meers. Das Meer gibt, und das Meer nimmt. Diesen Satz habe ich oft gelesen. Wie wahr er ist.

Es ist Ebbe. Fasziniert bleibe ich stehen und höre dem Rollen der Steine zu. Wenn eine Welle kommt, werden sie hochgeschoben, und wenn das Wasser wieder geht, rollen sie zurück. Ein Konzert der Natur, das harte Aneinanderschlagen der Steine umrahmt vom Rauschen der Wellen. Es ist anders als der Klang, der entsteht, wenn Muscheln vom Wasser verschoben werden, das Klappern der leeren Muschelteile im Sand. Die Steine klingen direkter, unmittelbarer, melodischer. Begleitet von den Klängen der Küste klettern wir über einen weit ins Meer hinausragenden Sandsteinfelsen.

„Meine Schuhe sind super!", freut sich Seraina.

Geschickt und trittsicher bewegt sie sich auf der steilen Fläche. Sie, die wann immer möglich barfuß unterwegs ist, hat sich mit ihren Turnschuhen angefreundet.

Als wir die Strandpromenade in der Touristenretorte Meloneras erreichen, spüre ich bereits die ersten Schweißtropfen auf meiner Stirn. Auch hier sind trotz der frühen Morgenstunde bereits erstaunlich viele Menschen unterwegs. Sie schlendern über die Promenade, schieben Kinderwagen oder Rollatoren vor sich her, halten Händchen oder schimpfen mit ihrem Hund.

„Versuch, lautlos über den Fußballen abzurollen", feilt Michael an Serainas Lauftechnik. „Ja, genau so!"

Serainas Gang wird federnder, ihr Schritt leiser. „Das ist aber anstrengend!", stellt sie fest.

„Nur am Anfang. Wenn du dich an diese Technik gewöhnt hast, willst du nie mehr anders laufen. Du schonst die Gelenke und verteilst die Belastung besser auf alle

Muskeln." Wohlwollend beobachtet Michael Serainas Haltung.

Wir joggen an einem Straßenmusiker vorbei. Dunkle Hautfarbe, schwarze Kraushaare, schlägt er rhythmisch zwei Kongas. Er nickt uns zu, ich lächle ihn an. Ich laufe gern im Takt seiner Musik, sie gibt mir Energie, ich fühle mich leichter.

Bald sind wir an der langen Strandpromenade von Maspalomas an der Südspitze Gran Canarias angelangt. Hier reihen sich Hotelanlagen mit Swimmingpools an Restaurants, Bars und Einkaufszentren. Die Dichte der Spaziergänger hat zugenommen, wir springen im Slalom zwischen den Touristen hindurch. Optimistisch hatten wir gehofft, dass der Besucherstrom nach den Neujahrsfeiertagen abreißen und sich die Strände leeren würden, aber hier scheint das ganze Jahr Hochsaison zu sein. Waren es über die Festtage vor allem Familien mit schulpflichtigen Kindern, so prägen nun Kinderwagen und ältere Paare das Bild.

An sich ziehe ich menschenleere, wilde Gebiete zum Joggen vor. Hier bin ich aber trotzdem gern. Der Blick aufs Meer ist zu jeder Tageszeit atemberaubend. Die Brandung tost, die langen Wellen ziehen sich über mehrere Hundert Meter in die Breite und zeichnen Schlangenlinien auf die Wasseroberfläche. Der Wind scheint mich auf der Plattform beim Leuchtturm mitreißen zu wollen. Michael lehnt sich dagegen und lässt sich durchpusten. Serainas Haare fliegen, ihr T-Shirt flattert. Der Schweiß auf meiner Stirn trocknet. Zurück bleibt eine salzige Kruste.

„Schaut, da vorn steht der Schlangenmensch wieder!", freut sich Seraina.

Die Strandpromenade säumen regelmäßig Künstler. Menschen, die sich für einige Stunden am Tag in Statuen verwandeln. Um ein wenig Geld zu verdienen. Um ihre Mitmenschen zum Staunen oder auch zum Lachen zu bringen. Warum auch immer: Sie bereichern die gleichmäßige Szenerie der erholungsbedürftigen Wohlstandsgesellschaft. Seraina mag den rotbraunen Schlangenmenschen, der rund 30 Zentimeter über dem Boden zu schweben scheint und über und über mit Schlangen und anderen Meerestieren behängt ist. Ich ziehe den Magier vor, der mich – ebenfalls schwebend – mit seinem scharfen, durchdringenden Blick zu fesseln vermag. Saskias Favorit ist der rostbraune Indianer mit Hund, der an die Kinder Bonbons verteilt.

„Was machen die beiden dort?" Seraina zeigt auf einen Mann und eine Frau, die an einem Sandhaufen arbeiten.

„Sandskulpturen." Auf einer Länge von rund drei Metern ist ein regelmäßiger, schmaler Sandberg aufgeschichtet. Ein Tisch mit zwölf Menschen daran lässt sich bereits erahnen. Der Mann taucht seine Hände in eine Schüssel mit Wasser und macht sich an einem der Köpfe zu schaffen. Er arbeitet sorgfältig und geschickt, formt eine gerade Nase und einen Mund mit vollen Lippen.

„Toll!" Seraina staunt.

„Ich glaube, das wird das letzte Abendmahl, eine Szene aus der Bibel. Der Weihnachtsmann von letzter Woche ist verschwunden, jetzt kommt ein Bild für Ostern. Schau, der Mann dort in der Mitte wird Jesus sein." Ich deute auf eines der bereits fertigen Gesichter.

„Die haben aber noch nicht viel Geld verdient", meint Seraina mit einem Blick auf den Teller, der vor dem Sandberg steht. „Können die davon leben?"

„Ich glaube nicht. Vielleicht haben sie einen anderen Job und machen das nur in ihrer Freizeit."

Bei den Dünen von Maspalomas kehren wir um. Der Wind bläst kräftig, die roten Fahnen im Sand verbieten das Baden.

„Letzte Woche ist ein Vater mit seinem Sohn hier ertrunken", berichtet Michael.

„Warum?"

„Sie sind bei roter Fahne baden gegangen."

„Aber die Wellen sind doch gar nicht hoch! In Faro waren sie viel höher, und wir sind trotzdem geschwommen."

„Hier gibt es Strömungen, die dich ins Meer hinausziehen. Oder auch Strudel, aus denen man nicht mehr herauskommt. Sie ziehen dich immer wieder unter Wasser. Es kommt hin und wieder vor, dass Touristen, welche die Verhältnisse hier nicht kennen, sich selbst überschätzen. Seit dem Unfall von letzter Woche gibt es hohe Geldstrafen, wenn man beim Baden bei roter Fahne erwischt wird."

Unbeweglich starrt Seraina aufs Meer. Sie scheint es plötzlich anders wahrzunehmen als bisher, scheint die dunkle Seite zu spüren.

Als wir wieder am Wrack vorbeikommen, macht sich gerade ein Mann an den Winschen zu schaffen. „*I am cleaning up. It's a pollution of the environment!*" ruft er uns zu.

Warum er sich uns Joggern gegenüber rechtfertigt, kann ich nicht nachvollziehen. Ein etwas mulmiges Gefühl schleicht sich in meine Magengegend. Es gelingt mir nicht, es genau zuzuordnen. Vielleicht ist es die bedrückende Stimmung, die von der toten Yacht ausgeht. Oder das Bewusstsein der Gefahr, in die man sich immer begibt, wenn man sich Naturgewalten aussetzt. Mit jedem Segeltörn aufs Neue.

Als wir über den Steg zur PINUT laufen, duftet es nach Gemüse und Tomatensauce. Sofort meldet sich mein Magen vehement mit einem lauten Knurren. Freudig steige ich die Stufen zum Schiff hinauf, denn der Duft wird immer stärker: Er kommt von hier!

„Hallo Kinder!"

„Mama! Das Essen ist gleich fertig!"

Ich ziehe meine Turnschuhe aus und klopfe die sandigen Socken über die Reling. Guia tapst schwanzwedelnd auf mich zu und leckt meinen Unterschenkel.

„Na, hast du gut auf die Kinder aufgepasst?" Ich kraule sie hinter den Schlappohren. Hungrig setzen wir uns. Ich fische eine kleine, schwarze Fliege aus meinem Reis. Die Soße schmeckt köstlich. Die zweite schwarze Fliege landet auf meinem Tellerrand. Dann noch eine! Irritiert untersuche ich meinen Reis.

„Habt ihr auch kleine schwarze Fliegen im Reis?"

„Ja! Hier ist eine!"

„Igitt, bei mir auch!"

„Nein, ich seh' keine. Oh, doch, hier!" Angewidert schiebt Seraina das Tierchen auf den Tellerrand.

„Tatsächlich, bei mir auch." Michael pflügt mit der Gabel seinen Reis. Überall tauchen die schwarzen Fliegen auf.

„Wo kommen die denn her?", fragt Jonas.

„Bei mir ist eine in einem Reiskorn drin!" Aufgeregt zeigt Saskia ihren Fund in die Runde.

„Wie geht denn das, die ist doch tot?", wundert sich Ursina.

„Ich fürchte, in einer der Reispackungen waren Eier dieser kleinen Fliegen drin. Sie sind geschlüpft und haben begonnen, den Reis zu essen."

„Wäh!"

Ursina schiebt ihren Teller weit von sich. Saskia springt vom Tisch auf und kommt mit der Fünf-Liter-Plastikflasche zurück, die uns als Reisbehälter dient. „Ja, schaut, hier ist alles voller krabbelnder Fliegen!" Es bewegt sich tatsächlich bei genauem Hinsehen in der Flasche.

„Und was machen wir nun mit dem Reis?"

„Die Fliegen sind ja tot und schaden uns so nicht mehr", versuche ich die Crew zum Weiteressen zu bewegen.

„Mir ist der Appetit vergangen." Michael rümpft die Nase.

„Mir auch. Also über Bord damit!"

„Aber den ungekochten Reis können wir an Deck ausbreiten. Dann fliegen die Fliegen sicher weg, und wir können den Reis noch kochen", schlägt Saskia vor.

Der Gedanke daran, soviel guten Vollreis wegzukippen, bereitet ihr Mühe.

Mir auch. Dennoch: „Die Fliegen haben den Reis nicht nur gefressen, sondern ihn auch als Klo benützt…"

„Iii! Also doch über Bord!" Entschlossen packt sie die Plastikflasche und geht damit zur Reling. Einträchtig schauen die Kinder dem Reis zu, wie er langsam auf den Meeresgrund sinkt.

„Ich glaub', wir sollten das Getreide regelmäßig kontrollieren", grüble ich.

Michael nickt. „Das denk' ich auch."

Unsere 75 Kilogramm Biogetreide aus Arrecife mussten vom Festland über La Palma eingeflogen werden. Per Taxi haben wir sie in die Marina gebracht, auf den Rollern der Kinder zum Schiff gefahren, über die Reling gewuchtet und sorgfältig in unzählige leere Fünf-Liter-Wasserflaschen gefüllt. Diese lagern nun in den Schapps unter unseren Matratzen. Die Vorstellung, dass wir darin weiteres Ungeziefer züchten, treibt Gänsehaut über meinen Körper.

„Ich schau jetzt gleich nach." Es lässt mir keine Ruhe.

„Brauchst du Hilfe, Corina?"

„Wär' super, wenn mir ein Kind die Matratze halten könnte."

„Ich komm!" Im Nu sitzt Rahel neben mir.

Sie stemmt die große Matratze in die Höhe, und ich ziehe den Schappdeckel weg. Wir kontrollieren alle Flaschen. Ich entspanne mich. Das Getreide sieht einwandfrei aus.

Die Geschichte mit den Fliegen bleibt nicht unsere einzige Begegnung mit Ungeziefer. Am nächsten Morgen werde ich unsanft aus meiner Traumwelt in die Realität geholt: „Hilfe, eine Kakerlake!" Bevor ich begreife, was los ist, sitzt Michael aufrecht neben mir im Bett.

„Wo?"

„Da! Neben eurer Toilettentür!" Entgeistert starrt Saskia auf das braune Tier an der Wand.

„Schnell, hol einen Becher!"

Keine Ahnung, woher Saskia so rasch einen Becher hat. Beim Versuch, das flinke Tier einzufangen, fällt es auf den Boden unserer Kajüte. Doch Michael ist schneller. Er stülpt den Becher über die Kakerlake.

„Bitte bring mir einen Karton oder was Ähnliches." Rahel kommt mit einem Blatt Papier zurück. „Okay, das sollte gehen."

Vorsichtig schiebt er das Papier unter den Becher. Er drückt es an den Becherrand und hebt beides auf. Die Kakerlake ist gefangen.

„Was machen wir mit ihr?"

„Werft sie über Bord!" Was Besseres fällt mir zu dieser frühen Stunde und einer Nacht mit Jonas in meinem Bett nicht ein. Ich drehe mich auf die Seite und schließe die Augen. Keine gute Idee. Rasch öffne ich sie wieder. Vor meinem inneren Auge krabbeln Kakerlaken.

„Sie schwimmt! Kakerlaken können schwimmen!" Serainas Kopf erscheint im Niedergang.

Mist. Naja, die Strömung wird sie wohl von unserem Schiff forttreiben.

„Die muss über die Fender an Bord gekommen sein", sinniere ich.

„Meinst du?" Michaels Stimme klingt wach. Er hat sich wieder hingelegt und krault meinen Kopf.

„Ja. Kakerlaken balancieren zwar auch über Festmacher. Aber die Fender sind natürlich wie ein roter Teppich für sie."

„Fliegen können sie nicht?"

„Nur die Männlein der Amerikanischen Kakerlake. Und auch nur zur Paarungszeit im Frühling. Das ist jetzt noch zu früh." Ich habe mich erkundigt. Als wir hier in Pasito Blanco angekommen sind, hat uns unser neuer Nachbar mit der Bemerkung begrüsst: *„Be careful, here are cockroaches."*

Noch am selben Abend habe ich mich in die Wikipedia-Lektüre über Kakerlaken vertieft und weiß nun, dass es drei verschiedene Arten gibt: die Deutsche, die Chinesische und die Amerikanische Kakerlake. Unsere hier gehört eindeutig zur amerikanischen Sorte.

„Dann nehmen wir die Fender wieder weg. Wenn wir die Grundleinen am Bug ein wenig dichter holen, sind wir weit genug vom Steg entfernt, dass wir auch bei auflandigem Wind nicht mit der Badeplattform am Steg anstoßen."

Nach dem Frühstück wirft sich Michael in seine Bike-Kleider. Er fährt nach San Fernando zum Einkaufen. „Bringst du Klebefallen für Kakerlaken mit?"

Er grinst schräg. „Mh. Wenn's sein muss. Was denkst du, wo ich die bekomm'?"

„Richard meinte, er besorge sich die Sachen in der Apotheke."

„Gut, ich versuch' mein Glück. Bis später!"

„Sind Kakerlaken gefährlich?" Ursina sitzt im Cockpit.

Ich setze mich zu ihr. „Nicht direkt. Sie stechen nicht und beißen nicht. Aber sie fressen unsere Vorräte. Sie legen ganz viele Eier hinein, aus denen Kakerlakenbabys schlüpfen. Ihre Ausscheidungen können bei uns Menschen Krankheiten auslösen."

„Und was fressen sie?" Seraina ist dazugekommen.

„Alles. Sie können sich sogar durch Papier und dünnen Plastik durchbeißen. Darum haben wir alle unsere Vorräte in Kanister oder Petflaschen versorgt. Dort kommen sie nicht hinein."

„Und wie kommen sie an Bord?" will Rahel wissen.

Das Thema scheint alle Kinder zu interessieren. Auch Saskia hört von der Hängematte aus zu.

„Wir vermuten, dass die eine Kakerlake über die Fender aufs Schiff gekommen ist. Weil sie die einzige ist, die wir bisher gesehen haben und weil sie schon ausgewachsen war. Die größte Gefahr sind Verpackungen aus dem Supermarkt. Kakerlaken sind lichtscheu, leben nur im Dunkeln. In den Lagerhallen der Supermärkte gibt es viele dunkle Plätze. Die Weibchen legen ihre Eier in die Falten von Milchpackungen, Nudelsäcken, Schokoladenpapieren. Wenn wir die Verpackungen so an Bord nehmen würden, würden die Tiere irgendwann schlüpfen und sich auf dem Schiff verstecken. Weil sie Licht nicht mögen, bemerkt man sie oft erst spät, wenn sie schon vieles angefressen und sich vermehrt haben.“

„Das ist ja eklig!“ Seraina schüttelt sich. „Darum kontrollieren wir alle Waren auf dem Steg und lassen die Verpackungen am besten gleich im Hafen.“

„Genau.“

Bisher haben wir noch keine Kakerlakeneier entdeckt, aber die heutige Begegnung hat meine Aufmerksamkeit für die kleinen Krabbeltiere bedeutend geschärft.

„Kommt, wir gehen Angeln üben.“ Ich brauche dringend eine Ablenkung.

„Angeln *üben*?“ Saskia runzelt die Stirn.

„Ja. Ich denk‘, wir sollten erst Wurftraining machen, bevor wir das nächste Mal auf die Felsen gehen.“

„Und wo sollen wir üben?“ Sie wirkt von der Idee nicht besonders angetan.

„Auf der Wiese. Dort haben wir genug Platz.“

„Einverstanden.“

Die Kinder klemmen ihre Angelausrüstung unter den Arm. Auf der Wiese, die unmittelbar an die Brandungsmauer grenzt, treffen wir selten jemanden an. Dabei ist das Gras dicht und saftig grün. Die Kinder haben gejauchzt, als sie die Wiese entdeckt haben. Es ist seit anderthalb Jahren der erste grüne Fleck zum Spielen. Sie kommen jeden Tag hierher. Rahel übt Rad schlagen, Jonas den Purzelbaum, Seraina Kopfstand. Das geht zwar alles auch im Sand. Aber auf einer Wiese fühlt es sich anders an. Es ist die Frische, die belebt, der Duft, der beflügelt. Es sind die kurzen Grashalme, welche die Fußsohlen kitzeln. Es sind die Käfer, Ameisen und Marienkäfer, die darin herumkrabbeln. Es ist der Wind, der durch die Grashalme fährt, und es ist das Wasser, das sie kühlt. Das alles macht eine Wiese so einzigartig. In der Schweiz habe ich nicht gedacht, dass ich mich jemals nach einer Wiese sehnen könnte. Eine Situation in Faro kommt mir in den Sinn. Wir haben Nudelsalat gemacht und nach einer Wiese zum Picknicken gesucht. Wir sind durch die ganze Stadtgefahren, aber eine der seltenen grünen Wiesen ist auf einem Kreisel mitten in einem Verkehrsknotenpunkt gelegen. Und eine zweite im Flughafenareal. Aber an den Flughafen erinnere ich mich nicht gern zurück.

Facetten der Einsamkeit

Faro, November 2013

Ich hasse Flughäfen. In diesem Moment hasse ich Flughäfen. Wenn ich hier in Faro einen Menschen, den ich mag, zum Flughafen bringe und selbst zurückbleibe. Dann fühle ich mich elend. Die Tränen suchen sich unaufhaltsam einen Weg aus der Tiefe. Mein Magen verkrampft sich, und die Beine haben Mühe, ihren Dienst zu leisten.

So oft schon habe ich hier geliebte Menschen oder Freunde zum Flughafen begleitet. Am schwersten fällt mir jeweils der Abschied von Michael. Vor allem wohl auch deshalb, weil er freudlos geht. Und weil die Kinder traurig sind. Jeder versucht auf seine Weise, mit der Trauer, den Tränen umzugehen. Rahel weint, ich auch. Jonas wird ganz still, vergräbt seinen Kopf an meinem Hals und will in Ruhe gelassen werden. Seraina schweigt und nuckelt an ihrer Hand. Saskia starrt vor sich hin. Ursina bleibt am stabilsten. Wahrscheinlich, weil sie die beneidenswerte Fähigkeit besitzt, ganz im Augenblick zu sein. Sie drückt Michael ganz fest, ist aber nicht traurig, denn er ist ja noch da. Dann legt sich ein Schatten über ihr kleines Gesicht, wenn Michael durch die Sicherheitskontrolle verschwindet. Aber gleich darauf ist ihr Blick wieder ganz klar. Es gibt auf dem Flughafen so viel Spannendes zu sehen, das erleb- und spürbar ist. Alles andere hat mit ihrer Welt nichts zu tun. So einfach ist das.

Neben dem Schmerz der Trennung kämpfe ich jedes Mal aufs Neue mit dem Gefühl der Überforderung. Den Berg Arbeit mit Schiff und Kindern zu stemmen, bringt mich an meine Grenzen. Ich spüre es daran, dass ich ungeduldig bin, rasch die Nerven verliere. Daran, dass mir häufig zum Weinen zumute ist.

Nun ist Michael durch die Sicherheitskontrolle verschwunden. Ich fühle mich leer. Ohne Plan, was ich als Nächstes anpacken soll, fahre ich mit den Kindern zurück zum Schiff. Die Kinder gehen sofort ihren eigenen Interessen nach. Ich verziehe mich aufs Klo. Dort sieht mich niemand. Ich weine. Wasche mein Gesicht, lasse das kühle Wasser über meine Arme laufen. Nach einer Weile verlasse ich das Sanitärgebäude.

Bernie kommt mir auf seinem Fahrrad entgegen. „Hi, Corina. Wo ist Michael?"

Mist. Falsche Frage. Mit Anstrengung bringe ich ein „auf dem Flughafen", heraus und wende den Blick ab.

Bernie lenkt sein Rad zu mir und fragt: „Traurig?"

Ich nicke und spüre schon wieder Tränen über meine Wangen laufen. Unwillig wische ich sie weg, werfe den Kopf zurück und atme tief ein. „Ich bin okay." Meine Stimme klingt wieder ein wenig fester. „Es ist nicht so einfach, mit den Kindern und dem Boot allein zu sein." Ich bringe halbwegs ein Lächeln zustande.

„Wenn ich dir helfen kann, weißt du, wo du mich findest." Sein Blick ist ernst.

Energisch gehe ich weiter. Ich laufe zum schiefen Holzzaun, der die Begrenzung des Docks zum Meer hin bildet. Auf einer einigermaßen breiten Latte setze ich mich hin und lehne mich an den Pfosten. Es ist Ebbe. Ein dünnes Rinnsal zieht sich durch den graubraunen Morast. Kleine und große Vögel suchen nach Futter. Ein Storch steckt immer wieder seinen langen Schnabel tief in den Boden. Er scheint erfolgreich zu sein. Ich lasse die Ruhe in mich einsinken und schließe die Augen.

Jonas fällt mir ein. Als Michael zum ersten Mal zurück in die Schweiz geflogen ist. Wir haben ihn zum Flughafen gebracht und uns dann hierher gesetzt, um dem Flugzeug zuzuschauen, wie es nach Nordosten fortgeflogen ist. Der Flughafen liegt nicht weit vom Dock entfernt, und die Flugzeuge fliegen je nach Windrichtung beim An- oder Abflug über unsere Köpfe hinweg. Wir sind damals solange gesessen, bis wir eine Ryanair-Maschine gesehen haben. Wir haben der Maschine gewungken und so Michael verabschiedet. Nach einer Weile sind wir zurück zum Schiff gegangen. Rund eine Viertelstunde später ist Jonas aus der Richtung des Zaunes auf mich zu gekommen, gefolgt von Horst. Jonas ist in Gedanken versunken gewesen und hat mich nicht wahrgenommen.

„Er stand am Zaun und hat immer wieder gesagt: *Papa ist weggeflogen.*" Horst zuckte ein wenig hilflos die Schultern.

Nach Michaels Abreise kehrt die Alltagsroutine wieder ein. Ich überwinde mich, den Fäkalientank auszuspülen, den Michael samt Inhalt in liegender Schwerstarbeit aus dem Maschinenraum aus einer Schicht Hartschaum herausgearbeitet hat. Der Ablassschlauch ist undicht gewesen und hat ein Loch im Rumpf verursacht. Ich nenne es ironisch unser Unterwasserfenster, so groß ist es. Bernie hat geseufzt, als er es gesehen hat, und sich sogleich auf die Suche nach einem passenden Stück Stahl gemacht.

Nach getaner Arbeit am Rande des Docks brauche ich nun dringend eine Pause. Jonas, der mich wacker unterstützt hat, kommt mit. Wir ziehen zu Bernie. Er arbeitet vor dem Schiff an den Stufen seiner neuen Niedergangstreppe. In tagelanger, mühevoller Arbeit hat er die Stufen aus drei

147

Holzschichten selbst gebogen und geklebt. Stolz hält er mir ein Exemplar hin.

Bewundernd nehme ich es in die Hand. „Sie sind wunderschön!"

Bernie strahlt mich an. „Es mag vielleicht ein wenig verrückt erscheinen, dass ich mich um solche Kleinigkeiten kümmere, obwohl noch nicht einmal der Rumpf vollständig ist. Aber zwischendurch brauch' ich Arbeit, die mir richtig Spaß macht." Er blickt mich an.

Die Sonnenstrahlen lassen sein weißes Haar leuchten.

„Ich verstehe dich absolut."

Er gießt Kaffee auf, gibt einen Schuss Milch dazu und reicht mir die Tasse.

„Danke. Was ist mit Myra?"

Er schaut mich an. „Warum fragst du?"

„Weil du das Dock am Wochenende nicht mehr verlässt."

Bernie senkt seinen Blick. „Wir haben uns getrennt." Nach einer kurzen Pause fügt er hinzu: „Ich kann nicht mit einer Frau zusammen sein, die mir ständig sagt, was ich tun soll. Ich bin ein Mann und kein Kind. Sogar beim Fernsehen bestimmte sie das Programm."

Verbittert rührt er in seinem Kaffee. Er und Myra haben sich vor einigen Monaten in einem englischen Club kennengelernt. Viele britische Rentner verbringen ihr Alter hier in der Algarve und sind gut vernetzt untereinander. Ich habe Myra an Bernies 72. Geburtstag vor zwei Wochen kennengelernt. Das Haar perfekt in Form, blonde Lockenwicklerlocken, goldene Ohrringe und roter Nagellack. Alles verpackt in einem knielangen, lachsfarbenen Kleid und hohen Absatzschuhen. Sie hat nicht unsympathisch gewirkt, aber sie passte nicht hierher. Zwischen all die Yachten auf dieser Zementfläche, in den Staub und den Wind. Ich habe versucht, sie mir auf Bernies Schiff vorzustellen, in dieser Riesenbaustelle, in der Mitte ein abgedecktes Bett, ein übervoller Schreibtisch mit zwei

Bildschirmen und einer Tastatur sowie ein Stuhl. Alles voller Schmutz, während es überall reinregnet. Mit Tausenden Werkzeugen und dem Geruch nach Metall und Schweißen. Die Kinder erkennen Bernie immer schon am Geruch, bevor sie ihn sehen.

„War Bernie hier?", fragen sie, wenn er auf unserem Schiff war, während sie auf dem Steg oder in der Ruine beim Meer gespielt haben. Ich erinnere mich lächelnd an ihre verblüfften Gesichter, als sie ihm zum ersten Mal sauber gewaschen im weißen Hemd begegnet sind. Myra jedenfalls habe ich mir beim besten Willen nicht auf Bernies Schiff vorstellen können.

Trotzdem tut mir Bernie jetzt leid. Die Begeisterung, die vorhin in ihm gestrahlt hat, als er mir die Stufen gezeigt hat, ist düsterer Resignation gewichen. Gedankenverloren rührt er in seiner Tasse, die bereits leer ist. Jonas rutscht von meinem Schoß und verschwindet hinter Bernies Bus. Der ist vollgestopft bis unter die Decke mit Maschinen, Werkzeugen, aber auch Einrichtungsgegenständen für die Yacht. Die ganze Küche wartet bereits im Bus auf ihren Moment. Wann dieser sein wird, steht in den Sternen.

Trotz der schier nicht zu bewältigenden Menge an Arbeit, auf die sich Bernie mit der Totalrenovierung seiner Yacht eingelassen hat, habe ich ihn bisher stets zuversichtlich und energiegeladen erlebt. Der depressive Zug, den ich jetzt zu spüren vermeine, ist mir fremd.

Bernie scheint meine Gedanken zu lesen. „Ich liebe meine Arbeit. Ich bin gern hier. Hier fühle ich mich frei. Aber manchmal fühle ich mich allein. Ich vermisse eine Frau an meiner Seite. Eine Frau, die hinter mir steht. Die meine Liebe zu meiner Arbeit verstehen kann." Seine Stimme bricht. Seine blassblauen Augen fixieren mich. Leise sagt er: „Eine Frau wie dich. Warum heiratest du mich nicht?"

Ich lache überrumpelt und wende meinen Blick ab. Unruhe macht sich in mir breit. Eine innere Stimme sagt mir, dass Bernie seine Worte ernst meint. „Ich hab' nicht die Absicht zu heiraten."

Bernie runzelt die Stirn. „Ihr seid nicht verheiratet?"

„Nein." Ich schaue ihm fest in die Augen. „Warum sollten wir? Wir glauben, fünf gemeinsame Kinder sind ein stärkerer Ausdruck unserer Liebe als ein Stück Papier."

Schweigen. Er senkt den Blick. Er sieht gut aus, schlank, kräftig mit wachen, jungen Augen. Er steht auf. „Sorry Corina. Manchmal bin ich einsam."

Ich stelle meine Tasse ins Abwaschbecken und klopfe den Staub von meiner Hose. „Wenn du jemanden zum Sprechen brauchst…"

„Zum Sprechen nicht." Er umfasst meine Taille und zieht mich an sich.

Heftig stoße ich mich ab und mache einen Schritt zurück. „Wenn du jemanden zum *Sprechen* brauchst, kannst du rüberkommen." Abrupt drehe ich mich. Verärgert und verwirrt stapfe ich zur PINUT.

Ich sitze im Cockpit und lese. Es ist bereits nach Mitternacht, als ich aus dem Augenwinkel einen Schatten wahrnehme. Neugierig richte ich mich auf und blicke hinunter. Jemand schiebt sein Fahrrad zwischen den Yachten hindurch. Das muss Horst sein. Er geht langsam. An einer Stahlstütze neben seinem Schiff hält er an. Er lehnt das Fahrrad an und beugt sich vornüber. Plötzlich scheint er das Gleichgewicht zu verlieren und sackt zusammen. Ich halte den Atem an und sitze still. Als er sich nicht bewegt, steige ich hinunter und laufe zu ihm. Eine Fledermaus kreuzt meinen Weg.

„Horst?" Langsam hebt er den Kopf. „Horst, ist alles in Ordnung?"

Das Aufstehen bereitet ihm Mühe, er stöhnt leise und hält sich an meiner ausgestreckten Hand fest. „Ja, ja, alles klar." Er schwankt, die Worte klingen undeutlich.

„Du blutest am Bein." Ich deute auf eine lange Blutspur am Schienbein.

„Was?" Sein Blick ist unstet.

„Du blutest", wiederhole ich.

„Ach, das ist nichts." Er macht eine wegwerfende Handbewegung und schwankt erneut. „Ich geh' jetzt schlafen", murmelt er.

Ich begleite ihn zur Leiter. „Schaffst du's allein?"

„Aber klar." Er tastet nach den Sprossen und steigt Stufe für Stufe höher.

Ich bleibe unten stehen und warte, bis er sicher im Cockpit verschwunden ist.

Nachdenklich kehre ich zur PINUT zurück. Das Seglerleben ist zwar ein Leben in Freiheit, aber für viele auch in Einsamkeit. Es gibt nicht so viele segelnde Frauen, schon gar nicht auf Langfahrt. Das einfache Leben, reduziert auf einen kleinen, schwankenden Raum, und die relativ harten Alltagsbedingungen scheinen viele Frauen abzuschrecken. Hier auf dem Dock sind viele Schiffe nur von Männern bewohnt. Sie gehen unterschiedlich mit dem Alleinsein um. Walter liebt die Einsamkeit und zieht ruhige Ankerplätze jeder Marina der Welt vor. Pete hat immer wieder verschiedenen Damenbesuch an Bord. Unser Nachbar, dessen Namen ich nicht kenne, läuft regelmäßig gestikulierend herum, in Selbstgespräche vertieft. John und Ted verbringen viel Zeit gemeinsam. Aber wenn die Einsamkeit überhandnimmt, kommt der Alkohol. Der größte Feind des Seglers. Es ist noch nicht lange her, seit Ted nach einem längeren Fest auf dem Dock von seiner Leiter drei Meter tief auf den Zementboden gefallen ist. Er hat sich dabei mehrere Halswirbel gebrochen, ist im Krankenhaus gelegen, läuft nun mit einer Halskrause herum und nimmt Schmerztabletten. Ob er sein Schiff je wieder allein segeln kann, weiß er nicht. Ich bin froh, dass ich Horst heil in seinem Schiff weiß. Und dass Bernie dem Alkohol abgeschworen hat.

Die Krux mit den Batterien

Das Thema Einsamkeit begegnet mir fast anderthalb Jahre später erneut, diesmal auf Teneriffa. Wir haben eine erholsame Zeit ohne Pannen hinter uns und diskutieren gerade die Notwendigkeit einer Amateurfunklizenz, als Michael stutzt.

„Corina, hast du gesehen, dass die Batteriespannung bei 12,4 Volt ist?" Sein Blick hängt am Anzeigegerät für die Batteriespannung. „Tatsächlich. Und das bei vollem Sonnenschein und einer Ladeleistung der Solarpanele von sieben bis acht Ampere! Da kann etwas nicht stimmen." Ich runzle die Stirn. „Haben wir einen Verbraucher zugeschaltet, den wir bisher nicht hatten?"

„Nur den Inverter. Aber der ist so unregelmäßig in Betrieb, der kann nicht so viel Strom fressen."

Ich betrachte den Spannungswandler, den ich auf Gran Canaria eingebaut habe. Dank der unscheinbaren Steckdose des Geräts können wir nun auch Kleingeräte betreiben, die eine Spannung von 230 Volt benötigen anstatt der üblichen 12-Volt-Bordspannung. Besonders gefragt sind der

Pürierstab für köstliche Kürbissuppen sowie Gemüsebrei für den Hund, das Handrührgerät für Eischnee und Kuchenteig sowie der CD-Player. Ein wahrer Komfortzuwachs!

„Die WLAN-Antenne haben wir auf Gran Canaria überhaupt nicht benützen können. Hier ist sie fast den ganzen Tag eingeschaltet", überlegt Michael. „Aber die frisst auch nicht so viel."

„Komm, wir schauen uns die Batterien an."

Entschlossen rolle ich den Teppich ein. Gemeinsam öffnen wir die Bodenbretter des Salons.

„Hör mal!" Michaels Tonfall klingt alarmiert.

„Pssst, Jonas, sei still!"

Jetzt höre ich es auch. Ein leises, konstantes Zischen, begleitet von einem Geräusch, das an kochendes Teewasser erinnert. Ich schaue mir die sechs Batterien an. Auf zwei Batterien liegen auf je drei Zellen Wasserspritzer. Das Zischen aber kommt woanders her.

„Hier." Michael zeigt auf die erste Batterie der ersten Batteriebank. Er hält sein Ohr nahe daran. „Ja, ganz eindeutig." Er richtet sich wieder auf.

Vorsichtig lehne ich mich ebenfalls vornüber und nicke. „Die scheint zu kochen. Fühl mal, sie ist ganz warm. Was machen wir jetzt?"

Michael schaut auf die Uhr. „In einer Stunde sind wir mit Ludwig verabredet. Der hatte ja selbst ein Schiff, der versteht sicher was von Batterien. Ich muss ihm sowieso Bescheid sagen, dass es ein wenig später wird. Ich rufe ihn an und frage ihn nach seiner Meinung."

Ich verharre auf dem Boden und nehme eine schwache Übelkeit wahr, verbunden mit lauer Nervosität. Aufregung schlägt mir immer auf den Magen. Obwohl wir die Batterien selber verkabelt haben und ich seither oft weitere Kabel an- und wieder abgehängt habe, ist der Respekt vor den Kleinkraftwerken geblieben. Ich weiß, dass in den Plastikgehäusen Metallplatten sind, die in einer Mischung aus Schwefelsäure und Wasser stehen. Ich weiß auch, dass die Konzentration der Schwefelsäure nicht zu hoch werden darf, damit das Gemisch nicht explosiv wird. Genauer kenne ich mich mit chemischen Reaktionen aber nicht aus. Daher beäuge ich die Batterien eher skeptisch.

Michael kommt in den Salon zurück und legt das Handy zur Seite. „Ludwig meint, wir sollen die fragliche Batterie isolieren, sprich: abhängen. Wenn sie sich abgekühlt hat, können wir Wasser nachfüllen und schauen, ob sie sich erholt."

„Und, wie geht's eurer Batterie? Ich musste lachen, als ich euren Anruf erhielt. Batterien kommen in den Grundlagen zur Amateurfunkprüfung vor." Der kleine Schweizer mit dem stattlichen Bauch und schütteren Haar begrüßt uns herzlich mit Handschlag.

Wir treffen ihn vor einem Hochhaus in Playa de las Americas. Eigentlich sind wir hier, um uns über seinen Amateurfunklehrgang zu informieren. Dass die Sache mit unserer Batterie ausgerechnet heute passiert ist, kommt uns aber sehr gelegen. Ludwig kennt sich aus und ist gerne bereit, uns zu helfen.

„Wir haben sie abgehängt und ausgemessen. Sie hatte noch eine Spannung von 9,3 Volt."

„Die ist hin. Ich denke, da ist nichts mehr zu machen. Ihr könnt Wasser auffüllen und versuchen, sie wieder aufzuladen. Dann müsst ihr aber alle anderen Batterien abhängen."

„Das werden wir morgen machen. Danke für deine Hilfe."

Ludwig lacht erneut. „Kommt, wir gehen hinauf in unsere Wohnung." Er hält uns die Tür zu einer nüchternen Eingangshalle auf und weist uns den Weg zum Lift. Es riecht nach Desinfektionsmittel. Wir fahren in den sechsten Stock.

Und staunen. Der Blick reicht weit über die Touristenzentren Playa de las Americas und Los Cristianos.

„Vor zehn Jahren haben wir versucht, das Apartment zu verkaufen. Zum Glück hat es nicht geklappt." Ludwig lehnt sich an die Mauerbrüstung. „Heute ist es unbezahlbar. Kommt."

Wir laufen durch verwirrend lange, enge Flure und bleiben vor der letzten Tür stehen. Sie steht offen und gewährt den Blick durch die Wohnung und auf der anderen Seite zum Fenster hinaus.

„Es ist nur ein Zimmer mit Kochgelegenheit und Bad." Ludwigs Frau Lotti zuckt entschuldigend die Schultern. „Nach den vielen Jahren auf dem Schiff war alles andere zu groß für uns."

Ich nicke und glaube ihr sofort. Mein Blick wird magisch angezogen von einem sehr kleinen Wintergarten. Die Aussicht ist beeindruckend. Sogar den Leuchtturm an der Südspitze Teneriffas, zu dem wir gejoggt sind, kann ich erkennen.

Die nächste Stunde vergeht mit Erläuterungen und Ausführungen zum Amateurfunk-Lehrgang, den Ludwig anbietet. Michael spielt mit dem Gedanken, die Ausbildung zu machen, zumal wir an Bord ein Amateurfunkgerät vom Voreigner übernommen haben.

Ich blättere den Studienordner durch. Viel Mathematik. Nicht mein Ding. Eine leise Stimme in mir versucht, mich zu überreden, die Ausbildung zu machen: „Hey, dann hast du nicht nur den Hochseeschein und das LRC-Funkzeugnis, sondern auch noch eine Amateurfunklizenz! Besser geht's doch gar nicht mehr!" Ich ignoriere die Stimme. Ich mag nicht mehr Dinge lernen, die mich nicht interessieren. Ohne Leidenschaft ist alles Lernen Zwang, ein Kampf. Machbar zwar, aber mit welchem Ziel und vor allem: zu welchem Preis?

Ludwig versucht, uns vom Nutzen des Amateurfunks zu überzeugen. Dass man damit vor allem in seenotrettungstechnisch weniger versierten Gegenden eine zusätzliche Sicherheit hat, wenn man sich mit anderen Amateurfunkern verbinden kann. Leuchtet ein. Bloß: Abhören darf ich die Kanäle auch ohne Lizenz. Nur funken darf ich nicht. Im Notfall wäre mir das wohl aber egal. Eine leidenschaftliche Funkerin bin ich sowieso nicht. Im Familienalltag spreche ich genug. Ich suche Schweigen. Und wie es Hinz geht und warum Kunz im Krankenhaus liegt, interessiert mich auch nicht brennend.

„Überlegt es euch", schließt Ludwig seine Ausführungen ab. „Wir sind noch bis Ende März hier, dann fliegen wir zurück in die Schweiz. Im Sommer gebe ich dort die Kurse selber. Im Herbst kommen wir wieder hierher, und andere Lehrer übernehmen die Präsenzveranstaltungen. Von der Rente, die wir in der Schweiz bekommen, können wir dort nicht leben. Hier liegt immerhin zwischendurch ein Essen im Restaurant drin, das könnten wir in der Schweiz vergessen."

Nachdenklich schlendern wir zurück zum Mietauto. „Machst du den Kurs?" Ich blicke Michael an.

„Das weiß ich noch nicht. Viel stärker beschäftigt mich gerade Ludwigs Situation. Wie kann man nur im Alter an einem so furchtbaren Ort leben? Dieses Hochhaus mitten in einem reinen Touristenzentrum, Konsumhorror!" Er schüttelt sich. „Ich will nicht so leben müssen, wenn ich alt bin. Wir haben beide keine Pensionskasse und werden auf die Rente angewiesen sein. Das reicht nicht weit."

„Immerhin kann er den Winter hier auf Teneriffa verbringen und muss nicht, wie viele andere ältere Leute, in der Schweiz frieren."

„Das schon. Trotzdem. Der Ort ist abschreckend."

Er startet den Motor. Das laute Brummen entbindet mich von einer Antwort. Mir macht die Aussicht auf später keine

Angst. Ich bin zu stark in der Gegenwart verwurzelt. Darum erscheint mir der achtsame, aufmerksame Umgang mit der Gegenwart wichtiger als die Beschäftigung mit der Zukunft.

„Was machen wir nun als Erstes?"

Wir sitzen im Cockpit und beschäftigen uns mit unserer kranken Batterie.

Michael grinst. „Als Erstes koche ich uns einen Kaffee." Er steht auf, küsst mich. „Oder machen wir als erstes ein Schäferstündchen?" Seine Augen suchen den Weg in meinen Ausschnitt.

„Wenig realistische Idee", seufze ich mit Blick auf die Kinderschar in der Hängematte auf dem Achterdeck.

„Okay." Michael zupft mein T-Shirt zurecht und verschwindet in der Küche.

Ich schließe die Augen und hole einige Minuten meines verpassten Mittagsschläfchens nach. Der Kaffeeduft in meiner Nase bringt das Leben in meine Glieder zurück. Ich strecke mich. „Danke!" Genüsslich nippe ich am heißen Inhalt meiner Tasse.

„Als Erstes unterbrechen wir den Stromkreislauf", nimmt Michael meinen Anstoß von vorhin auf.

„Richtig. Das heißt, wir schalten den Schalter der Minusleitungen auf ,aus'. Und dann?"

„Dann hängen wir die kaputte Batterie ab."

„Das ist die erste Batterie von Batteriebank 1. Auf die gehen die Zuleitungen der Motorstromladung und der Landstromladung." Ich deute auf die beiden Kabel, die aus dem Maschinenraum auf den Pluspol der Batterie laufen. „Also müssen wir diese beiden Zuleitungen auf eine andere Batterie der Batteriebank 1 legen. Solarstrom geht schon auf die zweite Batterie."

„Gut. Gehen wir's an. Welches Werkzeug brauchst du?"

„Eine 13er- und eine 17er-Maulschelle bitte. Und Isolierband." Sorgfältig löse ich die Schraubenmutter vom

Minuspol und packe die Batteriepolklemme mit Isolierband ein. Als ich die Plusklemme von der Batterie löse, zischt es. Erschrocken blicke ich Michael an. „Was war das?"

„Keine Ahnung. Das Licht im Maschinenraum ist aus."

„Warum das denn?" Ich runzle die Stirn. „Irgendwas müssen wir übersehen haben."

„Lass uns alles nochmals durchdenken, bevor wir weitermachen."

Trotz konzentrierten Nachdenkens finden wir keinen Grund für den Kurzschluss. Noch vorsichtiger als bisher arbeite ich weiter. Ich hänge alle Kabel um bis auf das, das vorhin den Kurzschluss ausgelöst hat.

„Wohin geht das?"

„Es ist ein Pluskabel, das auf die defekte Batterie ging. Ich glaube, es kommt aus dem Maschinenraum. Warte." Ich lege mich so gut wie möglich auf die Stahlträger der entfernten Bodenbretter und versuche, den genauen Verlauf des Kabels zu bestimmen. „Das geht gar nicht in den Maschinenraum! Das geht auf den Sicherungskasten der Verbraucher!"

„Na, dann ist alles klar! Wir haben die Hauptsicherung im Verbraucherkasten nicht rausgenommen!" Michael wirkt erleichtert.

„Stimmt. Dann mach das mal bitte ganz schnell! Gut. Dann lege ich diesen Kabelschuh nun auf Batterie 2." Gespannt führe ich den Schuh zum Pluspol. Nichts passiert. Ich ziehe die Schraubenmutter fest. Mit einem letzten prüfenden Blick auf die neue Verkabelung sage ich: „Das wär's."

Wir schließen die Bodenbretter und setzen uns ins Cockpit.

„Was machen wir nun mit der kaputten Batterie?"

Michael zieht eine Schnute wie oft, wenn er nachdenkt. „Wir könnten sie ersetzen. Wir können aber auch mit fünf Batterien weiterfahren, bis die nächsten beiden kaputt sind.

Dann ersetzen wir die ganze erste Bank und könnten dabei auf Gel-Batterien umsteigen."

„Ja. Das scheint mit eine gute Vorgehensweise zu sein. Mit 550 Amperestunden kommen wir gut über die Runden, jetzt im Sommer mit der hohen Sonneneinstrahlung sowieso. Bevor wir im Herbst nach Afrika segeln, sollten wir die Batterien dann alle nochmals überprüfen und allenfalls ersetzen."

Wir sind uns einig. Michael kuschelt sich in meine Arme. Ich streiche eine Haarsträhne aus meinem Gesicht und kraule seinen Kopf. Übermorgen wird er wieder fliegen. Umso intensiver genieße ich den Augenblick.

„Mama, mir ist langweilig." Rahel lümmelt sich zu uns ins Cockpit. „Kannst du mir eine Geschichte erzählen?"

„Was möchtest du hören?"

„Mh, was über Teneriffa. Gibt es eine Geschichte über den Teide?"

Ich denke nach. „Vom Teide kenne ich nichts, aber vom Drago, dem Drachenbaum, gibt es eine Legende."

„Oh ja, bitte, erzähl sie mir!"

Sie streckt sich auf der Cockpitbank aus. Ursina erscheint aus dem Nichts, Jonas klettert auf meinen Schoß. Geschichten und Süßigkeiten bekommen die Kinder immer mit, unabhängig davon wo sie sind und was sie gerade machen.

„Die Legende des Drachenbaumes, auf Spanisch Drago genannt, spielt im Mittelalter. Die Menschen glaubten an Geister, Zauberer und Drachen. An einem Strand auf Teneriffa war vor langer Zeit ein Boot mit einem gierigen Händler angekommen auf der Suche nach Drachenblut, von dem man glaubte, es habe heilende und magische Eigenschaften. Zugleich glaubten die Menschen, dass die Götter auf Teneriffa den Garten der Hesperiden eingerichtet hätten."

„Was sind Hesper… Hesper… was?" Jonas blickt mich mit großen Augen an.

„Hesperiden", korrigiert Rahel ungeduldig, „das sind Nymphen aus den griechischen Sagen."

„Der Garten der Hesperiden wurde von einem hundertköpfigen Drachen bewacht. In der Nähe des Strands, an dem der Händler ankam, spielten einheimische Mädchen im Sand. Sie waren in der Natur aufgewachsen, kannten jeden Busch und jeden Strauch, sprangen hierhin und dorthin. Der Händler dachte, das seien die Hesperiden. Er verfolgte sie so lange, bis er ein Mädchen zu fassen bekam. Das Mädchen erschrak, aber es hatte keine Angst. Es bot dem Händler an, die Früchte der Insel zu kosten. Während er aß, lief es immer weiter bis ans Ende eines Tals, wo sie sich in einem unbeobachteten Moment hinter einem dicken Drachenbaum versteckte. Der Händler kannte sich nicht aus, würde ängstlich und stolperte über eine Wurzel. Er fiel der Länge nach auf den Bauch. Als er den Kopf hob, stieß er ihn an einer anderen Wurzel. Er erschrak, sah in den unzähligen Wurzeln die Hälse des hundertköpfigen Drachens, hob sein Messer und warf es gegen den Baum. Es blieb im Stamm stecken. Aus der Schnittstelle tropfte roter Saft. Der Händler dachte, es sei Blut, und war sich nun sicher, dass er es mit dem Drachen zu tun hatte. So schnell er konnte, rannte er über die Insel zu seinem Boot, fuhr davon und wurde nie mehr auf Teneriffa gesehen."

„Uff, Glück gehabt", atmet Ursina auf.

„Aber was war das für ein roter Saft, der aus dem Baum tropfte?", will Rahel wissen.

„Der Pflanzensaft des Drachenbaums ist rot, daher hat der Drachenbaum seinen Namen. Die Menschen dachten damals, es sei das Blut eines Drachen. Tatsächlich hat der Saft heilende Eigenschaften. Man kann ihn zum Beispiel gegen Zahnfleischentzündung nehmen."

„Igitt, dann sind die Zähne ja rot!" Ursina rümpft die Nase.

„Sieht doch toll aus, wie ein Vampir!" Rahels Augen leuchten. „Wo gibt es dieses Drachenblut? Kann man das kaufen?"

Ich grinse. „Am besten ritzt du mit deinem Taschenmesser die Rinde eines Drachenbaums."

„Na toll, und wo gibt's die hier auf La Gomera?"

„Das weiß ich nicht, aber auf La Palma gibt's viele davon."

„Gut. Dort werde ich Drachenblut sammeln." Entschlossen stemmt Rahel die Fäuste in die Hüfte.

Philosophie und Esskastanien

Drachenblut haben wir in der Algarve keines gesammelt, aber Esskastanien in den Bergen und den Wäldern mit den farbenprächtigen Laubbäumen. Fóia ist der höchste Berg der Algarve. Ein Teil des Gebiets ist mit riesigen Sendemasten zugepflastert. Der Rest jedoch lädt zum Träumen ein. Die Aussicht ist beeindruckend. Über einen schmalen Pfad gelangt man zu einem Hügel, der vorwiegend aus gewaltigen Felsblöcken besteht, durchsetzt mit Büschen.

Wir sind mit Haiti unterwegs. Die Freundschaft zu der rundlichen älteren Frau aus Surinam ist in den letzten Monaten gewachsen. Haiti ist in Amsterdam aufgewachsen und spricht Deutsch mit holländischem Akzent. Wenn mich die Arbeit auf dem Schiff allzu sehr beansprucht lädt uns Haiti zum Essen vor ihrer kleinen Holzyacht ein oder kümmert sich um die Kinder.

„Hier essen wir!" Rahel zeigt auf den höchsten Punkt des Hügels.

162

„Seraina und ich können leider nicht hier essen", entschuldigt sich Saskia, „Seraina ist meine Gefangene. Dort drüben ist ihr Gefängnis, sie bekommt ihr Essen dort."

Fasziniert beobachte ich, wie die Kinder sofort an ihr Spiel von letztem Wochenende anknüpfen.

„Ich will auch mitspielen!" Ursinas Stimme klingt weinerlich.

„Du kannst Rahels Gefangene sein", schlägt Saskia vor.

Rahel zögert. „Eigentlich wollte ich bei Mama und Haiti essen. Aber es ist okay, ich komme mit, Ursina."

Die Kinder decken sich mit Nudelsalat und Löffeln ein und verschwinden zwischen den Felsblöcken. Jonas krabbelt auf meinen Schoß.

„Mh, schmeckt lecker, danke!" Genüsslich isst Haiti ihren Salat.

„So sollte es immer bleiben!" Zufrieden versorge ich die leeren Schüsseln.

„Meinst du nicht, dass das langweilig werden würde?" Haiti legt mir einen Arm um die Schulter. „Das Nichtstun kannst du nur genießen, wenn du weißt, was Arbeit ist. Freude kannst du nur spüren, wenn du Angst erlebt hast." Sie fügt hinzu: „Und Liebe kannst du nur empfinden, wenn du die Einsamkeit erfahren hast."

Gerne lausche ich dem Klang ihrer warmen Stimme. „Du hast Recht. Aber ich mag jetzt trotzdem nicht an die Arbeit auf dem Schiff denken. Ich will die Gegenwart erleben. Die einzige real existierende Zeit ist die Gegenwart. Vergangenheit und Zukunft existieren nur in unserem Kopf."

„Bist du sicher?" Haitis Blick schweift über die Weite vor uns. „Natürlich ist nur die Gegenwart genau jetzt. Aber Vergangenheit und Zukunft beeinflussen die Gegenwart. Ohne deine Zukunftsvision wärst du jetzt nicht hier."

Eine Zukunftsvision muss also immer konkrete Auswirkungen auf die Gegenwart haben, überlege ich. Hat sie keine, so ist es keine Vision, sondern ein Traum. Ein

163

Traum hat keinen Einfluss auf die Gegenwart. Höchstens vielleicht einen wirren Kopf nach dem Aufwachen oder das lebenslange Gefühl von Frust, weil man ihn nicht gelebt hat. Aber die Zukunft darf nicht zu dominant werden, sonst lähmt sie. Ich lebe jetzt, und ich kann meine Entscheidungen nur aus meiner aktuellen Perspektive heraus treffen. Ob sie für die Zukunft taugen, weiß ich nicht. Was jetzt richtig erscheint, kann rückblickend falsch gewesen sein. Ich versuche, mich so oft wie möglich um den Moment zu kümmern. Was sich im Moment gut anfühlt, ist richtig. Ein mittelfristiges Ziel zu definieren ist wertvoll und hilft, Aktivitäten zu strukturieren. Aber danach sollten die Gedanken in die Gegenwart zurückkehren.

Mir fällt auf, dass das Ganze auch anders herum funktioniert. Natürlich schließt das nicht aus, dass man vorausschauend agiert. Besonders beim Leben auf einem Schiff ist es wichtig, Notfallszenarien parat zu haben und vorausschauend zu handeln. Rostige Stellen am Fuß einer Relingstütze zu ignorieren kann sich zum Beispiel genauso verheerend auswirken wie ein defekter Anlasser am Motor vor Anker bei auflandigem Wind. Aber selbst hier gilt, sich nicht in Zukunftsgedanken zu verlieren. Aus gegenwärtigen Beobachtungen ergeben sich Handlungskonsequenzen für die Zukunft. Nicht nur die Zukunft beeinflusst die Gegenwart, sondern natürlich auch umgekehrt. Unser Verhalten, unsere Gedanken und Entscheidungen gestalten zu jeder Sekunde unsere Zukunft.

Heftiges Weinen. „Mama, komm schnell, Ursina blutet am Knie!" Rahels Stimme klingt angespannt. Sie zieht mich um einen Felsbrocken herum.

Ursina schluchzt laut und hält sich das Knie. Ich greife sie unter den Kniekehlen und stütze mit der anderen Hand ihren Rücken. So kann ich sie als kleines Bündel auf meinen Schoß ziehen. Mit den Händen forme ich einen Hohlraum und halte sie vorsichtig über die verletzte Stelle.

„Es ist gut, dass es blutet. Das Blut reinigt die Wunde, es sorgt dafür, dass kein Schmutz hinein kommt. Es ist sozusagen der Aufpasser bei der Wunde."

Ein wenig muss Ursina lächeln, wenn auch nur ganz schwach. Eine Weile sitzen wir schweigend.

Rahel baut aus umliegenden Steinen Steinmännchen. „Das ist der Papa. Das ist die Mama, und das ist ein Kind. Jetzt baue ich noch mehr Kinder dazu."

Ursina wischt sich eine letzte Träne aus den Augen und steht vorsichtig auf. „Ich glaube, es geht wieder."

Sie kauert sich neben Rahel und ist sogleich in den Bau weiterer Steinmännchen vertieft.

„Kinder haben eine Gabe, in der Gegenwart zu leben." Lächelnd schaut Haiti dem Spiel der Kinder zu.

„Ja, das macht es bei aller Liebe nicht einfach, mit Kindern zusammen zu leben." Diese Gedanken kamen so spontan, dass sie mich selbst überrascht haben. Nach einer Weile denke ich laut: „Kinder und Erwachsene ticken anders. Sicher hat das mit dem Zeitgefühl zu tun, damit, dass Kinder – vor allem – in der Gegenwart leben. Andererseits ist es die Fähigkeit, ihre Wahrnehmung auf exakt eine einzige Beschäftigung zu fokussieren. Sie vergessen alles um sich herum und sind in ihrer Welt gefangen. Und als i-Tüpfchen kommt noch Zielfreiheit hinzu. Ihr Spiel hat kein Ziel, sie spielen es um seiner selbst Willen. Diese Kombination – kein Zeitgefühl, die eigene Welt und Zielfreiheit – macht den Umgang mit Kindern für Erwachsene oft schwierig. Ich verbringe einige Zeit am Tag mit Planen, nehme alles um mich herum wahr und arbeite zielorientiert. Diese Diskrepanz zwischen der Funktionsweise von Kindern und Erwachsenen bietet so viel Sprengstoff!"

Haiti lächelt und sagt: „Das Zusammenleben mit Kindern erfordert Geduld und Gelassenheit. Es ist eine enorme Entwicklungschance für beide Seiten, kann aber auch zu

Frustration auf beiden Seiten führen. Es ist die Herausforderung des Lebens schlechthin."

Aufmerksam betrachte ich das zerfurchte Gesicht. „Wann bist du nach Holland gekommen?"

„Als ich noch sehr klein war. Ich kenne Surinam nur von einigen Besuchen. Meine Mutter ist zurückgekehrt, als ich schon mit Bobby verheiratet war." Nachdenklich dreht sie ihren goldenen Ring am Finger.

„Hast du Bobby auf all seinen Reisen begleitet?" Bobby ist während über 40 Jahren als Kapitän auf großen Handelsschiffen auf den Weltmeeren unterwegs gewesen.

Haiti schüttelt den Kopf. „Nein. Ohne Kinder bin ich mitgefahren, aber als meine erste Tochter zur Welt gekommen ist, bin ich zu Hause geblieben. Ich war viel mit den Kindern allein."

Dann schweigt sie. Ich spüre, dass sie nicht weitererzählen will und betrachte ihr Gesicht. Die schwarze Haut glänzt in der Nachmittagssonne. Über die Stirn ziehen zwei tiefe Falten. Dunkle Augen sind in die Ferne gerichtet.

Meine Gedanken kehren zu den Kindern zurück. „Manchmal zweifle ich daran, dass die Entscheidung richtig war, die Kinder aus ihrem gewohnten sozialen Umfeld herauszuholen."

Haiti blickt mich nachdenklich an. „Was brauchen Kinder?", fragt sie nach einigen Augenblicken.

Ich lasse mir mit der Antwort Zeit. „Sie brauchen eine stabile Gemeinschaft, die sie liebt, respektiert und in der sie gebraucht werden. Eine Gemeinschaft, in der sie sich sicher fühlen und sich frei entwickeln können."

„Warum zweifelst du dann an eurer Entscheidung?"

„Manchmal denke ich, sie sollten mehr Austausch mit anderen Kindern haben. Und außerdem bin ich mir hin und wieder nicht sicher, ob regelmäßiger Schulbesuch nicht doch gut wäre."

Haiti lacht. „Die deutsche Sprache hat zwei wunderschöne Wörter: entwickeln und entfalten. Du hast sie vorhin auch benützt. Die wichtigste Aufgabe im Leben jeden Menschen ist es, sich selbst zu entwickeln. Verstehst du? Ent-wickeln, auswickeln. Das bedeutet, dass alles schon mit der Geburt im Menschen angelegt ist und er seine Talente, Begabungen, Interessen und Potentiale nur noch entdecken und entwickeln muss."

„Daran ist die Schule hinderlich?" Ich möchte diese Vermutung gern bestätigt wissen.

Haiti wiegt den Kopf hin und her. „Nicht unbedingt. Die Schule und das mit ihr verbundene soziale Umfeld ermöglichen natürlich Entwicklung, allerdings nur innerhalb systembedingter Grenzen. Sind Potentiale vorhanden in Bereichen, auf die in der Schule kein Wert gelegt wird, so entfällt oft die Gelegenheit, sie trotzdem zu entfalten. Werden viele verschiedene Kinder gleichzeitig unterrichtet, muss man sich zwangsweise im Lernstoff einschränken, um eine einheitliche Ausbildung anbieten zu können."

Mir drängt sich ein Bild auf. „Also wie auf einer Autobahn. Alle fahren in dieselbe Richtung. Die meisten fahren ungefähr gleich schnell, einige sind auf der Überholspur, andere bleiben auf dem Pannenstreifen stehen."

„Die Autobahn führt alle in dieselbe Stadt", nimmt Haiti mein Bild auf. „Und wenn sie endet, muss jeder plötzlich selbst seinen Weg finden. Die Orientierung fällt nicht leicht, wenn man sehr lange mit hoher Geschwindigkeit mehr oder weniger geradeaus gefahren ist. Plötzlich gibt es viele Straßenschilder, und die Entscheidung muss rasch fallen, wohin man fahren möchte. Von einem Moment auf den anderen ist man sich selbst überlassen. Die Versuchung, auf einer breiten Straße zu bleiben und dorthin zu fahren, wo viele andere auch hinfahren, ist groß. Selbst wenn man spürt, dass man eigentlich woandershin möchte."

„Und wenn man die Autobahn schon früher verlässt?" Ich kneife die Augen zusammen und suche das dünne Straßennetz, das sich durch die Landschaft zu unseren Füßen zieht.

„Die kleinen Wege sind beschwerlicher. Die Straßenschilder fehlen manchmal. Die Straßen sind schmaler, man fährt langsamer. Mal geht es steil bergauf, dann wieder rasch bergab. Immer wieder verleiten hübsche Orte zum Verweilen. Man muss an jeder Kreuzung von Neuem entscheiden, wohin man fahren will. Baut man einen Unfall, so ist nicht gleich der Rettungswagen vor Ort. Man muss vorausschauend und vorsichtig fahren."

„Kann man sich verfahren?"

„Was heißt verfahren?" Haiti lächelt. „Wenn dein Ziel in einer Sackgasse liegt, dann kannst du dich verfahren. Wenn nicht, dann wirst du immer auf dem richtigen Weg sein, denn zu einem Ziel führen mehrere Wege. Du weißt nicht, welcher der richtige ist. Du kannst höchstens dein Ziel kennen, nie aber den Weg dorthin." Ihr Lächeln vertieft sich. „Denn der Weg liegt in der Zukunft."

Ich lächle auch.

„Mama, können wir Haiti unseren Kastanienplatz zeigen?" Jonas ist von irgendwoher aufgetaucht und steht nun breitbeinig vor mir.

„Das ist eine sehr gute Idee, Jonas!"

„Oh ja! Kinder, wir gehen Kastanien sammeln!" Rahel posaunt es in alle Welt hinaus.

„Och, wir sind mitten im Spiel! Können wir nicht noch ein bisschen hierbleiben?" Ursina sieht mich bittend an.

Ich wäge ab. „Wir können noch hierbleiben. Aber dann wird es zu spät, um in Monchique einen Halt zu machen. Dort wollten wir Eisessen."

„Dann fahren wir jetzt!"

Es kommt mir vor, als hätte ich auf einen magischen Knopf gedrückt. Eis essen zieht immer. In Kürze sind alle Kinder im Auto versammelt.

„Hier ist die Stelle!"

„Nein, das ist noch zu früh! Dort vorn kommt erst der Hof des Schäfers!"

„Stimmt."

„Mama, hast du Haiti von unserem Schäfer erzählt?"

„Nein."

Saskia setzt sich energisch auf. „Als wir letztes Mal hier waren, ist ein Schäfer mit einer riesigen Schafherde auf der Straße gelaufen. Er hat die Schafe zu seinem Hof getrieben. Einen Hund hat er auch dabei gehabt, der war auf einem Auge blind."

„Er wollte uns einladen…"

„Ruhig, ich erzähl'!" Saskia schickt feurige Blicke zu Ursina. „Der Schäfer hat so Freude gehabt an uns Kindern und hat uns zum Essen auf seinen Hof eingeladen. Aber Mama wollte nicht, weil wir nach Faro zurück mussten."

„Als er das hörte, hat er uns eingeladen, bei ihm zu übernachten. Das war mir zu viel." Ich schüttle den Kopf.

„Seraina, Rahel und ich sind dann mit ihm mitgelaufen bis zu seinem Hof. Dort hat er uns drei Äpfel geschenkt."

„Die besten Äpfel der Welt!", ruft Seraina dazwischen.

„Und die Schafe waren so niedlich! Es gab vier Lämmer, ein ganz weißes und drei mit braunen Flecken. Die haben mir am besten gefallen."

Ich kann Saskia auf der Rückbank nicht sehen, aber ich bin mir sicher, dass ihre Augen glänzen.

Ich bremse scharf ab und parkiere das Auto am Rand der Straße. „Hoppla, fast wäre ich vor lauter Zuhören vorbeigefahren."

„Komm mit, Haiti!"

Ursina zieht sie an der Hand mitten in die Laubhaufen hinein, die den Straßenrand säumen. Ich hole den Eimer aus dem Kofferraum. Er füllt sich rasch. Die Kinder haben große Geschicklichkeit entwickelt im Öffnen der stacheligen Kugeln. Seraina führt Haiti in die Kunst des Öffnens ein. Ich lehne mich ans Auto und beobachte das fleißige Treiben. Es duftet nach trockenem Laub. Die Blätter der Bäume leuchten noch gelb und orangefarben, bereits liegt aber auch viel braunes Laub auf dem Boden. Es dürfte das letzte Mal sein, dass wir hier Kastanien sammeln können. Es ist Anfang Dezember.

„Das reicht", meint Ursina überzeugt mit einem Blick in den halbvollen Eimer. „So viele können wir ja gar nicht essen."

„Mama, können wir die mit Haiti zusammen essen?"

„Klar! Dann kochen wir eine Kürbiscremesuppe mit Brot, und anschließend gibt es heiße Kastanien."

„Mh, das klingt lecker!" Haiti fährt sich mit der Zunge über die Lippen.

„Können wir jetzt fahren?" Ursina zupft an den Bändeln meiner Wolljacke.

„Du meinst, sonst ist das Restaurant mit dem Eis geschlossen?" Ursina nickt verlegen. „Kommt, Kinder, wir haben genug gesammelt. Lasst uns Eisessen gehen!"

Auf der Strecke nach Monchique halte ich kurz an und steige aus. Der Duft von Eukalyptus umhüllt mich. Ich liebe diese hohen Bäume mit der hellen Rinde, die sich in langen Streifen vom schlanken Stamm löst. Sie stehen hier überall zwischen Korkeichen und Erdbeerbäumen. Ich sammle einige schöne Blätter und steige wieder ein.

„Ah, du hast Eukalyptusblätter gesammelt für unsere Heizung!", freut sich Seraina.

„Für eure Heizung?", fragt Haiti zweifelnd.

„Ja, wir heizen nämlich mit einem Blumentopf. Wir stellen ihn umgekehrt auf eine Herdplatte, machen das Gas an, und wenn er ganz heiß ist, stellen wir ihn auf den Tisch, richtig herum. Dann füllen wir die Eukalyptusblätter hinein, und das ganze Schiff duftet nach Eukalyptus!" Seraina reibt sich in der Vorstellung die Hände.

„Mh, das müsst ihr auch machen, wenn wir die Kastanien essen!"

„Versprochen!"

Lausalarm

Die Kastanien der Algarve sind die ersten von zahlreichen essbaren Schätzen der Natur, denen wir auf unserer Reise begegnen. Auf Madeira finden wir wilde Cherrytomaten, auf Teneriffa dunkelrot leuchtende Kaktusfeigen.

Wir sind dabei, ein windgeschütztes Plätzchen für Saskias Geburtstagsfest zu suchen. Begleitet werden wir von Noemi, meiner guten Freundin und Saskias Patentante. Sie besucht uns für zwei Wochen auf der PINUT. Vollbepackt mit Kuchen, Decke, Flaschen und Geschenken laufen wir an der flachen Felsküste entlang, die immer wieder durch kleine Buchten unterbrochen wird. Der helle Sandweg schlängelt sich durch schwarze Lavafelder. Dazwischen stehen Feigenkakteen mit ovalen, fleischigen Blättern und roten Kugelfeigen. Hin und wieder sind die Steine zu kleinen Schutzwällen aufgetürmt, hinter denen einheimische Familien bei sonntäglichen Ausflügen Schutz vor dem Wind suchen. Vereinzelt stoßen wir auf Kuppelzelte, obwohl wildes Campieren auf den Kanaren offiziell verboten ist. Zwei der Zelte haben wir bereits bei unserem Einlaufen in die Marina vor zwei Monaten gesehen. Wir kommen an einer der zahlreichen Bananenplantagen vorbei. Unter hohen, vom Sand beige gefärbten Netzen sieht man die Konturen der Bananenpalmen.

„Bananen stellen neben Tomaten das wichtigste Exportgut der Kanaren dar", bemerke ich gegenüber Noemi. „Nur der Tourismus ist noch wichtiger geworden."

Vom Tourismus spürt man hier wenig. Vereinzelt begegnen uns andere Wanderfreudige. Die großen Zentren Los Cristianos und Playa de las Américas im Westen sind weit genug entfernt. Hier bei Las Gallettas im Südosten sind die Küsten wild, die Strände verlassen.

Der Wind hat aufgefrischt. Unablässig treibt er die Wellen gegen die Felsen. Die Gischt spritzt hoch, Wassertropfen treffen auf unseren Weg. Das Meer leuchtet tiefblau, weiße Schaumkronen tanzen auf der bewegten Oberfläche.

„Hier ist ein guter Platz!"

Saskia tanzt auf einer flachen Sandfläche in mitten scharfkantiger Felsen. Wir breiten Decke und Geschenke aus.

„Die Kerzen können wir nicht anzünden, der Wind bläst zu stark. Aber wir stecken sie zu Hause aufs frisch gebackene Brot."

Saskia ist einverstanden.

„Zuerst Kuchen oder zuerst Geschenke?"

„Zuerst Geschenke!"

„Alles Gute zum elften Geburtstag!" Noemi umarmt ihr Patenkind herzlich.

Ungeduldig beginnt Saskia mit Auspacken. „Das ist mein erster Geburtstag, den ich nicht in unserem Haus feiere."

„Stimmt. Letztes Jahr waren wir zum Räumen nochmals dort."

„Wo habe ich meinen letzten Geburtstag gefeiert? In Faro?" Seraina versucht, sich zu erinnern.

„Nein, wir waren schon auf Madeira."

„Stimmt! Mein achter Geburtstag war in Faro. Da haben wir ein großes Fest gemacht mit Haiti und Bobby, Ted, John, Bernie, Horst und Wolfgang und Christiane!"

„Und meinen Geburtstag haben wir auch in Faro gefeiert, mit Haiti und Horst", erinnert sich Rahel.

„Das war dein sechster Geburtstag. Deinen siebten haben wir einmal in Georgien und dann nochmal in Faro gefeiert. Das war ein Fest!"

„Mit den französischen Kindern!"

„Wo haben wir meine Geburtstage gefeiert?" Ursina runzelt die Stirn. „Ach ja, mein letzter war mit der Schatzsuche!"

„In Arrecife mit Neele, Torge, Lasse, Mina und Paula und ihren Schwestern! Da haben wir die Schnitzeljagd durch die Marina gemacht."

„Und dein fünfter Geburtstag war auf der Burg mit Jan und Mattes."

„Und dem Lagerfeuer!"

„An Jonas' Geburtstage kann ich mich nicht erinnern."

„Doch. Der letzte war auf dem Bauernhof in der Schweiz. Aber der vorletzte?" Fragend schauen mich die Kinder an.

„An Jonas' zweitem Geburtstag hat unsere Reise begonnen. Es war der Tag, an dem wir in der Schweiz losgefahren sind."

Ich lächle. Die Geburtstage der Kinder beschreiben eine bunte Reise durch die letzten beiden Jahre.

Die Geschenke sind ausgepackt, der Zitronencake ist gegessen. Die Sonne steht tief, uns friert. Auf dem Rückweg finden die Kinder einen alten Eimer. Vorsichtig füllen sie ihn mit Kaktusfeigen. Sie tragen schwer am Gewicht der saftigen Früchte. Stolz stellen sie ihn neben die Süßwassersäule an unserem Steg.

„Daraus können wir ganz viele Gläser Marmelade kochen!"

„Wie macht ihr das, ohne euch zu stechen?" Ungläubig blickt Noemi auf die roten Kugeln mit den feinen Stacheln.

„Am besten geht es, wenn man Gummihandschuhe anzieht und die Früchte halbiert. Mit einem Löffel kann man das Fruchtfleisch herausholen, es löst sich gut von der Schale."

„Und wie schmecken die Früchte?"

„Sie sind säuerlich, das gibt ausgezeichnete Marmelade!"

„Und herrliche Flecken!" Ich verdrehe grinsend die Augen.

„Ach was, die kriegt man mit Gallseife wieder raus."

Rahel ist Spezialistin im Fleckenentfernen mit Gallseife. Die Kaktusfeigen jedenfalls lassen wir stehen. Es dämmert bereits und die Kürbiscremesuppe wartet.

„Oh, ich werd wahnsinnig!" Rahels Gesicht ist verzerrt, sie kratzt sich wild am Kopf.

Irritiert blicke ich sie an. „Was ist los? Juckt's?"

„Ja! Ganz schlimm!"

„Nicht kratzen! Du verletzt die Kopfhaut. Lass mich mal schauen." Ich beuge mich über Rahels Kopf, schiebe die Haare auseinander. „Ich seh' nichts. Noemi, kannst du mal bitte schauen?"

Saskias Patentante untersucht konzentriert Rahels Kopf. Mit ruhiger Stimme meint sie: „Hier sind Nissen."

„Nissen?" Rahels Stimme klingt aufgeregt. „Was sind das?"

„Nissen sind kleine Päckchen, in die Läuse ihre Eier legen."

„Iiii! Ich will die nicht auf meinem Kopf! Habe ich denn jetzt Läuse?"

Ich rümpfe erschrocken die Nase. „Ich fürchte, dass wir alle Läuse haben." Unvermittelt kratze ich mich. Als auch Noemi zu kratzen beginnt, muss ich lachen. Sie ist erst seit gestern hier und hat lange, schwarze Haare mit weißen

Strähnchen. „Weißt du, wie man die wieder los wird? Und woher sie kommen?"

„Sie können von überall her kommen."

Rahel runzelt die Stirn. „Auf den Kakteen sind doch auch Läuse. Haben wir sie vielleicht von den Kaktusfeigen?"

Ich schüttle den Kopf. „Nein. Auf den Kakteen leben Cochenille-Läuse, die sogenannten Färberläuse. Sie wurden früher gezüchtet, weil sie eine tiefrote Farbe absondern, wenn man sie zerdrückt. Die Farbe wurde getrocknet und als Pulver verkauft. Mit unseren Kopfläusen haben sie nichts zu tun."

„Und die Kopfläuse werden wir auch nicht so einfach los wie die Cochenille-Läuse", ergänzt Noemi mit gerunzelter Stirn. „Es gibt spezielle Shampoos und Kämme dagegen."

„Na toll." Ich muss schon wieder kratzen.

„Kinder, wir haben alle Läuse!" Rahels Ruf ertönt so laut, dass ich froh bin, dass hier außer uns niemand Deutsch spricht.

Saskia verschwindet im Schiff. „Hast du eine Laus? Hey, dann hau' sie raus! Weil sie dir sicher Tag und Nacht doch keine Freude macht. Hast du eine Laus? Hey, dann hau' sie raus, weil sie sich doch ganz unerhört ganz rasend schnell vermehrt!"

„Das ist das Janosch-Lied!" Seraina erkennt es sofort.

„Richtig!"

„Kennst du Janosch?" Fragend blickt Seraina Noemi an.

„Ja, er hat die Tigerente erfunden. Aber ich wusste nicht, dass er auch Lieder geschrieben hat."

„Er hat auch ‚Ach, wie schön ist Panama' geschrieben. Und er lebt hier auf Teneriffa! Er ist bald 86 Jahre alt." Serainas Augen leuchten vor Stolz.

„Was machen denn die Zwerge auf meinem Kopf?" Jonas interessiert sich nicht für Janosch. Seine Augen blicken skeptisch.

„Die Zwerge? Meinst du die Läuse?"

„Ja, die Zwerge."

„Sie trinken dein Blut. Und sie legen Eier."

„Ich will nicht, dass die mein Blut trinken." Ärgerlich fährt er sich mit den Händen durch die Haare.

„Darum kaufen wir ein Shampoo und einen Kamm gegen die Zwerge. Dann gehen sie wieder weg." Er legt seine Arme um meinen Hals und drückt mich mit all seiner Kraft.

„Schau mal, ich hab' hier im Internet eine alternative Website zum Thema Läuse-Behandlung gefunden." Noemi setzt sich zu mir. „Da steht, man soll die Haare mit Essigwasser waschen, gründlich mit einem Nissenkamm durchkämmen und dann mit Kokosöl einreiben. Dann ersticken sowohl die Läuse wie auch die Nissen."

„Na dann, lass uns mal die Zutaten zu unserer Lausjagd zusammenstellen!"

Noemi grinst und kratzt sich am Kopf.

„Rahel, gibst du mir bitte neun Eier?"

„Moment." Sie zieht die oberste Palette der Eierbox heraus. „Hier."

Plötzlich ertönt Lärm von oben. Sonnensegel? Haben wir gestern wieder runtergeholt. Ich lasse Eier Eier sein und klettere ins Cockpit. Vor lauter Eile schlage ich mir das Schienbein an der Schwelle an. Der Krach kommt vom Bug. Im ersten Moment stehe ich erstarrt und blicke gebannt auf das Schauspiel, das sich mir bietet. Die Genua hat sich selbständig gemacht und flattert im Wind. Der hat im Laufe des Vormittags an Stärke gewonnen. Er zieht und zerrt am Segel, das sich aufbäumt wie ein ungezähmtes Pferd, um im nächsten Moment wieder in sich zusammenzufallen. Das Ganze wird begleitet von einem Höllenlärm. Nach einigen Schrecksekunden meldet sich mein Hirn wieder zu Wort. Die fehlende Reffleine! Ich habe sie vor drei Tagen herausgezogen, um sie durch eine dickere zu ersetzen. Leider hat sich beim Kauf der dickeren ein Rechenfehler eingeschlichen, sodass die neue Leine viel zu kurz geraten war. Das habe ich aber erst gemerkt, nachdem die alte bereits draußen war. Ich habe alles so gelassen und geplant, später eine passende zu kaufen. Was bis zu diesem Moment noch nicht passiert ist. Und was auch kein Problem gewesen ist, solange der Wind sanft säuselte. Dem starken Locken des jetzigen Winds hingegen hat das Segel offensichtlich nicht widerstehen können, es hat sich ganz einfach ausgerollt.

Auf dem Nachbarschiff erscheinen ein Marinero und ein anderer Yachtie. „Können wir helfen?"

Ich schüttle den Kopf. „Ich fürchte, nein."

Sie greifen dennoch nach der Schot und kämpfen mit dem wild gewordenen Segel. Ich wühle in der Backskiste nach der alten Reffleine und klemme mich in den Bugspriet. Das Segel schlägt wild umher. Ich habe Angst, dass es jeden Moment zerreißen könnte. Konzentriert wickle ich die Leine Runde für Runde um die Rollvorrichtung. Noch eine Runde. Die Leine verheddert sich zu einem Knäuel. Auch das noch. Ich stehe auf und entwirre sie. Ängstlicher Blick aufs Vorsegel. Es schlägt noch immer. Und ganz scheint es auch noch zu sein. Noch zwei Runden, dann ziehe ich die Leine durch zwei Leitblöcke und ab auf die Winsch. Hoffentlich reicht das Seil. Ich kurble. Die Wilde wird kleiner und kleiner. Mit jedem Meter Tuch verliert der Lärm an Kraft. Eine letzte Umdrehung, das Segel ist aufgerollt. Kein Zentimeter Leine ist übrig. Der Nachbar staunt.

„Gute Arbeit", nickt der Marinero und verlässt die Szenerie.

Ich lasse mich auf die Cockpitbank fallen. Wie ruhig der Wind durch die Wanten pfeift!

„Fertig!" Saskia lehnt sich zufrieden zurück und schließt die Augen. Die Sonne scheint auf ihr gebräuntes Gesicht, die dunkelblonden Haare leuchten.

„Soll ich kontrollieren?"

„Mh."

„War das ein 'Ja' oder nicht?"

„Ja."

Ich ziehe das Heft zu mir und korrigiere ihre Arbeit.

„Und?" Saskia öffnet die Augen.

„Zwei Fehler. Schau, hier hast du der Prinzessin Nomen ein Wort geklaut." Ich zeige auf „Wut".

Saskia runzelt die Stirn. „Warum? Wut kann man nicht sehen, nicht malen, und man kann nicht die Mehrzahl bilden."

„Das stimmt. Wut ist ein Gefühl, und Gefühle gehören zu den Nomen. Sie hat einen Artikel: die Wut. Am besten merkst du dir, dass alle Gefühle zu den Nomen gehören."

„Okay. Und wo ist der zweite Fehler?"

„Hier. ‚Märchen' schreibt man mit ‚ä' und nicht mit ‚e'."

Schweigend bessert Saskia die Fehler aus. „Haben Gefühle immer den bestimmten Artikel?"

„Meistens. Manchmal sagt man: ‚So ein Glück!' Das ist dann unbestimmt. Aber im Normalfall steht der bestimmte Artikel." Saskia trinkt einen Schluck Orangensaft. „Magst du noch?"

„Nein. Ich mache auf dem Schiff noch die Online-Übungen."

Rahel kommt angewirbelt. „Schweizer sind angekommen, mit vier Kindern!"

Saskia springt auf. „Wo?"

„An unserem Steg! Komm mit!"

Sie zieht Saskia mit sich fort. Ich drehe mich um. Von der Terasse des Restaurants aus kann ich einen großen Bereich der Marina überblicken. Das Schiff mit den vielen Kindern darauf segelt unter spanischer Flagge. Eines der vielen

Charterschiffe. Schade. Ich hätte mich gefreut, wenn wir wieder Kinder getroffen hätten. Ich trinke meinen *Café con leche* aus und lege das Geld dafür auf den Tisch. Als ich die verstreuten Schulhefte einpacken will, kommt Saskia zurück. In ihrem Gesicht spiegelt sich eine Mischung aus Wut und Trauer.

„Sie sind schon wieder weg. Da drüben segeln sie."Sie zeigt auf das Charterboot, das gerade die Marina verlässt. Ich ziehe Saskia auf meinen Schoß und halte sie fest. „Immer gehen die Kinder gleich wieder. Wir können gar niemanden kennenlernen!" Frustriert klopft sie auf die Tischplatte. Ich streiche ihr übers Haar. Sie spricht sich die Wut von der Seele: „Und wenn wir uns mit jemandem angefreundet haben, wie mit Yannick oder Neele oder den anderen, dann gehen entweder sie wieder oder wir. Immer müssen wir Abschied nehmen." Sie vergräbt den Kopf in meiner Armbeuge.

Ich warte, bis ihr Atem ruhiger geht. Dann sage ich leise: „Ich habe auch gehofft, dass wir mehr Familien treffen, sobald wir auf dem Wasser sind. Leider steigen viele nur für ein Jahr aus und haben dann keine Zeit, länger an einem Ort zu bleiben. Das war mir nicht bewusst." Ich schweige und reiche ihr den Rest des Orangensafts. „Aber ich glaube, es ist alles gut so, wie es ist. Als wir aufs Schiff gezogen sind habe ich gedacht, wir müssten möglichst rasch vom Dock weg, weil diese Zementwüste kein Platz für Kinder sei. Wir waren dann doch ein Jahr lang dort und haben uns alle sehr wohl gefühlt. Das Dock ist ein Zuhause für uns geworden. Es war gut so. Mit den Freunden wird es ebenso sein. Vielleicht braucht ihr Geschwister diese Zeit ohne andere Kinder für euch. Um euch miteinander zu arrangieren, euch aufeinander einzulassen und um euch gegenseitig besser kennenzulernen. Ein Freund oder eine Freundin kommt ganz von allein, wenn die Zeit dafür passt."

Ich spüre, wie sich Saskia innerlich gegen meine Worte wehrt. Mit den Fingern kraule ich ihren Kopf. Sie hat ja noch ihre Freunde aus der Schweiz, die ihr trotz der räumlichen Distanz die Treue halten. Die Erinnerung ans Weihnachtsfest in Faro wird lebendig.

Stürmische Festtage

Faro, Dezember 2013

Der Wind pfeift durch die Wanten wie schon lange nicht mehr. Eine Plastikflasche fliegt scheppernd übers Dock.

Michael klettert ins Cockpit und zieht den Reißverschluss des Regenverdecks zu. „Phu, ist das ein Wetter!" Er reibt sich die Hände. „Was steht an?"

„Saskia arbeitet an der Vorlage für unseren Weihnachtsbaum. Sobald sie fertig ist, übertragen wir die Schablone aufs Holz und sägen die Form aus." Ich lege meine Arme um seine Taille und ziehe ihn an mich. Er riecht nach Wind.

„Wo machen wir das?"

„Vor dem Schiff. Es regnet ja nicht, dann geht das schon. Die Stichsäge ist schon unten, fehlt nur noch das Verlängerungskabel."

„Gut." Seine kalten Lippen wärmen sich bei mir auf.

„Darf ich aussägen?" Rahel hüpft vor uns hin und her.

„Wir können das gemeinsam machen", schlägt Michael vor.

„Och, ich wollte allein." Rahel zieht eine Schnute.

„Ich finde die Idee vom Zusammenarbeiten gut", versuche ich zu vermitteln. „Das Holz ist ziemlich dick und schwer zu schneiden."

„Welches Holz nehmen wir?" Michael blickt sich um.

„Vom übrig gebliebenen Bettenholz, schlage ich vor."

Er zieht die rechte Augenbraue hoch. „Bettenholz für einen Weihnachtsbaum?"

Ich grinse. „Warum nicht? Er soll ja mindestens so lange halten wie die Betten."

„Das wird ein teures Bäumchen!"

„Das wird der schönste Weihnachtsbaum der Welt!" Rahel hängt sich an die Haltestange am Cockpitdach und schwingt hin und her.

„Ich geh' in den Baumarkt und hole grüne Sprühfarbe." Ich greife nach meiner Umhängetasche. Wie aus dem Boden geschossen stehen Ursina und Jonas neben mir. Zu dritt ziehen wir durch den heulenden Wind zum Baumarkt.

Vor dem Tor zum Dock stoßen wir auf Bernie.

„Hallo, Bernie!" rufen Ursina und Jonas und stürmen los, um herumfliegende Blätter zu fangen.

„Corina, ich möchte mich entschuldigen." Er sieht mich fest an.

Ich halte seinem Blick stand. „Ich möchte, dass du die Grenzen respektierst, die ich setze. Ich mag dich, und ich wäre traurig, wenn es nicht möglich sein sollte, dass wir Freunde bleiben." Meine Stimme klingt ein wenig kälter als mir lieb ist.

Bernie nickt. Leise sagt er: „Frohe Weihnachten."

Ich nicke ihm zu. „Dir auch." Eilig folge ich den Kindern.

„Hier, das ist ein schönes Grün für unseren Baum." Zufrieden lege ich eine Spraydose Tannengrün in den Einkaufskorb.

„Wie wollen wir die Kugeln am Baum befestigen?"

Nachdenklich stehe ich vor dem Regal mit den Schrauben.

„Mit Nägeln?", fragt Ursina.

„Ich mag Schrauben lieber. Diese kurzen hier könnten passen." Ich nehme ein Säckchen Schrauben vom Haken und lasse sie in den Korb fallen. Sofort ertönt ein Zischen. Irritiert blicke ich nach unten. Aus der Spraydose schießt grüne Farbe. Reflexartig bücke ich mich und presse die Hände auf die sprühende Stelle. „Ursina, hol eine Verkäuferin! Schnell!"

Ursina blickt mich verständnislos an. „Warum?"

„Weil die Spraydose ausläuft! Schnell, hol Hilfe! Hol eine Frau mit einer grünen Jacke!" Unsicher schleicht Ursina davon. Farbe tropft durch den Einkaufskorb auf den Boden. „Jonas, hol eine Frau, die uns hilft!"

Jonas rennt Ursina hinterher. „Ursina, wo bist du?", höre ich ihn rufen. Gleich darauf stehen beide Kinder wieder bei mir.

Ursina zuckt hilflos mit den Schultern. „Ich hab' niemanden gefunden."

„Mist!" Meine Hände werden immer kälter. Der gesamte Inhalt des Einkaufskorbs leuchtet Tannengrün. Da! Eine grüne Verkäuferin! „*Aiuto!*", rufe ich. Vor lauter Schreck fällt mir nur der italienische Hilferuf ein.

Die Verkäuferin versteht trotzdem und handelt sofort. Aus dem Regal mit den Schrauben zerrt sie einen Plastiksack und stülpt ihn über die Sprayflasche. Ich ziehe meine Hände zurück. Der durchsichtige Sack läuft mit tannengrüner Farbe voll. Die Verkäuferin holt einen zweiten. Ich versuche, meine Hände über dem begrünten Einkaufskorb zu halten. Farbe tropft.

„Venha."

Mein rettender Engel geleitet mich durch den Laden zum Holzzuschnitt. Jonas und Ursina trotten wie begossene Pudel hinterher. Im Personalbereich beim Holzzuschnitt befindet sich ein Wasserhahn. Ich lasse das kalte Wasser über meine eiskalten Hände und Arme sprudeln. Das Wasser bleibt klar, meine Hände sind bis hin zu den Ellbogen grün. Die Verkäuferin verschwindet und kommt mit einer Dose Aceton und einem Lappen zurück. Widerwillig reibe ich meine Haut mit der Chemikalie ein und weiß gerade nicht, was schädlicher ist, Farbe oder Aceton. Die Behandlung nützt ein wenig, meine Haut schimmert bald nur noch blassgrün. Ein wenig taub fühlen sich die Finger noch an. Nach 20 Minuten geht mir die Geduld aus. Ich lege den Lappen zur Seite.

„Was soll ich mit dem Wagen machen?"

„Mach dir keine Gedanken, ich mach' das schon!" Die Verkäuferin lächelt mich an.

„*Obrigada*!"

Ich mache mich auf die Suche nach einem neuen Einkaufswagen. Darin landet eine Spraydose mit Moosgrün. Von Tannengrün hab' ich genug. Später sind wir uns einig: Unser moosgrüner Holzbaum ist der schönste Weihnachtsbaum der Welt.

Der Wind lässt auch am ersten Weihnachtstag nicht nach. Wir stehen auf der *Ilha do Faro* und blicken fasziniert auf die hohen Wellen, die sich donnernd an unserem sonst so friedlichen Badestrand brechen. Der Wind trägt die Gischt weit über den Sand. Michael umfasst von hinten meine Schultern. Ich lehne mich an ihn und atme tief die feuchte Meeresluft ein. Mit geschlossenen Augen lausche ich dem Tosen des Meers. Ein Möwenschrei legt sich über das Rauschen der Wellen. Die Sonne drückt durch die geschlossene Wolkendecke und zaubert ein gelbes Lichtmuster ins bleierne Grau des Himmels. Ich schaue der Möwe zu, die sich vom stürmischen Wind in die Höhe treiben lässt, um kurz darauf wieder ins Wasser zu schießen. Leichtigkeit pur.

Wir fassen uns an den Händen und schlendern gegen Wind und Sand in Richtung Café. Die meisten Restaurants sind geschlossen. Nur wenige Menschen lassen sich am Strand durchblasen. Die Parkplätze, die im Sommer pausenlos überfüllt sind, sind um diese Jahreszeit leer. Die

185

Kinder finden wir in „unserem" Café auf dem gewaltigen Sofa in der Mitte des Raums. Ein Feuer prasselt im Kamin. Es riecht nach Pommes, Käse und Kaffee.

„Mama, ich hab' Durst!" Ursina zieht mich an der Hand aufs Sofa.

„Eine Runde heiße Schoggi für alle?"

Während wir auf die Getränke warten, zieht Michael zwei Umschläge aus dem Rucksack.

„Was ist das?" Rahel betrachtet neugierig die Couverts.

„Das sind Briefe von euren Freunden aus der Schweiz."

Saskia und Seraina umringen ihn aufgeregt. „Wo hast du die denn her?"

„Die hat mir Martina mitgegeben, bevor ich zu euch geflogen bin." Unablässig zieht er Brief um Brief, Zeichnung um Zeichnung aus den Umschlägen. Der Stapel vor Saskia, Seraina und Rahel wird immer höher.

„Da haben ja alle aus meiner Klasse was geschrieben!"

„Und aus meiner Scoletta!" Seraina hat ganz rote Backen.

Saskia ist bereits in die Lektüre der Briefe vertieft. „Schau mal, Jonas, das hat Joel für dich gemalt!" Sie hält Jonas ein Papier mit einem Schiff vor die Nase. „Und hier ist was für dich, Ursina. Von Nina."

Aneinander gelehnt genießen Michael und ich unseren Milchkaffee. Die Kinder zeigen sich gegenseitig Zeichnungen, erzählen sich Neuigkeiten von ihren Freunden.

„Papa, hast du Papier dabei? Ich will gleich zurückschreiben." Eifrig beginnt Saskia mit der Beantwortung der Weihnachtspost.

„Wisst ihr was? Wenn ihr alle eure Briefe fertig habt, bringe ich sie im Januar in die Schule. Ich nehme den Laptop mit, zeige Fotos und erzähle aus eurem Leben. Was meint ihr dazu?"

„Super, Papa! Da freuen sich sicher alle!"

„Und wenn wir das nächste Mal in der Schweiz sind, besuchen wir alle in der Schule."

„Ou ja, das wird lustig!" Seraina hüpft wie ein Gummiball auf und ab. Die Federn des Sofas quietschen rhythmisch.

In die Schweiz kehren wir regelmäßig zurück, üblicherweise im Herbst, um unsere Familien und Freunde wiederzusehen. Im Laufe unserer Reise hat sich mein Verhältnis zur Schweiz verändert. Ich fühle mich stärker mit der Schweiz verbunden, solange ich im Ausland bin. Zurück in der Heimat genieße ich alles, was ich entbehrt habe: Rösti, Landjäger, Raclette, Fahrten mit dem Posti (Postauto), Saunabesuch, saftige grüne Wiesen und tagelanger Nieselregen. Trotzdem fliege ich nach einigen Wochen gerne wieder zur PINUT. Ob man sich ins Heimatland verlieben kann? Ich weiss es nicht. Bisher ist es uns nur mit fremden Ländern passiert.

Verliebt in eine Insel

La Gomera, Mai 2015

„Hermigua, *te quiero*, ich liebe dich!"
Der Wind trägt Michaels Ruf hinüber zur Insel. Seine Begeisterung schwappt auf uns über wie die Welle übers Deck. Sieben Augenpaare erforschen ergriffen die schroffe Felsküste.
„Meinst du, das war laut genug?", fragt Rahel zweifelnd.
„Ich kann ja nochmal: La Gomera! Yeah!"
Die PINUT dümpelt vor Los Organos, den gewaltigen Basaltsäulen an der Nordküste La Gomeras, die nur vom Meer aus zu sehen sind. Wie riesige Orgelpfeifen ragen sie in den Himmel, schimmern silbern in der Nachmittagssonne. Unterhalb klatschen die Wellen unaufhörlich gegen die Felsen. Wir sind allein auf uns gestellt, verbunden mit dem Meer und dieser riesigen Naturkulisse. Schweigen.
Vor über zehn Jahren hat Michael auf La Gomera gearbeitet. Für einen Reiseveranstalter war er als Reiseleiter auf der Insel unterwegs. Damals hat er sich in die Insel verliebt – und nun droht mir dasselbe Schicksal. Ich mag auch Lanzarote und Teneriffa. Vor allem die Kargheit Lanzarotes und die starken farblichen Kontraste haben es mir angetan. Aber hier auf La Gomera liebe ich die Wildheit der Insel. Klein und bergig, die touristische Infrastruktur konzentriert sich

1

1. Frühstück im Cockpit

2. Arbeit am Parasailor

3. Malen mit Mattes in der Bucht Boca do Rio, Portugal

2

3

4

5

4. PINUT-Kinder, Faro

5. Kindermauer, La Gomera

6.   Rahel beim Wäschewaschen auf dem Steg
7.   Legobauen im Salon der PINUT
8.   Höhlenmalerei in der Schweinebucht, La Gomera
9.   Am Strand auf der Ilha de Faro

10. Drachenbaum, Teneriffa

11. Bananenplan-
    tagen, La Palma

12. PINUT unter Segeln

13. Mondlandschaft,
    Teneriffa

14. Bordhündin Guia

15. Segeln mit Hund

16. Seraina im Bugkorb

17. Entspanntes Segeln

18

19

18. PINUT im Kran, Faro

19. Lebendiger Unterricht, Fruchtgarten Argaga, La Gomera

20. Las Canadas im Abendrot, Teneriffa

20

21

22

21. Küstensegeln

22. Rahel im Ausguck auf der Saling

23. Steinkreis auf La Gomera

24. Los Organos, La Gomera

23

24

25

26

27

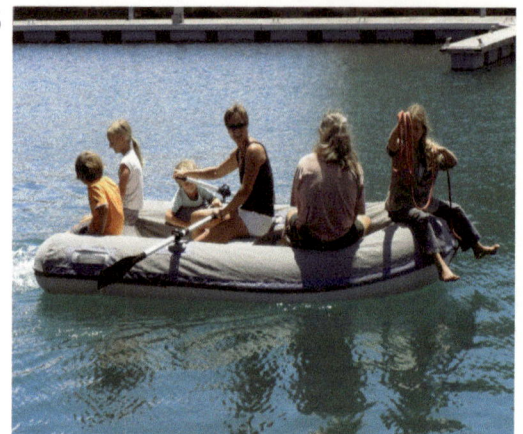

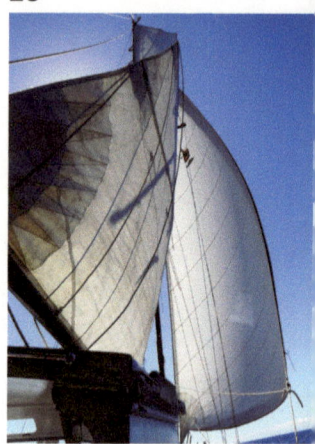

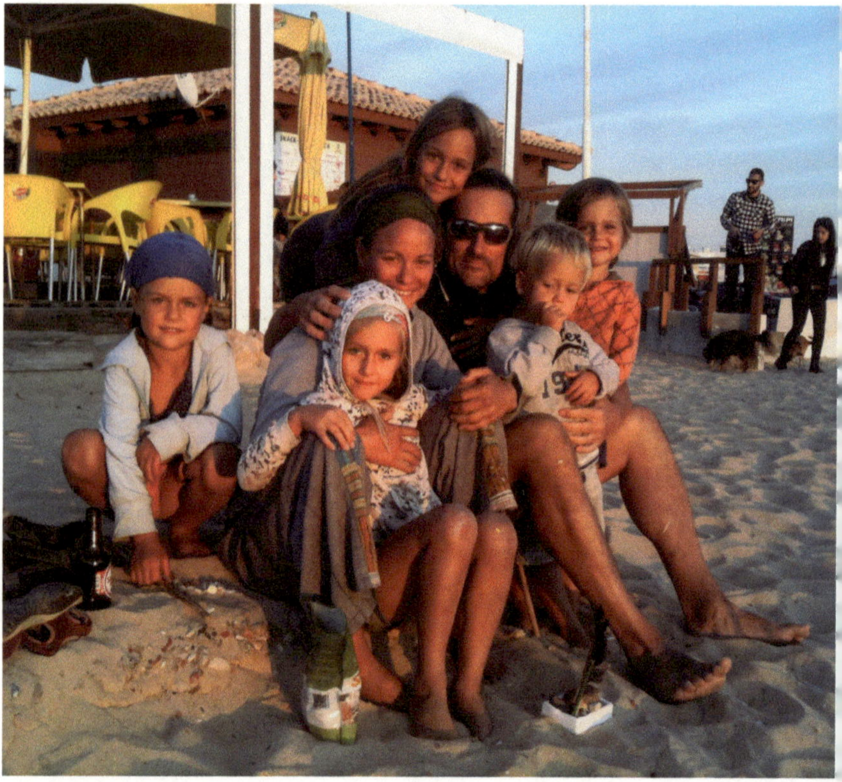

25. Dinghi-Fahren

26. Auf dem Weg nach La Palma

27. Zu siebt durch die Welt

auf die Hauptstadt San Sebastian im Osten. Wir sind auf dem Weg nach Südwesten zum Valle Gran Rey, wo sich seit vielen Jahrzehnten Auswanderer aus Deutschland, Holland und Frankreich, Hippiekommunen, Straßenkünstler und Naturliebhaber tummeln. Nach sechs Monaten an mehr oder weniger touristischen Plätzen und in Marinas freuen wir uns sehr auf mehr Ruhe, viel Wandern, Segeln und Ankern. Ankerplätze sind auf den Kanaren rar, und einer der schönsten ist hier auf La Gomera.

Langsam nehmen wir Fahrt auf und lassen uns bei stabilem Raumkurs von Wind und Wellen mit flotten sechs Knoten gen Süden schieben. Die markante Westküste der wilden Insel zieht an uns vorbei. Vereinzelt durchbrechen weißgetünchte Häuser das Graubraun der Berge. Kaum sind wir im Insellee, werden die Schiffsbewegungen ruhiger, der Wind nimmt ab. Die überdimensionale Hafenmauer von Vueltas ist von Weitem sichtbar.

Kaum angekommen, schallt Rahels Ruf durchs Boot: „Wo ist mein Waveboard?" Aufgeregt öffnet sie die Rückenlehne der Cockpitbank und zieht ihr Board heraus. „Endlich kann ich wieder Waveboard fahren!"

Glücklich kurvt sie kurz darauf auf der leeren Fläche bei der Hafenmauer herum, wo eigentlich Busse für die unzähligen Gäste der Kreuzfahrtschiffe stehen sollten, für die die Hafenmauer gebaut wurde.

„In diesem Winter lagen nur gerade viermal Kreuzfahrtschiffe dort", berichtet uns eine deutsche Einheimische wenig später in der Hafenkneipe.

Eine andere ergänzt: „Der Kai ist zu klein geraten für die riesigen Dampfer. Dafür nützt die Mauer bei den Winterstürmen."

Die Winterstürme auf La Gomera sind legendär. Im letzten Winter wurde ein Teil der Küstenstraße weggerissen. Dass sie bis heute nicht repariert wurde, liegt an der Finanzpolitik der Gemeinde. Lieber werden Gelder aus

Brüssel für neue Projekte wie zweispurige Kreisel und Miradores, diese überflüssigen Aussichtsplattformen, eingesetzt, statt mit Gemeindemitteln Altes zu reparieren.

Es duftet. Wonach, weiß ich nicht. Süß und herb zugleich. Der steindurchsetzte Zementboden strahlt Hitze ab.

„Hier ist ein Schild mit Früchten! Hier ist es!"

Saskia ist voraus gesprungen und hat den Eingang zum Fruchtgarten bereits erspäht. Ursinas Müdigkeit fällt schlagartig von ihr ab. Wie ein Wiesel rennt sie die restlichen Meter zur Abbiegung hinauf.

„Hallo zusammen. Ihr könnt euch gleich der Führung anschließen. Das Verpasste holt ihr am Ende einfach nach."

Eine weißhaarige Frau mit zerfurchtem Gesicht begrüßt uns herzlich. Ein schmaler Weg führt durch üppiges Grün hindurch zu einer flachen Steinmauer. Wir sind im *tropischen Fruchtgarten Argaga*, einer Initiative zweier Deutscher, die vor 14 Jahren damit begonnen haben, tropische und subtropische Früchte auf der Insel anzubauen. An geschützter Hanglage wachsen neben Avocados, Mangos und Bananen zahlreiche Früchte, die wir entweder noch nie gesehen haben oder die wir nur vom Namen her kennen.

Ein Mann hält eine längliche braune Frucht in der Hand. „Weiß jemand von euch, was das ist?"

„Das ist doch von diesen Bäumen in Faro!" Seraina nickt aufgeregt. „Da sind kleine Kerne drin!"

„Richtig. Das ist die Frucht des Johannisbrotbaums. Hier, nehmt ein Stück und kaut es gut." Er reicht einen Teller mit kleinen Stücken der harten Frucht herum. Beim Kauen entwickelt sich ein süßer Geschmack. „Die Kerne werden zu Mehl vermahlen und können als Gelier- und Verdickungsmittel beim Kochen und Backen verwendet werden. Johannisbrotkernmehl hilft sowohl gegen Durchfall als auch gegen Verstopfung."

„Mama, dann brauch' ich Johannismehl, ich hab'
Durchfall!" Rahel nickt heftig. Ich grinse.

„Diese Beeren kennt ihr vielleicht auch." Der Mann hält
uns Brombeer ähnliche Kugeln hin. „Es sind keine
Brombeeren, die wachsen hier nicht. Hier wachsen lauter
tropische Gewächse. Na, kommt ihr drauf?" Saskia runzelt
die Stirn. „Ich glaube, das sind Maulbeeren!"

„Richtig. Hier, kostet davon."

„Und was sind das für Früchte?" Ursina zeigt auf grüne
Kugeln, die schwer an den Ästen eines Baums hängen.

„Das sind Avocados. In den Supermärkten in Europa
bekommt man nur zwei Sorten Avocados: die
birnenförmigen schwarzen mit runzliger Schale und die
grünen glatten. Diese hier sind viel aromatischer. Sie haben
aber einen Säureschutzmantel um die Schale, solange sie
noch nicht ausgereift sind. Darum kann man sie nicht
vorzeitig ernten und transportieren, sie eignen sich nicht für
den Export." Er schneidet großzügige Stücke der weichen
Frucht ab. Sogar Seraina als Avocado-Gegnerin findet
Gefallen daran.

„Das hier sind Mangos."

„Was? Diese kleinen Dinger?" Ungläubig betrachtet
Saskia die grünen Früchte, mit denen einer der Bäume
überladen ist.

„Es gibt viele unterschiedliche Sorten. Alle blühen im
Frühling, aber sie werden zu verschiedenen Zeiten reif. Die
ersten sind im Sommer soweit, die letzten Anfang Winter."

Wir sind auf dem Rundgang bei einem kleinen Pavillon
angelangt. Palmenblätter bilden ein Dach, Steinmauern laden
zum Sitzen ein.

„Warum hängen die Wasserflaschen an der Decke?", will
Ursina wissen.

„Die Wasserflaschen halten Fliegen fern. Wenn die Sonne
darauf scheint, bricht sich das Licht darin und blendet die

Facettenaugen der Fliegen. Sie suchen sich einen anderen Ort."

Die weißhaarige Frau hält uns einen Teller mit Früchten hin, die wie Mini-Orangen aussehen. „Diese Früchte hier schmecken sehr intensiv, darum haben wir ganz dünne Scheiben geschnitten. Weiß jemand, was das ist?"

„Kumquats." Ich liebe den frischen, leicht bitteren Geschmack.

„Ii, die sind mir zu sauer!" Rahel verzieht das Gesicht.

„Bei der nächsten Frucht müsst ihr vorsichtig sein, sie hat einen Kern. Ihr könnt ihn hier in den Eimer legen oder mitnehmen und einpflanzen."

„Oh ja, das mach' ich!" Saskia freut sich. Sie hat bereits eine Mini-Sonnenblume gezüchtet und pflegt zurzeit kleine Paprika- und Strelizienpflänzchen in einem Pflanzkübel vor dem Salonfenster. „Was ist das?"

„Lovi Lovi heißt diese Frucht."

„Igitt, die schmeckt mir nicht. Mama, hier!" Jonas hält mir seine Lovi Lovi hin.

Ich lächle zufrieden und erinnere mich an mein Gespräch mit Haiti auf Foia im letzten Jahr. Was bitte schön ist nachhaltiges Lernen wenn nicht das?

„Auf Gomera könnte man ein Jahr lang wandern und hätte noch immer nicht alles entdeckt."

Michaels Blick gleitet über die steilen Felswände gegenüber der Hafenmole. Hin und wieder gönnen wir uns einen Tag ohne Kinder. Nur wir zwei, Michael und ich. Diese Tage sind (zu) selten, dafür genießen wir sie um so mehr. Heute sind wir auf dem Weg zum *Fortaleza*, Gomeras Tafelberg. Der Weg führt von Vueltas aus durch den Barranco de Agaga nach Chipude. Das Tal ist im unteren Bereich eng. Wir sind allein. Mit Händen und Füßen arbeiten wir uns über Sandweg durchsetzte Felspartien hinauf. Glatte und schroffe, sonnengewärmte und kalte

Steinoberflächen wechseln sich ab. Stille. Wir stoßen auf einen kleinen Stausee. Der blaue Himmel spiegelt sich im Wasser. Aus einer löchrigen Leitung sprudelt stoßweise Wasser in den See. Je höher wir steigen, desto weiter öffnet sich der Barranco. Schlanke Palmen durchziehen in Abständen das Tal. Ihre langen Wedel wiegen sich anmutig im Wind. Kleine Eidechsen huschen über den Weg. Schweiß rinnt über mein Gesicht. Die Nachmittagssonne brennt mit voller Kraft.

Bei der einsamen Kapelle *Ermitay Casas de Nuestra Señora de Guadelupe* setzen wir uns auf die Steinmauer. Von der kleinen Kapelle aus bietet sich ein faszinierender Ausblick über die terrassierten Hänge. Die Luft ist erfüllt vom gleichmäßigen Summen unzähliger Insekten. Zwischendurch zwitschern Vögel.

„Aua!" Heftig fahre ich mit der Hand an die Stirn. Mein Hut fliegt vom Kopf, die Sonnenbrille landet auf dem Boden. „Aua, jetzt hat mich was gestochen! Neben dem Aug'."

„Zeig! Nicht hinlangen, ich seh's. Der Stachel steckt noch drin." Behutsam zieht Michael ihn heraus.

„Das muss eine Biene gewesen sein."

„Tut's weh?"

„Ja, höllisch. Jetzt wäre ich froh um Apis-Globuli. Aber dummerweise nehme ich die Notfallapotheke immer nur dann mit, wenn die Kinder dabei sind."

„Nützt die hier?" Michael hält mir eine Bananenschale unter die Nase.

Ich zucke die Schultern. „Keine Ahnung. Ich weiß nur, dass sie gegen Dornwarzen hilft."

Bei der Vorstellung, mit einer Bananenschale aufs Auge gedrückt den Aufstieg zum *Fortaleza* zu meistern, verzichte ich auf einen Versuch.

Der sandige Weg ist nun mit kleinen, violetten Blüten gesprenkelt. Hüfthohes, trockenes Steppengras streift an unseren Beinen, hin und wieder kratzen Distelblätter. Auf den letzten hundert Metern umfängt uns der Duft von Weihrauch. Der Aufstieg auf den Tafelberg gleicht, im Gegensatz zum bisherigen Weg, einer Autobahn.

„Fehlt nur noch ein Geländer", witzelt Michael.

Die künstlich angelegten Steinstufen sind viel zu hoch, um angenehm gehen zu können. Der Ausblick vom Gipfel ist dennoch wunderschön. Ich lächle, erinnere mich an die vielen Bergtouren, die ich mit meinen Eltern als Kind in der Schweiz unternommen habe. Denn eigentlich bin ich ja ein Kind der Berge. Das Meer habe ich erst viel später entdeckt.

„Aua, mein Bauch tut weh! Mein Bauch tut weh, Aua!" Jonas bleibt auf einem Stein stehen, verzieht das Gesicht und hält sich den Bauch. „Aua, mein Bauch tut weh! Mein Bauch tut weh!"

„Essen gibt's erst in der Schweinebucht."

Der jammernde Singsang bricht abrupt ab. „Haben wir Essen dabei?"

„Ja."

„Welches Essen haben wir dabei?"

„Maiswaffeln, Knäckebrot und Tuc."

Freude breitet sich auf seinem Gesicht aus. „Tuc! Dürfen wir die dann auch essen?"

„Klar!"

Er läuft einige Schritte weiter. „Aua, mein Bauch, mein Bauch tut weh!"

Die Tuc scheinen vergessen.

„Komm, ich geb' dir die Hand, dann geht's leichter über die Steine."

Gemeinsam balancieren wir der Küste entlang. Unser Ziel ist die so genannte Schweinebucht in der Nähe von Vueltas, in der vor einigen Jahren Aussteiger versucht haben, ohne Geld zu leben. Der Gedanke fasziniert mich, wenngleich ich mir bei allem Minimalismus nicht vorstellen kann, wie das in unserer modernen Welt funktionieren könnte. Wir kraxeln also über Steine und Felsen, immer begleitet vom Rauschen der Brandung und dem salzigen Geschmack der Gischt auf unserer Haus. An einer steilen Wand ist Schluss.

„Hier geht's nur über dieses Seil weiter", erklärt Michael. Geschickt schwingen sich die Mädchen am Seil hinunter in den Sand. Jonas lässt sich wie ein Äffchen hinunterrutschen.

„Schaut mal, da sind Zeichnungen an den Wänden!" Aufgeregt stolpern die Kinder zu den Höhlen im Hintergrund der Bucht.

„Hier sind alle Planeten aufgemalt." Saskia studiert eine der Zeichnungen.

„Wohnt hier jemand?", fragt Rahel und zeigt auf einen Schal und Wasserflaschen.

„Sieht so aus."

Michaels Blick schweift über die Bucht. An einem Felsvorsprung hängt ein Hula-Hoop-Reifen. In einem umgekippten Abfallcontainer hat sich Wasser gesammelt.Die Sonne brennt auf den schwarzen Sand.

„Kommt, wir setzen uns dort in den Schatten und essen was." Wir gehen zum Eingang der Bucht zurück.

„Warum wohnen hier Menschen?", will Saskia wissen.

„Die Höhlen waren schon vor 22 Jahren bewohnt, als ich auf der Insel gearbeitet hab'. Damals wohnten hier – wie heute auch – die Hippies. Menschen, die einen anderen Lebensstil suchen. Die mit Konsumhorror nichts am Hut haben und möglichst einfach leben wollen."

„Aber in den Supermarkt müssen sie ja doch gehen", wirft Seraina ein, „dort liegen Wasserflaschen."

„Sie haben bald gemerkt, dass sie an Grenzen stoßen. Heute gehört hier alles irgendwem, man kann sich nicht einfach so was nehmen. Darum haben sie begonnen, auf den Straßen und an den Stränden Musik zu machen oder selbst gemachten Schmuck zu verkaufen."

„Ich hab' noch Hunger." Jonas blickt sich suchend um. „Mama, ich hab' noch Hunger!"

„Schluss. Wir haben alles aufgegessen."

„Ich hab' aber noch Hunger!" Seine Stimme wird durchdringend.

„Dann gehen wir zurück zum Schiff und machen uns ein Abendessen."

„Ich hab' aber jetzt Hunger!" Ich stehe auf. Die Mädchen hängen bereits wieder am Seil.

„Komm!" Ich strecke ihm die Hand hin.

Er bleibt sitzen. „Ich hab' Hunger!"

Ich klettere über den Felsen und überlasse Jonas Michael. Irgendwie erreichen die beiden Männer den Hafen. Mir fällt eine Szene mit Jonas ein, die mir Michael bei meinem letzten Urlaub in der Schweiz per E-Mail geschildert hat, während er mit den Kindern in San Sebastian war:

> *„Weißt du, wie man innerhalb von zwei Minuten eine Masse von rund 30 spanischen Weibern + drei Polizisten der Guardia Civil inkl. mehreren Dutzend Schaulustigen auf der Pelle hat? Rate mal... Vorgestern Nachmittag waren wir wieder zum Baden im Club Nautico. Beim Verlassen hat Jonas irgendein Problem mit Ursina und seiner Dächlikappe. Jedenfalls reicht's, um sich heulend auf die Terrasse des Restaurants zu setzen. Ich kapier' natürlich nicht, worum's geht. Irgendwie schaffen wir's aber, ihn rauszulotsen. Trage ihn dann durch den Tunnel. Am andern Ende setz' ich ihn ab. Womit das Unheil seinen Lauf nimmt. Er findet das nämlich gar nicht lässig. Nicht mehr getragen zu werden. Ich geh' schon mal voraus, Rahel kriegt ihn irgendwie über die Straße. Auf der anderen Seite hockt er sich dann hin. Am*

Ende des Mäuerchens zur Marina, dort wo die Einfahrt zu den Fähren beginnt. Und heult. Claro. Ich positionier' Rahel in Distanz und geh' schon mal zum Schiff. Jonas kann ich ja sehen. Und vor allem hören. Das tun andere aber auch. Aus dem Nichts (!) rotten sich rund zwei Dutzend Weiber zusammen und greifen Jonas in Frontlinie an. Was bleibt dem armen Jungen übrig, als aufs Mäurchen zu klettern. Das wiederum macht die angreifende Horde so richtig wild. Eine Matrone kriegt ihn zu fassen; aber nicht lange. Jonas reißt sich natürlich los und rennt aufm Mäuerchen in Richtung Rahel. Ich pfeif' wie ein Wilder rüber und deute, den Jungen in Ruhe zu lassen. Vergeblich. Die Matronen hinterher. Und dahinter im Laufschritt drei Polizisten der Guardia Civil. Alle zusammen treffen wir uns kurz vorm Marina-Tor. Jonas stürzt in meine Arme, die Matronen und die Schaulustigen zerstreuen sich, die Sheriffs beginnen gleich mit dem Verhör. Ich erklär' ihnen, was Sache ist. Und frage: Wie würden Sie denn reagieren, wenn rund zwei Dutzend wildgewordene, vom Überbeschützungsinstinkt überwältigte Frauen sich auf Sie zu stürzen gedächten? Hä? Aha! Verständiges Nicken. Das versteht sogar die Staatsmacht... Bloß der Chef meint noch, es hätte da ein paar Kinderschänder auf der Insel, die seien grad entlassen worden, würden da leben. Wir müssten aufpassen. Und die Guardia Civil auch. Claro. Die Nummer. 2 der Uniformierten will jetzt mit Jonas „Give-me-five" machen. Fehlanzeige. Der will nicht. Ohne Handschellen verlassen wir den Ort des

Aufruhrs und begeben uns zum Schiff. Da sitzt
Ursina, völlig aufgelöst in Tränen. Was'n nu
los? Sie hätte so Angst gehabt, dass die
Polizisten den Jonas mitnehmen wollten...
Dann staunt sogar ihr kleiner Zankpartner
Bauklötze."

„Hallo, ich verkaufe hier auf La Gomera die Musik." Ich
blicke von meinem Buch auf. Neben mir steht ein rundlicher
Mann. Er hält mir einige einlaminierte Seiten hin. „Kannste
mal durchschauen, wenn du magst. Eine CD kostet fünf
Euro."

„Danke!"

Ich blättere durch die CDs aus aller Welt. Es überrascht
mich nicht, dass ich auf Deutsch angesprochen werde. Sie
gehören hierher, die Deutschen. Vor 25 Jahren gab es die
sogenannten Gomera-Mütter: Deutsche junge Frauen, die
mit ihren Kindern ohne deren Väter hierher kamen, sich
gemeinsam organisierten und ihre Kinder großzogen.
Inzwischen wächst bereits die zweite Generation Gomera-
Mütter heran. Sie und viele andere Deutsche haben das Valle
Gran Rey geprägt. Es gibt die „Deutsche Metzgerei", die
„Deutsche Bäckerei", die deutsche Kinderbetreuung
„Kangarooh" und die deutsche Zeitschrift „Der Valle-Bote".
Spanische und deutsche Anschläge an den Plakatsäulen
halten sich in etwa die Waage. Klar, es sind nicht die
deutschen Pauschaltouristen, die hierher kommen. Es sind
alternativ denkende, praktisch anpackende Menschen, die
sich hier eine neue Existenz aufgebaut haben. Darum findet
man im kleinen Dorfsupermarkt Bio-Olivenöl, Bio-
Reismilch, Bio-Schokolade und Bio-Waschmittel. Die
weltberühmte La-Gomera-Eidechse, die sich auf T-Shirts,
als Maskottchen, auf Aschenbechern und Gläsern
wiederfindet, wurde vor ungezählten Jahren von zwei
deutschen Frauen entwickelt und auf T-Shirts gedruckt. Die

Brutstätte dieser Eidechse, den Laden *algo differente*, gibt es noch mit einer riesigen Auswahl wunderschöner bunter T-Shirts.

So bunt wie die Shirts kommt mir das Leben hier im Delta des Valle Gran Rey vor. Eigentlich möchte ich gar nicht mehr fort. Zum Musikverkäufer gesellt sich eine ältere Frau. Ich schnappe Gesprächsfetzen auf.

„Wann fliegst du?"

„In drei Wochen. Aber ich habe Ärger mit meiner Vermieterin. Sie will die Miete auch für die Zeit, in der ich nicht hier bin."

„Ach, sprich doch nochmal mit ihr. Meine Mieterin wollte das auch. Da hab' ich ihr gedroht, ihr einen Hippie reinzusetzen. Nun muss ich die Miete nicht bezahlen."

So läuft das hier.

Rahel sitzt im Bugkorb und lässt sich die Haare vom Wind zerzausen. Wir sind auf der Fahrt von Vueltas nach San Sebastian. Eine „Schoggifahrt", wie ich diese Art von Törns auf Schweizerdeutsch nenne. Leichte Welle von achtern, leichter Wind, Sonne, herrliches Küstenpanorama. Segel einmal eingestellt und nichts wie ab auf die Fender und genießen. Unzählige Höhlen blicken wie Augen aus der Küste aufs Meer.

„Wie heißt der höchste Berg auf La Gomera?" Ursinas Augen suchen den Gipfel.

„*Pico de Garajonay*. Er ist aber nicht sehr hoch und auch nicht sehr spektakulär. Von hier aus sieht man ihn gar nicht, so nah unter der Küste." Michaels Blick ist auf die Insel gerichtet.

„Steigen wir dort auch rauf?"

„Ja. Das ist eine wunderschöne Wanderung. Wir werden die Zelte mitnehmen und unterwegs übernachten."

„Jupiii!" Rahel hüpft auf einem Kugelfender auf und ab.

„Über den Garajonay gibt es eine schöne Legende." Ich setze mich auf die Cockpitbank, stecke ein Kissen hinter den Rücken und nehme Jonas auf den Schoß.

„Die Geschichte spielt in der Zeit der Guanchen. Gara war die Prinzessin von Agulo, einem reichen Dorf an der Nordküste von La Gomera. Im August wurde ein Fest gefeiert, an dem einer Schutzheiligen Geschenke gemacht wurden, um Glück für die Insel zu erbitten. Vor diesem Fest wanderten die jungen Frauen zu einer Quelle im Wald. Sie blickten ins Wasser, und das Wasser sagte ihnen die Zukunft voraus."

„Wie ging das?", will Rahel wissen.

„Wenn das Spiegelbild klar war, erwartete die Mädchen eine glückliche Zukunft. Wenn das Wasser aufgewühlt wurde und sich dunkel färbte, verhieß das Unglück."

„Und was geschah bei Gara?" Seraina kuschelt sich an meine Schulter.

„Anfangs war das Wasser klar, dann begann es zu brodeln und verfärbte sich pechschwarz. Gara war bestützt und ging zum alten Gerian, einem weisen Mann. Er meinte, Wasser und Feuer würden sich nicht miteinander vertragen, aber was geschehen müsse, werde geschehen. Gara verstand das nicht und war traurig. Sie erzählte niemandem von der Prophezeiung, aber der Wind brachte die Worte des alten Gerian zu den Leuten von La Gomera. Am nächsten Tag begann das Fest, zu dem auch der König von Adeje von Teneriffa mit seinem Sohn Jonay kam. Gara verliebte sich sofort in Jonay. Am letzten Tag des Fests gab Garas Vater die Verlobung von Jonay und Gara bekannt. In diesem Moment begann das Meer um La Gomera zu schäumen, und hohe Wellen schlugen gegen die Insel. Auf Teneriffa bebte die Erde, und der Vulkan Teide brach aus. Die Menschen erinnerten sich an die Prophezeiung von Gerian. Teneriffa galt als Insel des Feuers und La Gomera als Insel des Wassers. „Feuer und Wasser können nicht zusammenkommen", hatte Gerian gesagt. So wurden die beiden jungen Leute getrennt, und Jonay musste mit seinem Vater nach Teneriffa zurückkehren. In derselben Nacht aber baute er sich ein Floss und fuhr nach La Gomera. Während vieler Tage trafen sich die beiden heimlich im Lorbeerwald von El Cedro, bis sie von Wächtern entdeckt wurden. Die Wächter verfolgten sie und erwischten Gara. Jonay baute eine Falle im Wald und konnte Gara befreien. Auf seinen Armen trug er sie auf den höchsten Berg der Insel. Die Wächter trauten sich nicht so weit hinauf. Jonay versprach Gara, sie weg von der Insel an einen Ort zu bringen, an dem niemand sie auseinanderbringen könne. Der Berg, auf den die beiden geflohen sind, heißt seither Garajonay."

„Schön!" Ursinas Augen leuchten. „Dann will ich unbedingt auf den Garajonay!"

Ärger mit dem Ruder

Faro, Januar 2014

Der Garajonay ist noch seemeilenweit entfernt, als ich zum Jahreswechsel 2013-2014 fröstelnd die Trainingsjacke fester um meine Schultern ziehe. Es ist windstill auf dem Dock, kein Klappern und Schlagen der Leinen an den Masten, kein Pfeifen in den Wanten. Das weiße Licht der hohen Laternen ist kaum noch zu sehen. Ein Storch steht in einiger Entfernung auf einem Bein und zieht einen langen, sich windenden Wurm aus dem Sumpf. Sofort kommt eine Schar kleiner, flinker Vögel angehüpft. Ungerührt verspeist der Storch sein Frühstück. Die ersten Sonnenstrahlen schießen wie schlanke Pfeile über die Skyline von Faro.

Ich blinzle. Ein herrlicher Morgen beginnt. Es ist der letzte Morgen des alten Jahres, den die Sonnenstrahlen begrüßen. Alt und neu scheint aufeinanderzutreffen, ineinander aufzugehen. Ich liebe die Jahresübergänge. Ich nutze diese Wechsel, um innezuhalten und meine „Fahrtrichtung" zu reflektieren. Bin ich noch immer auf „meinem" Weg? Fühle ich mich wohl? Drückt es irgendwo, steht Veränderung an?

Heute geht es mir gut, ich fühle mich stark. Zwar sind wir noch immer auf dem Dock und nicht, wie vor sechs Monaten geplant, schon längstens auf den Kanaren. Aber der Weg, den wir bisher gegangen sind, war richtig, und unsere Perspektiven fühlen sich gut an.

Ich spüre eine leichte Unruhe in mir, ein Gefühl von Aufbruch. Die Einwasserung der PINUT steht bevor. Lange wird sie zwar nicht im Wasser bleiben, da wir alle im Frühling für einige Wochen in die Schweiz reisen werden. Aber einen Testtörn werden wir mit unserer alten Dame machen. Wir möchten ihre Segeleigenschaften kennenlernen, überprüfen, ob alles dicht ist, herausfinden, was wir noch optimieren können.

Ich schließe die Augen und spüre der Wärme nach, die sich allmählich über mein Gesicht ausbreitet. Die Luft schmeckt heute irgendwie würziger als sonst, salzig, mit einer Prise Fernweh. Von weit her dringt Ursinas Lachen an mein Ohr.

Als ich die Augen wieder öffne, erkenne ich Haitis stattliche Silhouette an Deck ihres Bootes. Sie steht im Cockpit, die Hände aufs Kajütdach gestützt, den Blick in die Ferne gerichtet. Als ob sie meinen Blick spüren würde, dreht sie den Kopf in meine Richtung. „Tee?" Ihre raue Stimme klingt laut in der Stille des Morgens. Ich hebe zum Zeichen der Zustimmung meinen rechten Daumen in die Höhe. Tief atme ich ein, lasse die Seeluft in meine Lungen strömen.

Langsam steige ich vom Holzzaun, recke meine von der Nacht noch steifen Glieder. Der süße Duft von Schwarztee mit Honig empfängt mich, als ich hinter Haitis Schiff trete. Zwei Tassen mit dampfendem Tee stehen auf dem schief zusammengezimmerten, tiefen Holztisch. Ich setze mich auf die noch schiefere Bank, rücke eine staubige Decke zurecht. In einen gelb-grünen Morgenmantel gehüllt steigt Haiti, einer stolzen Königin gleich, zu mir herunter. Sie drückt mich kurz und setzt sich zu mir.

Schweigend trinken wir unseren Tee. Die Sonne ist nun vollends aufgegangen. Das regelmäßige Pipsen des Krans, der die Schiffe ins Wasser hebt, zieht unsere Aufmerksamkeit auf sich.

„Kommt der zu euch?" Haiti sieht mich fragend an.

„Nein." Ich schüttle den Kopf. Ihr Blick schweift erneut in die Ferne. „Wir sind noch nicht ganz so weit. Wir müssen auf die Springtide warten. Vermutlich können wir am 9. Januar ins Wasser."

Sie schweigt. Aufmerksam betrachte ich ihr Profil. Die schwarzen Locken kringeln sich kurz über dem wohlgeformten Hinterkopf. Eine große Nase dominiert das Gesicht, unmittelbar gefolgt von den vollen Lippen. „Zieht es dich nicht auch manchmal wieder hinaus?", frage ich leise.

Ihre Haltung bleibt unbeweglich. Nach einer Weile wendet sie sich zu mir. „Nein. Ich bin mein ganzes Leben lang herumgereist. Hier bin ich zuhause. Einmal, zweimal im Jahr besuche ich gerne meine Familie in Holland, aber ich gehöre hierher." Die steile Falte zwischen den Augenbrauen glättet sich, ein mildes Lächeln erscheint in ihren Mundwinkeln. „Aber ihr werdet hier fehlen."

„Wir bleiben nicht lange im Wasser, nur für ein paar Tage. Danach kommen wir wieder zurück bis im Sommer."

Lautlos umarmt mich Haiti.

Vor der PINUT treffe ich Urs. Unser ehemaliger Segellehrer aus der Schweiz hat sich bereit erklärt, uns auf unserem ersten Törn mit der PINUT zu begleiten. Dem Umstieg vom Joghurtbecher auf dem Bergsee zum Stahlkoloss auf dem Ozean begegnen wir mit Respekt.

„Guten Morgen, Urs. Gut geschlafen?"

„Mh, passt schon." An seine manchmal ein wenig kratzbürstige Art habe ich mich längst gewöhnt. „Aber die Duschen sind eine Zumutung. Da vertraue ich lieber auf die Selbstreinigungsfähigkeit meines Körpers." Er schüttelt sich.

Ich verstehe ihn. Das Klima hier in Faro ist das ganze Jahr durch relativ feucht. Im Winter spitzt sich die Situation zu, wenn es während mehrerer Tage regnet und die Feuchtigkeit keinen Ausweg aus den Gebäuden oder auch aus den Schiffen findet. Im Moment ist es so feucht, dass das Wasser im Sanitärgebäude an den Wänden herunterläuft. Ich habe den Schimmel an der Decke auch bemerkt, auf den Urs wohl anspielt. Aber mich stört das weniger. Ich weiß, dass alles trocknen wird, sobald die Sonne einige Tage nacheinander scheint. Alles geht irgendwann vorbei, es ist bloß eine Frage der Zeit. Ich habe gelernt, geduldig zu warten und mich möglichst nicht zu ärgern.

Als Urs im Cockpit erscheint, habe ich mit Rahel den Tisch fürs Frühstück gedeckt.

„Wisst ihr, dass sich euer Ruder nicht bewegen lässt?" Seine Bemerkung klingt beiläufig, aber mir entgeht der erwartungsvolle Unterton seiner Stimme nicht.

Ich schenke Tee ein und blicke kurz auf. „Nein, bisher nicht."

„Mh. Das müssen wir anschauen." Michael trinkt einen Schluck, stellt seine Tasse ab. „Wie müsste sich das Ruder denn bewegen lassen?"

Urs zieht die Augenbrauen in die Höhe. „Von Hand."

„Das heißt, wir müssten unten am Ruderblatt stoßen und es müsste sich bewegen?" hakt Michael nach.

Urs nickt. „Genau. Wenn die Hydraulik abgehängt ist."

„Und was tun wir, wenn es sich nicht bewegt?", will Michael wissen.

Urs zögert, beißt von seinem Brot ab. „Naja, zuerst können wir versuchen, es zu fetten. Wenn das nichts bringt, müssen wir es abnehmen." Er kaut weiter.

Michael stutzt. „Aha. Und das geht so einfach?" Skeptisch erwartet er Urs' Antwort.

„Nicht unbedingt."

„Wann segeln wir denn nun endlich los?", drängelt Rahel.

Urs zuckt die Schultern. „Erst muss sich das Ruder bewegen lassen."

Nach dem Frühstück versammeln wir uns um unser stattliches Ruderblatt. Michael legt seine Hand daran, stößt. Nichts. Er stemmt sich mit aller Kraft dagegen. Nichts.

„Mist." Ich rümpfe die Nase. Ich will segeln und keine Ruderblätter abmontieren.

„Gib mir bitte mal das Silikonspray." Urs streckt die Hand aus. Großzügig sprüht er den Ruderschaft oben und unten mit Silikon ein. „Jetzt warten wir einige Minuten und versuchen es noch einmal."

Wir warten. Und warten. Ich ziehe unsere beiden komfortablen Campingstühle aus dem Schatten des Schiffes und stelle sie in die Nähe des Ruders. Die Männer sind zu angespannt, um sich zu setzen. Ich nehme Jonas, der sich zu uns gesellt hat, auf den Schoss. Sitzend lässt es sich besser warten.

„Was tut ihr denn hier?" Bremsen quietschen, Bernie hält auf seinem Mountainbike neben uns. Mit schiefem Grinsen betrachtet er unsere schweigende Versammlung.

„Wir warten", beantworte ich aufschlussreich seine Frage.

„Ihr wartet. Auf den Nikolaus? Der war doch schon da..."

„Wer ist das?" fragt Urs, sichtlich irritiert.

„Das ist Bernie, die gute Seele des Docks. Bernie, das ist Urs, unser ehemaliger Segellehrer aus der Schweiz." Da keiner der Männer Anstalten macht, sich zu rühren, fühle mich mich gezwungen, die Stille zu brechen. „Wir warten darauf, dass das Silikonspray wirkt und sich unser Ruder wieder bewegen lässt", erkläre ich versöhnlich.

„Okay." Zweifelnd fährt Bernie um unser Ruderblatt herum. „Meldet euch, falls ihr Hilfe braucht."

Ich nicke ihm zu, er verschwindet. Urs legt seine Hände aufs Ruder und stößt. Nichts. Er schüttelt den Kopf. „So geht das nicht. Das Ruder muss ab."

Michael kniet nieder und studiert die Halterung. „Sehe ich das richtig, dass wir diese Manschette hier abschrauben müssen?" Er deutet auf eine handbreite Manschette, die mit vier dicken Schrauben am Rumpf des Schiffes befestigt ist und das Ruder nach unten fixiert.

Urs nickt nachdenklich. „Ja, sieht ganz so aus. Ich bin mir aber nicht sicher, ob wir das dann auch wieder richtig festmachen können. Üblicherweise ist der Ruderschaft aus Edelstahl und sitzt in einer Art Hülle, die in diese Manschette gesteckt wird. Vermutlich müssen wir diese Hülle ersetzen. Habt ihr Ersatz an Bord?" Sein Blick gleitet von Michael zu mir.

Wir schauen uns an, zucken die Schultern. „Ich weiß es nicht, ich denke nicht."

Urs legt die Hand ans Kinn, denkt nach. Plötzlich geht ein Ruck durch den kleinen, grauhaarigen Mann. „Kommt, wir müssen was tun. Vom Herumstehen wird sich das Ruder nicht bewegen. Wir versuchen nun, die Schrauben zu lösen und die Manschette zu entfernen. Dann schauen wir weiter."

Die vier Bolzen lassen sich mit einigem Kraftaufwand einigermaßen unbeschädigt aus der Manschette drehen. Jetzt müsste sich die Manschette einfach abziehen lassen. Tut sie aber nicht. Sie rührt sich nicht von der Stelle, weder bei mir, noch bei Michael, noch bei Urs.

Vorsichtig klopft Urs mit dem Gummihammer von allen Seiten drauf, erfolglos. Er seufzt. „Tja, ich sage euch: Kauf dir ein Schiff und arbeite dich zu Tode." Das ist jetzt bestimmt ernst gemeint, zumal er weiß, wovon er spricht. Er hat selbst vor vielen Jahren ein Stahlschiff gebaut. Trotzdem entschließe ich mich, ihm nicht zu glauben.

„Na, jetzt bin ich aber froh, dass ihr noch da seid! Ich hatte schon Angst, dass ihr euch still und heimlich aus dem Staub gemacht hättet!"

„Jan!" Mit Indianergeheul stürmen die Kinder von irgendwoher auf Jan zu, der um ein Haar von seinem Motorroller kippt. „Darf ich fahren? Darf ich mitfahren?" Während Ursina noch stürmt, ist Rahel bereits hinter Jan geklettert. „Einverstanden, jeder eine Runde." Der Motor startet, Jan düst mit Rahel davon.

„Wer war das?"

Ich muss über Urs' ungeduldigen Gesichtsausdruck lächeln. „Das ist Jan, ein guter Freund. Er hat uns viel bei den Schiffsarbeiten geholfen."

„Dann kann er uns ja vielleicht auch bei diesem Ruder hier helfen."

Nach fünf Runden übers Dock parkiert Jan sein Fahrzeug neben der PINUT und kommt zu uns.

„Schön, dass du da bist!" Ich drücke ihn.

„Hallo, Jan." Michael begrüßt ihn herzlich. „Das ist Urs."

Die Männer schütteln sich die Hand.

„Probleme?" Jan blickt mich von der Seite an.

Ich werfe ihm einen vielsagenden Blick zu. „Unser Ruder rührt sich nicht."

„Na, dann lass mal sehen." Jan klatscht in die Hände und stemmt sich gegen das Ruderblatt. Aber nicht mal seine große Körperkraft vermag unser störrisches Ruder auch nur zur kleinsten Bewegung zu veranlassen.

Die kommenden Stunden verbringen wir abwechselnd damit, mal mit Hammer und Meißel, mal zärtlich mit der Nagelfeile, dann wieder mit Stahlkeilen einen Spalt zwischen Manschette und Ruderschaft zu treiben. Bernie kommt hinzu, hilft mit Ideen und Material, löst Urs ab, bevor Jan übernimmt. Wir arbeiten im Schichtbetrieb, immer unter den wachsamen Augen der anderen, die gerade Kräfte und Ideen sammeln.

„Ja! Sie hat sich bewegt!" Mein Ruf lockt Michael an, der sich gerade um den Kaffee kümmert. Der erste kleine Spalt ist entstanden. Mit immer dickeren Keilen gelingt es uns, den Spalt zu vergrößern. Als wir nach vier schweißtreibenden Stunden die Manschette in den Händen halten, habe ich mindestens fünfzig Stoßgebete gen Himmel geschickt, Michael drei Kannen Kaffee gekocht und Urs unser Ruder unzählige Male verflucht.

Kopfschüttelnd betrachtet er die Manschette. „Da ist keine Hülle drin. Da reibt Stahl auf Stahl, mit ganz viel Dreck dazwischen. Kein Wunder, dass sich nichts bewegt hat." Noch immer kopfschüttelnd, macht er sich ans Putzen der Manschette. Michael reibt den Schaft mit der Stahlbürste, bis er blitzt. „Am besten grundieren wir sowohl Schaft als auch Manschette und drücken dann ganz viel Fett rein. Sonst könnt ihr dieselbe Übung im Sommer nochmal machen, bevor ihr los segelt."

Ich gebe ihm zwar Recht, verschwende aber keinen Gedanken an den Sommer. Der ist in weiter Ferne. Der bevorstehende Törn aber ist plötzlich in greifbare Nähe gerückt. Ich bin erleichtert, freue mich, könnte die PINUT mit dem kleinen Finger versetzen. Zumindest fühle ich mich so. Aber unser Ruder lässt sich nun tatsächlich fast mit einem Finger bewegen.

Während sich die Männer darum kümmern, das Ruder wieder zu befestigen, setze ich mich mit Hammer und Meißel in den Maschinenraum. Das heißt, ich klemme mich zwischen die Ruderwelle und den Getriebeflansch des Motors beim Versuch, die Bordwand bei der Stopfbuchse zu entrosten. Ich treibe zwar seit der Geburt der Kinder nur noch sehr unregelmäßig Sport, aber meine Beweglichkeit ist mir zum Glück geblieben. Ohne halsbrecherische Verrenkungen lassen sich viele Stellen der PINUT gar nicht kontrollieren und pflegen. Vorsichtig schiebe ich meinen Kopf zwischen zwei Dieselschläuchen hindurch, um unter die Stopfbuchse linsen zu können. Die dicke Rostblase, die dort unter der Farbschicht hervor drückt, löst sich mit einem kräftigen Hammerschlag in Krümel auf. Vorsorglich klopfe ich die Farbe im Umkreis einiger Zentimeter ebenfalls ab.

„Faul sein ist wunderschön, viel schöner als der Fleiß", höre ich Saskia im Salon singen.

Ach ja, so richtig faul sein wäre auch mal wieder was. Manchmal beneide ich die Eigner von Aluminium- oder auch GFK-Schiffen. Ihre Boote brauchen kaum halb soviel Aufmerksamkeit wie unser Stahlbunker. Dafür ist die PINUT ein sehr sicheres Schiff.

„Faul sein ist wunderschön, ob mit ob ohne Geld. Wer's nicht glaubt, der soll zur Schule gehn, wir ziehen durch die Welt." Ich klopfe leiser, um dem leichten, unbeschwerten Gesang zuhören zu können. Wenn es das Lied von Pipi Langstrumpf nicht schon gäbe, müssten wir es erfinden.

Meine Gedanken schweifen zu einem Thema, das sich mir immer mal wieder aufdrängt, seit wir aufs Boot gezogen sind: die Perfektion. Alles kann man wohl einfach nicht haben. Oder nur für sehr viel Geld. Und das wiederum haben wir nicht. So wird die PINUT wohl nie perfekt sein. Aber das muss sie auch nicht.

Mir kommt der Text eines Liedes des Schweizer Komponisten Peter Reber in den Sinn: *„A Wält, wo fasch perfekt isch, nu öppis fählt derzua."* Eine fast perfekte Welt. Aus dieser sind wir ausgebrochen. Weil wir das Leben nicht mehr spürten, weil wir uns nicht mehr lebendig fühlten. Trotzdem verfalle ich hin und wieder dem Wahn, auch hier, weit ab von der schweizerischen Genauigkeit, dem Perfektionismus frönen zu müssen. Ein Ding der Unmöglichkeit in einem vierzig Jahre alten Stahlschiff. Die Arbeit am Schiff ist gekoppelt mit einer nie endenden Lösungssuche. Ob es darum geht, einen Abwasserschlauch auszutauschen, ein rostiges Lenzrohr herauszuschneiden oder schadhafte Lackstellen an Deck neu zu streichen, die Lösungssuche ist immer Teil der Arbeit. Der „perfekte" Abwasserschlauch ist dickwandig und geruchsdicht, aber der Biegeradius ist für unsere enge Küche zu groß. Das Lenzrohr ließe sich zeit- und kraftsparend mit der Flex zersägen, aber die Rohre sind in die Ecken des Maschinenraumes gequetscht und mit der Flex nicht zu erreichen. Und für eine nachhaltige Lackierung des Decks darf es weder zu heiß noch zu feucht sein. Die besondere Arbeitssituation auf dem Schiff weist die Perfektion in ihre Grenzen. Hier geht es nicht um perfekte Lösungen, sondern um solche, die realisiert werden können.

„Du Wolf, du Wolf, komm nicht hierher, mein Kind bekommst du nie mehr." Das Lied aus *Ronja Räubertochter* von Astrid Lindgren. Ich mag es ganz besonders, es hat eine eigentümlich dunkle, melancholische Melodie. Saskia singt es fröhlich und hell. Ihr Gesang erleichtert mir die mühselige, schmutzige Arbeit. Ich lasse mich von ihrer Leichtigkeit anstecken und habe das Gefühl, die Stopfbuchse rutsche mir zuliebe einige Zentimeter höher.

Mit dem Südwind nach Norden

Zaghaft zeichnen sich in der Ferne Umrisse am Horizont ab. Sie versteckt sich lange an diesem Sonntagvormittag. Mein Blick schweift durch die Glasfront der Fred Olsen Fähre, von uns neckisch „Fredy" genannt.

„Jetzt seh ich sie, die Insel! Da vorne ist La Gomera, wir sind schon fast da!" Aufgeregt drückt Ursina ihren Zeigefinger gegen das Glas.

Eine Durchsage aus dem Lautsprecher bestätigt ihren Ausruf. Die ersten Passagiere begeben sich zu ihren Autos. Wir bleiben auf unseren großen Lehnstühlen sitzen und lassen uns sanft ins Hafenbecken schaukeln. Unsere Augen suchen die Masten der Segelboote in der Marina.

„Dort ist die PINUT!"

„Wo? Ich will die PINUT zuerst begrüßen!" Enttäuscht stemmt Jonas seine Fäuste in die Hüfte.

Beruhigend lege ich ihm die Hand auf die Schulter. „Das darfst du auch. Du darfst als erster zur PINUT laufen."

„Und die Marina-Türe mit der Karte öffnen", ergänzt Jonas bestimmt. „Wo ist die Karte? Gibst du mir sie bitte?" Erwartungsvoll streckt er mir seine Hand entgegen.

„Du bekommst sie, wenn wir bei der Marina sind. Jetzt müssen wir uns erst um unser Gepäck kümmern und schauen, wie wir alles zum Schiff bekommen. Kommt, wir können aussteigen."

Wir stellen uns in die Schlange der Wartenden.

„Ich hab meine Jacke vergessen!" Ursina blickt mich entsetzt an.

„Weißt du wo?"

Sie nickt. „Beim Sessel, ich hol sie!" Wie ein Pfeil schießt sie durch die breiten Gänge der Fähre. Durch die Scheibe sehe ich Michael und Saskia mit Guias Hundebox über die Fahrbahn laufen. „Hier!" Keuchend erscheint Ursina neben mir. Ich ergreife ihre Hand, gemeinsam steigen wir die Stufen hinunter.

Ich lächle. Es ist schön, wieder auf La Gomera zu sein. Nach über vier Monaten „Heimaturlaub" sind wir endlich wieder hier.

„Wo ist Papa?" Rahel blickt sich suchend um.

„Er sucht einen Wagen, auf dem wir unser Gepäck zum Schiff fahren können." Saskia kauert an der Wand des Hafengebäudes und krault Guias Hals.

„Hast du den Gepäckwagen schon gesehen?" frage ich sie. Sie schüttelt den Kopf. Ich laufe ums Gebäude herum und erspähe den Wagen auf der Rückseite. „Hier!" Ich ziehe eine Tasche heraus und reiche sie Seraina. Der Gepäckstapel auf dem Gehsteig wächst stetig. „So, das ist alles. Acht große Gepäcke und zwölf kleine."

Rahels Blick schweift prüfend über den Haufen. „Zum Glück ist der Parasailor nicht mitgekommen, sonst müssten wir den auch noch schleppen", freut sich Seraina.

Ich grinse. „Du hast Recht. So wird es uns direkt aufs Schiff geliefert, auch nicht schlecht."

Unser Parasailor ist auf dem Flughafen München liegen geblieben. Es soll in den nächsten Tagen den Weg zu uns finden. Mit insgesamt 21 Gepäckstücken und rund 250kg

Gesamtgewicht ist die Reise hierher ohnehin eine logistische Herausforderung gewesen. Jetzt fehlen nur noch ein paar hundert Meter bis zum Schiff.

„Wo ist Jonas?" Suchend blicke ich mich um.

Seraina zuckt die Schultern. „Er wollte als erster der Pinut Hallo sagen."

„Mist. Bleibt bitte hier, ich suche ihn." Im Laufschritt mache ich mich auf den Weg zum Straßenkreisel, der vor der Hafenanlage liegt. Jonas steuert gerade darauf zu.

„Halt, Jonas. Wo läufst du denn hin?" Ich bekomme ihn am Arm zu fassen.

„Lass mich, ich will die Pinut begrüßen!" Ärgerlich versucht er mich abzuschütteln.

„Ich weiß. Aber du hast noch keine Karte, so kommst du nicht in die Marina rein. Komm, wir gehen alle zusammen und du öffnest die Türe."

Jonas schüttelt den Kopf und will weiter. „Nein, ich will jetzt gehen."

„Du kannst nicht alleine hinlaufen. Erinnerst du dich daran, wie dich im Frühling die Guardia Civil schnappen wollte, als du alleine dort auf der Hafenmauer gesessen bist?"

„Ich will zur Pinut!" Der kleine Kerl bleibt stur.

Ich auch. Ich nehme ihn kurzerhand auf den Arm und schleppe ihn, lautstark protestierend, zum Rest der Crew, begleitet von den neugierigen Blicken unzähliger Touristen.

„Da kommt Papa! Schaut mal, er hat einen Luxuswagen dabei!" Rahel stürmt davon. Michael zieht einen Handwagen mit großen, luftgefüllten Gummirädern hinter sich her.

„Gratuliere! Wo hast du den aufgetrieben?"

Michael grinst. „Beim Tauchshop. Die Marina wollte mir einen klapprigen Einkaufswagen mitgeben..."

Wir verladen die Ware und arbeiten uns durch Touristenschwärme zum Tor der Marina vor. Während ich vorsichtig die prallgefüllte Hundebox vor mich herschiebe, höre ich die Kinder bereits über die Stege trampeln. Eine Elefantenherde ist ein Dreck dagegen.

Als ich am Tor ankomme, stürmt Saskia auf mich zu. „Mama, an unserem Steg liegt eine deutsche Jacht mit Kindern! Zwei Mädchen im Alter von Ursina und Seraina!" Ihre Augen leuchten, sie umarmt mich. „Mama, hier sind Kinder!"

Die neuen Freunde erscheinen sogleich am Tor. „Hilfst du mir?" Rahel streckt einem der Mädchen den Griff einer Tasche hin. Gleich darauf ziehen sie, gemeinsam schleppend, davon.

Michael blickt ihnen nach. „Bootskinder. Die können anpacken."

„Voll ist die Marina." Mein Blick schweift über die vielen Jachten, die, Bordwand an Bordwand, die Boxen der Marina füllen.

Michael steht hinter mir, die Arme um meine Schultern gelegt. „Allerdings. Viele von ihnen werden wohl in den nächsten Wochen in die Karibik aufbrechen." Der Nordostwind pfeift durch den Barranco vor San Sebastian und zerzaust Michaels lange Haare.

Von den Kindern ist nichts zu sehen, sie scheinen auf der BETTY BLUE, der deutschen Jacht, zu sein. Die Luft ist warm, die langen Hosen und Pullover, mit denen wir in München ins Flugzeug gestiegen sind, stecken schon längstens in den übervollen Rucksäcken.

Ich schließe die Augen. Am liebsten würde ich jetzt durch die kleine Stadt schlendern, einen Cafe con leche trinken und in aller Ruhe ankommen. Die lange Reise mit der Nacht im Hostel in Los Cristianos auf Teneriffa, zu siebt mit Hund im Doppelzimmer, hat kräftig an meiner Energie gezehrt. Doch anstatt Siesta scheinen mir die Taschen und Rucksäcke förmlich zuzurufen: „Hol uns rauf, pack uns aus!"

215

„Lass uns erst ein Bier in der Bar dort trinken, bevor wir auspacken." Michael scheint meine Gedanken zu lesen. Wir schlendern zur Bar.

Eine Woche Zeit gönnen wir uns um auf La Gomera und im Schiffsleben wieder anzukommen, dann nehmen wir die ersten anstehenden Arbeiten auf. Systematisch arbeiten wir uns durch unsere To-Do-Liste und freuen uns über jedes Häkchen, das wir setzen können.

„Wollen wir uns ums Kühlwasser kümmern?" Wir sitzen im Cockpit und lassen uns die warme Wintersonne ins Gesicht scheinen.

„Wenn's sein muss..." Ich setze mich auf, strecke mich, gähne. Das Expansionsgefäß des Kühlwassertanks vom Motor war komplett verstopft mit schleimigen Ablagerungen. Wir vermuten, dass der Tank selbst ähnlich aussieht und dringend kräftig durchgespült werden sollte.

Wir verkriechen uns im Maschinenraum. Mit der Bedienungsanleitung in der Hand studiere ich die verschiedenen Schrauben.

„Wo ist deiner Meinung nach vorne am Motor? Und welches ist die Steuerbordseite?" Ich reiche Michael das Heft.

Kurz darauf meint er: „Ich glaube, hier ist die Ablassschraube, die wir zuerst öffnen müssen."

„Kann sein. Lass es uns versuchen. Wie viel Kühlwasser sollte da rauskommen?"

„Neun Liter, steht hier."

„Uff, das ist viel. Das müssen wir mit Schüsseln auffangen und in Eimer gießen."

„Lieber in eine große Plastikflasche. Kühlmittel ist giftig und sollte nicht ins Meer gelangen." Michael lehnt sich über den Motor und dreht an der besagten Schraube.

„Und, läuft was?"

„Das läuft nicht, das schießt!" Erschrocken drückt er die Schraube wieder auf die Öffnung. „Das geht so nicht, so füllen wir die ganze Bilge."

Nach einer halben Stunde und mehreren unterschiedlich erfolgreichen Versuchen, das Kühlmittel kontrolliert abfließen zu lassen, tropft es nur noch.

„Das sind aber nur gerade sechs Liter", stelle ich fest. „Dann sind die restlichen drei Liter im Seewasserkreislauf", überlegt Michael. „Was machen wir nun? Da kam ja ganz schön viel Müll raus." In der Plastikflasche schwimmen Ablagerungen aller Art.

„Ich schlage vor, wir hängen den Wasserschlauch in die Öffnung des Kühlwassertanks und spülen alles kräftig durch."

„Phu, das wird aber nochmal eine Sauerei." Er legt die Stirn in Falten. „Aber du hast recht."

Mit jedem Mal Spülen wird das Wasser klarer. Als unsere Rücken schmerzen und mir ein wenig übel ist, beenden wir die Aktion. Schrauben wieder festgedreht, Kühlmittel rein, fertig. Erschöpft lassen wir uns auf die Cockpitbänke fallen.

„Eine doofe Arbeit", sinniere ich. „Anstrengend, mühsam, schmutzig, und am Schluss haben wir nicht mal etwas Neues."

Michael bestärkt mich: „Da war die Montage der neuen Batterien oder die Installation des neuen Windmessers befriedigender."

„Als nächstes sollten wir die Wellenkupplung kontrollieren. Es ist möglich, dass sich die neuen Motorlager auf dem letzten Törn noch ein wenig festgeruckelt haben."

„Wie machen wir das?"

„Wir drehen die Welle von Hand und leuchten mit einer Lampe von unten auf die Kupplung. Mittels des Lichtstrahls können wir sehen, ob die Kupplung sauber ausgerichtet ist oder ob es irgendwo Verschiebungen drin hat."

„Okay. Lass es uns gleich angehen, dann können wir die Arbeiten im Motorraum abschließen." Michael gibt sich einen Ruck.

Ich lege den Leerlauf ein und wir begeben uns wieder in die Tiefen unserer Jacht. Michael legt die Hand an die Welle. Er blickt mich an. „Wie leicht sollte die sich drehen lassen?"

„Ganz leicht, mit zwei Fingern sozusagen." Gespannt blicke ich auf seine Hand.

Er schüttelt den Kopf. „Die dreht sich nicht. Vielleicht ist sie einfach nur zu lange nicht bewegt worden. Wir wollten ja sowieso morgen den Motor laufen lassen, dann werden wir ja sehen, ob sie dreht."

Ich blicke ihn zweifelnd an. „Du willst hier in der Box Schub geben?"

Er zuckt die Schultern. „Warum nicht? Nur kurz, dann sofort wieder weg. So rasch reagiert unsere PINUT ja nicht."

„Wahrscheinlich hast du Recht."

Wir setzen uns wieder in die Sonne. So warm wie vorhin erscheint sie mir jetzt plötzlich nicht mehr.

Michael greift zum Handy. „Ich schreib Valentin ein sms und frage ihn wegen der Welle."

„Gute Idee. Immerhin hat er uns ja geholfen, die Motorlager auszuwechseln."

„Was ist mit der Welle?" Seraina erscheint im Cockpit. „Haben wir zu viel Welle, wenn wir nach La Palma segeln?"

Ich schüttle den Kopf und ziehe sie zur mir auf die Bank. „Nein. Die Welle ist das Rohr, an dem der Propeller des Schiffes befestigt ist. Sie überträgt die Kraft des Motors auf den Propeller, der dreht sich und das Schiff fährt."

„Ach so! Und was ist nicht gut mit unserer Welle?"

„Sie müsste sich von Hand drehen lassen. Das tut sie aber nicht."

„Warum nicht?"

„Wissen wir noch nicht."

„Können wir dann übermorgen nicht nach La Palma segeln?"

„Das wissen wir auch noch nicht. Erst muss die Welle sauber laufen."

„Och. Hast du Zeit?" Sie blickt mich fragend an.

„Ich glaube schon. Jetzt machen wir nicht weiter, oder?" Meine Frage geht an Michael.

„Nein. Ich muss in einer Viertelstunde auf Skype sein. Zudem möchte ich erst Valentins Antwort abwarten. Lass uns morgen weiter schauen."

„Dann kannst du jetzt mit mir in die Stadt gehen?" Erwartungsvoll blickt mich Seraina an.

„Ja, warum nicht? Was willst du denn in der Stadt?"

„Ich möchte für Rahel und Ursina Weihnachtsgeschenke kaufen. Ich weiß schon genau, was und wo."

„Gut, gehen wir!"

Nach einem Weihnachtsgeschenkebummel und einem gemütlichen Abendessen möchte ich in meinem Buch schmökern, als Michael beiläufig erwähnt: „Valentin meint, die Welle müsse sich drehen lassen. Sonst müssten wir die Kupplung öffnen und vorsichtig herausfinden, was ev. kaputt ist."

Ich lasse mein Buch sinken. „Ach nein. Das ist wieder so eine mühsame Arbeit." Seit unserer Rückkehr aus der Schweiz sind bereits vier Wochen vergangen, und ich würde gerne nach La Palma weitersegeln. Die Aussicht, weitere Stunden im Maschinenraum zu verbringen, lockt mich überhaupt nicht. Seufzend lege ich mein Buch über Wasserstoffperoxid zur Seite und vertiefe mich stattdessen in *„Technik unter Deck"*. Ich lerne das Innenleben unserer Wellenkupplung kennen und verstehe das Zusammenspiel zwischen Motor, Kupplung, Welle und Stopfbuchse.

„Weißt du was?" Ein Licht geht mir plötzlich auf.

Michael zieht eine Augenbraue hoch. „Brauchen wir eine neue Welle?!?"

Ich grinse. „Nein. Aber morgen schmieren wir als erstes unsere Stopfbuchse und lösen die Muttern um einige Umdrehungen. Erinnerst du dich an den Tag unserer Abreise? Beim letzten Kontrollgang entdeckte ich eine halbvolle Bilge und eine munter tropfende Stopfbuchse. Da „Fredy" bald losfuhr, zog ich die Muttern an, bis nichts mehr tropfte. Ich vermute, dass das zu fest war und die Stopfbuchse nun unsere Welle blockiert."

„Klingt einleuchtend. Also Schmieren und Lösen."

„Genau." Mit dem guten Gefühl, ein wenig mehr von der Welt verstanden zu haben, schlafe ich ein. Und schwebe am nächsten Morgen im siebten Himmel, als sich unsere Welle nach Schmieren und Lösen der Muttern sowie einem sanften Anstupser mit Motorkraft schließlich mit zwei Fingern drehen lässt... La Palma, wir kommen!

Das Ablegen ist auf den späteren Nachmittag geplant. Bis Santa Cruz de La Palma sind es rund 50 Seemeilen. Mit unserer schweren Stahljacht werden wir – je nach Wind und Welle – 12 bis 16 Stunden lang unterwegs sein. Im Sommer wäre das ein flotter Tagesschlag. Jetzt steht uns demnächst der kürzeste Tag des Jahres bevor mit knappen zwölf Stunden Tageslicht. Immerhin. In der Schweiz ist es jetzt nur gerade während rund neun Stunden hell. Aber irgendwie haben wir das damals weniger direkt gespürt. Okay, die Kinder sind morgens im Dunkeln aus dem Haus gegangen und um fünf Uhr nachmittags war es auch bereits wieder dunkel. Aber unseren Tagesablauf hat das damals nicht merklich beeinflusst. Hier ist es anders. Wir schlafen morgens länger, weil es länger dunkel ist, und die Kinder sind abends früher im Bett. Unsere Törnplanung passt sich ebenfalls an, da wir weder im Dunkeln aus einem Hafen aus- noch einlaufen möchten. So haben wir für die bevorstehende Überfahrt eine Nachtfahrt geplant. Mit Auslaufen am späteren Nachmittag sollten wir am darauffolgenden Vormittag in Santa Cruz ankommen.

Viel ist nicht mehr zu tun, Zeit, um Abschied zu nehmen. Trotz der Ruhe kann ich die letzten Stunden auf La Gomera nicht richtig genießen.

Michael geht es genauso. „Der Kopf denkt ununterbrochen", meint er, als wir bei unserem letzten Cafe con leche in seiner Lieblingsbar sitzen.

Ich nicke. „Am belastendsten finde ich die Ungewissheit. Trotz aller noch so detaillierter Wind- und Wellenprognose, trotz aller Planung und Vorbereitung weiß man nie genau, was auf einen zukommt, wie der Törn wird. Das beunruhigt mich."

„Ich denke, das wird allen Seglern mehr oder weniger ähnlich gehen."

„Ob wir irgendwann – nach hunderttausend Seemeilen vielleicht – keine Nervosität mehr spüren werden, bevor wir lossegeln?"

„Mama, ich will wieder zurück!" Ursinas Stimme klingt klagend. Verzweifelt klammert sie sich an die Seitenwand des Cockpitaufbaus.

„Ich auch, Sina. Diese blöden Wellen. Hoffentlich wird das bald besser." Zum ersten Mal seit Beginn unserer Reise verfluche ich unsere Entscheidung, unser stabiles, ruhiges, sicheres Haus gegen eine Nussschale einzutauschen. Welcher Teufel hat uns damals geritten? Wie kann man sich mit gesundem Menschenverstand freiwillig auf die Konfrontation mit solchen Naturgewalten einlassen? Dabei befinden wir uns keineswegs in einem Sturm, noch nicht mal in stürmischer oder besonders ruppiger See. Es sind wohl ganz einfach die ganz gewöhnlichen Atlantikwellen, die uns freudig begrüßen, als wir aus dem Hafen von San Sebastian auslaufen. Wir kennen sie, ich liebe sie – eigentlich. Irgendwie haben sie mich aber diesmal auf dem falschen

Fuß erwischt. Vielleicht sind wir zu lange weg vom Schiff gewesen. Über vier Monate nur fester Boden unter den Füssen und dann die äußerst ruhige Marina auf La Gomera. Unsere Seebeine sind nicht nur eingeschlafen, sie scheinen völlig verschwunden zu sein.

Ich konzentriere mich darauf, nicht von der Cockpitbank zu fallen und das Klappern und Rumpeln zu überhören, das aus den verschiedenen Schapps und Schränken im Schiffsinnern herauf klingt. Wir sind nachlässig gewesen: Alles Sichtbare ist zwar festgezurrt oder eingeklemmt, aber hinter den Türen haben wir vergessen zu polstern.

„Mensch, wer hat denn die Schublade nicht eingehakt?", höre ich Saskia schimpfen, als die Besteckschublade bei einer überdurchschnittlich hohen Welle von Steuerbord scheppernd auffliegt. Ein Eimer rutscht durch die Pantry, gefolgt von einem Schemel. Ich bleibe eingekeilt auf meiner Bank sitzen, überlasse das Aufräumen den anderen.

Die Abenddämmerung bricht herein. Kein anderes Schiff weit und breit. Unser Motor brummt vor sich hin. Ich verschwende keinen Gedanken daran, ein Segel zu hissen, brauche ich doch alle Kraft, um meinen Mageninhalt unter Kontrolle zu halten.

„Noch etwa zwanzig Minuten, dann können wir den Kurs wechseln." Michael steht vor dem Niedergang und blickt auf die Seekarte auf dem iPad. „Dann haben wir die Welle nicht mehr so direkt von der Seite, sondern mehr von hinten."

„Na endlich", murmle ich.

„Wer hat Hunger?"

Viermal „ich!", Jonas schläft bereits neben mir. Ich weiß, dass ich auch essen muss, damit mir die Energie nicht ausgeht. Linseneintopf mit Käsewürstchen. Eines unserer bewährten Hochseeessen. Danach schaukelt die PINUT weniger – nicht wegen der Würstchen, sondern wegen des Kurswechsels.

Backbord schimmern die Lichter von Hermigua. Ich stehe auf. „Lass uns die Segel setzen, damit wir das Schiff weiter stabilisieren können." Der Wind, der gemäß Prognose eigentlich aus Süd-Ost kommen sollte, bläst noch immer eher unbeständig aus West bis Süd-West. Immerhin können wir einen Halbwindkurs segeln. Auf der Höhe von Vallehermoso schalten wir den Motor aus, wir ziehen mit gemütlichen vier Knoten dahin. Sobald wir aus dem Lee der Insel sind, dreht der Wind auf Süd-Ost und schiebt uns endlich zuverlässig und flott in Richtung La Palma.

Über uns leuchtet der wohl schönste Sternenhimmel der Welt. Die Kanaren gelten als besonders geeignet für astronomische Beobachtungen. Sowohl auf Teneriffa als auch vor allem auf La Palma stehen verschiedene internationale Forschungsstationen. Ursina liegt zufrieden im Cockpit, betrachtet die weitentfernten Lichtpunkte am Himmel. „Schön!"

Die anfänglichen Beschwerden sind vergessen, wir wissen wieder, warum wir segeln. Wir sind eins mit den Wellen, dem Wind, der Nacht, den Sternen, eins mit uns selbst. Die Gedanken werden müde, schlafen ein. Zurück bleibt tiefer Friede.

Alle zehn Minuten weckt mich das Handy aus meinen Nickerchen. Ich stehe auf, lasse die müden Augen durch die Dunkelheit schweifen. Am Horizont sind schwach die Lichter von La Palma zu erkennen. Es ist die Hundewache von 3 bis 6 Uhr. Das Radar meldet zwei Objekte in einer Entfernung von über zwanzig Seemeilen. Ich erkenne die Lichter vor mir und vermute Fischer vor der Küste. Ursina liegt auf der anderen Hälfte der Cockpitbank, dick eingemummelt in ihre Decke. Ich lege mich zu ihr, um die Augen für die nächsten acht Minuten zu schließen.

Als sich die Sonne zögerlich über den Horizont schiebt und die Wasseroberfläche zartrosa färbt, sind wir rund eine

Stunde von Santa Cruz de La Palma entfernt. Bunte Häuser liegen zusammengewürfelt an der Küste. Der Wind hat nachgelassen, die Luft ist bereits so warm, dass ich mich aus meiner Ölzeughose schäle.

Im großen Hafenbecken von Santa Cruz legen wir die Leinen bereit und platzieren die Fender. Das Anlegen am Reception-Steg ist selbst für unser schweres Boot ohne Bugstrahlruder gut zu bewältigen. Zwei freundliche Marineros nehmen uns in Empfang.

„Schaut mal, da kommt noch ein Schiff an, auch mit einem Hund an Bord!" Saskia, die sich während der Törns am liebsten in ihrer Koje verkriecht, steht ausgeschlafen an Deck und hat die Neuankömmlinge sofort entdeckt.

Bewaffnet mit den gewünschten Dokumenten entern wir mit allen Kindern das Büro der Marina. Der Mann des anderen Schiffes sitzt an einem Computer am Fenster. Sein kleines, braunes Hündchen vor der Türe traut unserer Guia nicht so recht über den Weg, macht sich kurzerhand über die Treppe aus dem Staub.

Als wir an den Tresen treten, schiebt sich der Nachbar dazwischen. Groß, schlank, mit blonden, ein wenig struppig wirkenden, schulterlangen Haaren. Er murmelt unentwegt auf Spanisch vor sich hin, nimmt die Marina-Karte in Empfang und verschwindet durch die Glastüre.

„Buenos dias, bienvenido en Santa Cruz!", begrüßt uns Pedro hinter dem Tresen freundlich und reicht uns ein Paket von Amazon.

„Oh, schön, das hat ja ausgezeichnet geklappt!", freue ich mich. „Hoffentlich läuft das mit den anderen Bestellungen auch so rund."

Wir bekommen unsere Box zugeteilt und verschieben die PINUT. Kurz darauf parkt die andere neue Jacht in der Box neben uns ein. Ich lasse meinen Blick über das Schiff schweifen. Ketsch, wie unsere, ausladender Bugsprit, schöner Riss. Nur die sehr große, sehr hohe Badeplattform passt irgendwie nicht so ganz zum anmutigen Rumpf.

„Schau mal, Michael, auch ein Stahlschiff. Ich vermute, das ist auch aus einer holländischen Werft. Der Riss ist ähnlich wie unserer."

Michael betrachtet die Jacht aufmerksam. „Mir gefallen vor allem die Heckfenster."

„Mama, ich hab Hunger, kann ich was essen?" Jonas streckt seinen Kopf ins Cockpit.

„Warte noch kurz, wir machen jetzt ein richtig feines, großes Frühstück."

„Oh nein, das dauert immer so lang! Ich hab jetzt Hunger!"

„Dann gib mir bitte gleich die Brettchen und die Messer rauf, damit wir den Tisch decken können."

„Och, ich bin zu müde!"

„Jonas, Tischdecken ist diese Woche dein Job, komm, ich gebe dir die Sachen und du legst sie auf den Tisch."

„Können wir hier auch Ankern?" Rahels Blick gleitet durch das Hafenbecken.

„Leider nicht."

„Schade. Ich will wieder Dinghi fahren!"

„Ja, das wär schön. Aber hier gibt es keine Ankerbucht."

Während ich einen Apfel aufschneide, erinnere ich mich grinsend an unsere ersten Erfahrungen mit dem Schlauchboot.

Schlauchboot-Tücken

Unser Dinghi haben wir mit dem Schiff übernommen. In den ersten Wochen liegt es unbeachtet unter der PINUT, da wir alle Energie in die Vorbereitungsarbeiten stecken, um möglichst bald loszusegeln. Mit jeder Woche, die wir länger auf dem Dock in Faro verbringen, steigen der Frust und das Bedürfnis nach einem Ausgleich zur Arbeit. So gerne ich am Wochenende fortfahre, sei es in die Bucht oder nach Foia, mit dem Jahresende haben Kälte und Regen in Portugal Einzug gehalten und wir suchen Möglichkeiten, zwischendurch einfach mal nur für ein paar Stunden die Tapete wechseln zu können. Auf der Suche nach Abwechslung stoßen wir auf unser vernachlässigtes Dinghi.

„Damit könnten wir doch kleine Entspannungsfahrten machen." Nachdenklich hebt Michael das Heck des schlappen Schlauchboots ein wenig an.

„Nun ja, theoretisch schon. Sofern es dicht ist und der Motor anspringt." Kritisch beäuge ich die zerkratzte Abdeckung des Außenborders, von der der Lack abblättert.

„Klar. Aber wie bekommen wir es vom Boot zum Wasser? Zum Tragen ist es zu schwer, vor allem mit Motor."

Unser Schlauchboot ist ein Festrumpfboot, bei dem der Boden aus GFK besteht. Unser Voreigner hat im Bug zusätzlich eine Holzplatte angebracht, damit es eine ebene Bodenfläche gibt, da der Rest des Rumpfes v-förmig ist. Alles in allem eine robuste, aber auch schwere Geschichte.

„Ich hab irgendwo ein Dinghi mit Rädern gesehen", grübelt Michael, und sein Blick schweift über die Schiffe. „Die bringt man am Heck an und hebt das Boot beim Bug an. Damit könnten wir das Schlauchboot bequem über den Platz zum Wasser ziehen."

Die Idee gefällt uns beiden, und nach einiger Recherche und einer aufwändigen Lieferung aus Großbritannien sind wir drei Wochen später stolze Besitzer zweier 12"-Räder mit Luftbereifung. Die Montage erweist sich als einfach. Jedenfalls einfacher als die Revision unseres Motors.

„Ich fürchte, der braucht eine gründliche Revision." Stirnrunzelnd steht Michael vor unserem geöffneten Außenborder.

„Ach was, das könnt ihr selber machen. Das ist ein 4-Takt-Motor, der lässt sich selber warten, nicht so wie die modernen 2-Takt-Dinger!" Horst steht daneben und schüttelt vehement den Kopf.

„Kannst du uns helfen? Ich seh zum ersten Mal so ein Teil von innen." Zweifelnd betrachte ich die Schläuchlein, Stänglein, Filter und Hebelchen und bin mir sicher, dass ich das niemals wieder zusammenbauen kann, so ich es denn jemals auseinander nehmen sollte.

„Naja, Spezialist bin ich keiner, aber ich kann euch bei den Zündkerzen helfen. Die müsst ihr auf jeden Fall ersetzen. Und vermutlich müssen wir den Vergaser reinigen."

Mir brummt schon der Kopf und ich beschließe, mich für einmal ganz stereotyp zu verhalten und den Außenborder den Männern zu überlassen.

Das Ergebnis nach zwei Stunden Arbeit lässt sich sehen. Der Motor springt an, wenn auch eher widerwillig, und er läuft, bis er ausgeschaltet wird. Was wollen wir mehr? Freudig beschließen wir eine Dinghi-Fahrt für den kommenden Nachmittag.

„Kinder, alle ab in die Schwimmwesten, wir machen eine Dinghi-Fahrt!" Michael steht vor der PINUT, in der rechten Hand die Dinghi-Leine, in der linken ein wasserdichter Beutel.

„Juhuuu, endlich Dinghi-Fahren!"

„Darf ich auch mal Steuern?"

„Funktioniert denn jetzt der Motor?"

„Was sollen wir anziehen?"

„Werden wir dabei nass?"

Die Stimmen der Kinder wirbeln durcheinander, bis wir alle zehn Minuten später ums Schlauchboot versammelt stehen. Jeder ergreift einen Griff oder eine Leine und gemeinsam ziehen und schieben wir unser neues, Freiheit verheißendes Zubehör in Richtung Rampe. Noch bevor ich vorschlagen kann, dass Michael und ich das Boot zu zweit ins Wasser bringen und die Kinder über den Badesteg einsteigen sollen, schwimmt es bereits mit den Mädchen.

Jonas steht empört neben mir. „He, wartet!"

Ich nehme ihn auf den Arm und reiche ihn Michael, der angestrengt versucht, das Dinghi von den Mauern links und rechts der Rampe fernzuhalten.

Als wir uns weit genug freigepaddelt haben, lässt Michael den Motor ins Wasser und zieht die Reißleine. Nichts geschieht. Er zieht erneut, wieder nichts. Er zieht den Chock ein wenig heraus und versucht es aufs Neue. Diesmal gelingt es. Der Motor rattert und brummt und qualmt, Michael gibt Gas und wir düsen hinaus in die Lagune. Wobei düsen ein bisschen überheblich ist, genauer genommen fahren wir gemächlich zwischen den Markierungspfosten hindurch, scheuchen dösende Möwen auf und fühlen uns wie Könige. Saskia sitzt im Bug, breitet die Arme aus und strahlt, Rahel lässt seitlich die Füße ins Wasser baumeln und spritzt damit Ursina nass.

„He, Rahel, hör auf, ich werd' ganz nass!"

„Beine rein, Rahel." Ich klinge streng, denn ehrlich gesagt ist es mir nicht wohl, wenn die Kinder während der Fahrt auf den Schläuchen herumturnen. Zwar können die Mädchen alle schwimmen und tragen zusätzlich noch ihre Westen, aber das Gefährliche ist der Propeller des Motors. Wenn ein ins Wasser gefallenes Kind daran geraten würde, könnte das schwere Verletzungen zu Folge haben.

„Wohin fahren wir eigentlich?" Seraina blickt zurück zur Rampe, die soeben hinter einem geparkten Fischerboot verschwindet.

Michael zuckt die Schultern. „Keine Ahnung. Einfach eine kleine Spritztour."

„Können wir zu Ilha fahren? Bitte, Papa, fahr uns zur Ilha!" Serainas Augen leuchten.

„Ou ja, das wäre schön!" Ursina stimmt mit ein.

Michael blickt erst mich an, dann schüttelt er leicht den Benzinkanister. „Genügend Sprit hätten wir."

Ich nicke. „Dann machen wir's!" Ich genieße die Fahrt mit jeder Faser meines Körpers. Wenn wir schon nicht segeln können, dann wenigstens Schlauchbootfahren. Es fühlt sich grandios an, der leichte Fahrtwind im Gesicht, hin und wieder spritzt die Gischt auf der Seite hinauf und hinterlässt einen feinen Film auf meinen Brillengläsern. Es riecht intensiv nach Fisch, Seegras und Freiheit.

Nach vierzig Minuten erreichen wir die Ilha de Faro. Ich springe ins Wasser und ziehe das Dinghi samt Familieninhalt in Richtung Strand. Wie Flöhe folgen die Kinder eins nach dem anderen.

„Herrlich! Warum sind wir nicht schon früher darauf gekommen!" Michael streckt sich und lacht.

Wir holen zwei Bierflaschen von einer der kleinen Buden, die Kinder bekommen Fruchtsaft, wir teilen eine Tüte Chips und haben das Gefühl, im Urlaub zu sein. Denn, auch wenn wir gerade da leben, wo Europa Urlaub macht, so empfinden wir unseren Alltag oft alles andere als entspannend, sondern genauso herausfordernd wie damals, bevor wir auf die PINUT gezogen sind. Schließlich nehmen wir uns selbst mit, und damit auch all die täglichen Freuden und Leiden, die in jeder durchschnittlichen Familie vorkommen. Schiff hin oder her.

Die Sonne steht tief, der Himmel färbt sich erst rosarot, dann rot und spiegelt sich im glatten Wasser der Lagune. Zwei Störche picken Würmer aus dem Morast.

„Ich fürchte, wir sollten zurückfahren." Michael lehnt den Kopf an meine Schulter.

„Ach nein."

„Es dämmert."

„Mh."

„Wir haben keine Beleuchtung dabei."

„Ich weiß." Seufzend richte ich mich auf.

Die Kinder haben sich auf dem Strand verteilt und suchen Muscheln. Ich bringe die leeren Bierflaschen zurück. Michael schiebt das Dinghi zurück ins Wasser, springt hinein und startet den Motor. Sorgfältig steuert er auf einen kleinen Steg zu. Ich nehme die Leine entgegen und stutze über ein kurzes röchelndes Geräusch des Motors, dann verstummt er.

„Hast du ihn ausgemacht?" Stirnrunzelnd blicke ich Michael an.

Er schüttelt den Kopf. „Wahrscheinlich ist das Standgas zu tief eingestellt."

Während ich die Kinder zusammentrommle macht er einen neuen Startversuch. Erfolglos. Er hebt die Motorabdeckung ab, zieht einen Schraubenschlüssel aus dem wasserdichten Beutel und dreht das Standgas höher.

„Sind alle da?" Prüfend huschen seine Augen über die Kinder, die sich eher widerwillig im Dinghi eingefunden haben. Dann zieht er erneut die Reißleine. Nichts. Wie immer bleibt er ruhig. Auch die Kinder sind verstummt. Konzentriert beschäftigt sich Michael mit dem Außenborder. Chock raus. Nichts. Chock rein. Nichts. Standgas höher, Standgas tiefer, Pumpen, warten. Die Dämmerung weicht die Schatten auf, am Himmel erspähe ich die schwachen Umrisse des Halbmondes.

Nach fünf Minuten richtet sich Michael auf. „Das klappt nicht."

„Mist. Es ist bald dunkel." Die Farben am Himmel sind verschwunden bis auf einen hellblauen Streifen am Horizont.

„Kann ich helfen?"

Ich habe den Mann nicht bemerkt, der in weißer Hose und weißem Shirt mitten auf dem Steg steht. Er muss uns seit Längerem beobachtet haben, denn er deutet mit dem Kopf auf den Außenborder. „Springt er nicht an?"

„Nein. Nicht mehr." Michael steigt aus dem Schlauchboot und reicht dem Mann die Hand. „Michael."

„Pedro. Ich habe ein Motorboot und kann euch schleppen. Wohin müsst ihr?"

„Zu Bruces Boatyard."

„Alles klar. Wartet hier, ich komme gleich."

Auch seine Schuhe sind weiß. Er verschwindet um die Ecke einer Bude.

„Was passiert jetzt?" Saskia sitzt aufrecht im Bug.

„Pedro schleppt uns ab."

„Uff, Glück gehabt! Ich hab schon gedacht, wir müssten hier übernachten."

„Da kommt er wieder!" Ursina zeigt zum Strand. Hinter Pedro läuft ein Mädchen in Rahels Alter.

„Das ist meine Tochter Anna. Sie kommt mit. Steigt aus, wir fahren mit meinem Boot und binden euer Dinghi bei mir an."

Die Kinder steigen aus und beäugen Anna schüchtern. Das Mädchen trägt ein helles Kleid mit Blumenmuster und eine weiße Strumpfhose.

Gleich darauf sitzen wir in Pedros Luxusschlitten, einem Motorboot mit festem Steuerstand und Sitzkissen. Fachmännisch vertäut er unsere Dinghileine am Heck seines Bootes, dann blickt er uns fragend an.

„Seid ihr bereit?"

Noch bevor wir nicken können legen wir ab. Und staunen. Für die Hinfahrt haben wir 40 Minuten benötigt, für die Rückfahrt ganze zehn. Und das mit unserem Dinghi im Schlepp.

Pedro geht sparsam mit Worten um. Er will weder wissen woher wir kommen noch wohin wir unterwegs sind. Als er uns am Badesteg des Docks ablädt, drückt er Michael eine Visitenkarte in die Hand. „Ruft mich an, dann können wir ein Barbeque miteinander machen."

„Vielen Dank, Pedro! Das war super!" Spürbar erleichtert schüttelt Michael ihm die Hand.

Anna winkt uns zu, als sich das Motorboot mit dem letzten Abendlicht vom Dock entfernt, eine weiß schäumende Heckwelle hinter sich zurücklassend.

„Morgen bringe ich unseren Außenborder zum Service." Michael grinst mich an.

Ein weiteres Dinghi-Erlebnis haben wir am Ende unseres Testtörns vor der portugiesischen Küste. Gemeinsam mit Urs sind wir von Faro nach Vilamoura und Albufeira und wieder zurück gesegelt und liegen nun in der Lagune von Faro.

„Also dann, bis später! Wir werden so gegen sechs zurück sein." Ich winke, Michael startet den Außenborder. In einer großen Schleife entfernt sich unser Dinghi von der PINUT in Richtung Dock. Seraina steht auf der Badeplattform und winkt, hinter ihr Urs. Von Ursina ist nichts zu sehen.

Jonas schiebt sich vorsichtig zum Bug des Dinghis und steht auf. Er streckt die Hände in die Höhe. „Ich fliege! Juhuh, ich fliege!"

Ich rutsche ein wenig nach und halte ihn am Gurt seiner Schwimmweste fest. Wir kurven zwischen den zahlreichen Booten hindurch, die in der Lagune ankern oder an Moorings liegen. Jetzt, bei Flut, ist das tiefe Fahrwasser nur durch rot und grün markierte Holzpfähle zu erkennen.

„Schaut mal, dort, die STEEL APPEAL von Sarah!" Aufgeregt zeigt Saskia auf ein rot-weißes Schiff im Ankerfeld.

„Tatsächlich, da liegt sie."

An Bord ist niemand zu sehen. Nachdem wir die Boote hinter uns gelassen haben, beschleunigt Michael. Nun fliegt das Schlauchboot tatsächlich fast übers Wasser. Jonas bringt sich rasch auf meinem Schoss in Sicherheit.

„Wo legen wir an?" Ich suche mit den Augen die Einfahrt zum Dock ab. „Aussteigen können wir am besten beim kleinen Steg. Die Rampe ist immer so glitschig."

„Du hast Recht. Ich fahre zum Steg." Gekonnt steuert Michael den kleinen Holzsteg an, von dem aus wir im Sommer im Meer gebadet haben. Ich schlinge die Bugleine um einen Pfosten. „Alles aussteigen, bitte!"

Rahel springt über den Bug auf die schmalen Holztreppen und reicht Jonas die Hand. „Nein, ich kann das selber." Energisch schiebt er die Hand der Schwester zur Seite und klammert sich an den Pfosten. Geschickt klettert er auf den Steg.

„Darf ich bei Lukas und Korzeta bleiben?", bittet Saskia.

„Von mir aus schon. Lauf los und frag sie." Schon ist Saskia weg, schnurstracks auf dem Weg zur MAGIC FLUTE, einer bauchigen GFK-Jacht, die schräg gegenüber unseres Platzes liegt. Auf ihr wohnen Lukas, der die Jacht aus der Karibik gemeinsam mit seinem Hund Apple hierher gesegelt hat, und seine Freundin Korzeta aus Albanien.

Als wir bei der MAGIC FLUTE auftauchen, winkt uns Saskia von der Reling entgegen. „Es ist gut, ich darf bleiben!"

Korzeta erscheint hinter ihr. „Hallo ihr Lieben. Wie lange werdet ihr denn wegbleiben?"

Michael überlegt. „Wir bringen das Auto für einen Service in die Garage und müssen dann irgendwie wieder hierher kommen. So lange kann das nicht dauern."

„Soll Lukas mitkommen und euch mit zurücknehmen?"

„Das wäre natürlich Klasse!" Michael nickt erfreut.

„Ich frag ihn." Korzeta verschwindet im Schiff.

Kurz darauf steigt Lukas die Leiter herunter. „Hi."

„Danke, Lukas, ist super nett von dir."

Der lange Deutsche mit den blonden Haaren zuckt die leicht nach vorne geneigten Schultern. „Kein Problem." Er schaut sich um. „Wo habt ihr den Rest der Crew gelassen?"

„Bei Urs auf dem Boot. Sie wollten nicht mitkommen."

Der Aufenthalt in der Autogarage dauert länger, als wir vermutet haben. Als wir aufs Dock zurückkehren, dämmert es bereits.

„Wo habt ihr euer Dinghi?" fragt Lukas.

„Beim Steg."

„Ich helfe euch beim Ablegen."

„Saskia, kommst du? Wir fahren!"

„Och, jetzt schon?" Enttäuscht erscheint Saskia. „Es war so gemütlich bei Korzeta."

Ich greife nach den Schwimmwesten, die über den Eisenstangen neben der MAGIC FLUTE hängen.

Saskia läuft voraus. „Mama, unser Dinghi!" Ihr Schrei klingt so entsetzt, dass wir unvermittelt zu rennen beginnen.

Wie angewurzelt bleiben wir auf dem Steg stehen. Unser Schlauchboot liegt zur Hälfte trocken.

„Mist. Wir haben die Tide vergessen." Michael schlägt sich mit der Hand an die Stirn.

„Kommt, das kriegen wir noch raus." Lukas zieht seine Schuhe aus und steigt über die Holzsprossen zu unserem Dinghi. Er sinkt bis zu den Knöcheln im Sumpf ein.

„Pass auf, der Sumpf ist voller scharfkantiger Muscheln", warne ich ihn. Michael behält seine Sandalen an und folgt Lukas. „Ihr bleibt hier oben", weise ich die Kinder an. Ich klettere übers Dinghi zum Außenborder, der mit der Schraube im Sumpf steckt. Ich versuche, ihn heraufzuziehen. Er steckt fest.

„Rückwärts geht das nicht. Wir müssen versuchen, das Dinghi zu drehen und mit dem Bug voran ins Wasser zu stossen." Lukas löst die Leine und zerrt daran. Das Schlauchboot ächzt, gurgelnde Geräusche dringen unter seinem Rumpf hervor an die Oberfläche.

„Warte, ich ziehe von der anderen Seite." Michael watet um das Dinghi herum.

Als er innehält, blicke ich ihn alarmiert an. „Was ist los?"

„Ich stecke fest." Beim Versuch, seinen Fuß aus dem Matsch zu ziehen, sinkt er mit dem anderen Bein weiter ein.

„Hier, halte dich an mir fest." Sofort spüre ich sein Gewicht auf meiner Schulter.

„Ich glaube, es geht, wenn ich den Fuß senkrecht herausziehe. Dann bleibt aber die Sandale stecken."

„Naja, Hauptsache, der Fuß kommt raus", bemerke ich trocken. Vorsichtig zieht Michael seinen Fuß herauf. Von der Sandale ist keine Spur zu sehen.

„Steig ins Dinghi und zieh den anderen Fuß raus." Lukas greift ihm unter den linken Arm. Dabei versinkt er selbst bis zum Oberschenkel im Sumpf. Michael platziert seinen zweiten nackten Fuß im Dinghi.

„Ihr schafft das nicht, das Wasser geht viel zu schnell zurück!" Auf dem Steg steht Korzeta mit den Kindern. Rahel weint. „Kommt raus da, Mama, Papa, lasst das blöde Dinghi!"

Das letzte Tageslicht verabschiedet sich. Ich blicke in Richtung Lagune. Das vorher breite Fahrwasser ist auf einen schmalen Streifen zusammengeschrumpft. Am Heck des Dinghis ist eine breitere Stelle Wasser, aber ich kann nicht abschätzen, wie tief sie ist. „Ich glaube, das nützt nichts. Lasst uns aufhören."

Lukas aber ist hartnäckig. Er greift nach einem Paddel und versucht, das widerspenstige Schlauchboot damit ins sichere Wasser zu stoßen. Als er abrutscht, bleibt das Paddel bis zur Hälfte im Sumpf stecken. Beim Versuch, es wieder herauszuziehen, hat er nur noch den Aluminiumstiel in der Hand. „Sorry." Betreten schaut er uns an.

„Macht nichts. Lass uns aufhören und auf die Flut warten."

Resigniert steigen wir auf den Steg. Von oben bis unten mit Schlamm bedeckt, frierend und durchnässt stapfen wir in Richtung Duschen.

„Ich glaub, ich stell mich samt Ölzeug unter die Dusche", überlegt Michael.

„Warum nicht?", antworte ich. Die blaue und gelbe Farbe des Ölzeugs lässt sich unter der graubraunen, dicken Schicht nur noch stellenweise erahnen.

„Kommt auf die MAGIC, wenn ihr fertig seid. Ihr könnt Kleider von uns anziehen." Lukas verschwindet unter der Dusche.

Wenig später sitzen wir im gemütlichen Salon der MAGIC, einigermaßen sauber, verwirrt und hungrig.

„Hier sind Oliven und ein paar albanische Teigtaschen." Korzeta stellt einen Teller mit fremd duftenden Gebäcken vor uns auf den Tisch.

„Mh, riecht gut."

„Nehmt ruhig. Sie sind sehr fettig, aber ich liebe sie. Sie erinnern mich an meine Großmutter. Lukas mag sie nicht."

„Das nächste Hochwasser ist um zwei Uhr nachts." Ich blicke auf das Tidenbarometer auf meinem Handy. „Solange werden wir nicht warten müssen. Wir haben das Dinghi um halb vier Uhr nachmittags geparkt. Jetzt ist es halb acht und fast Ebbe. In vier Stunden sollte wieder genügend Wasser eingelaufen sein, dass wir sicher freikommen."

Michael blickt auf die Uhr. „In vier Stunden ist fast Mitternacht. Ich rufe Urs an und informiere ihn." Er zieht sein Handy aus dem Rucksack.

„Habt ihr eine starke Taschenlampe?" Fragend blicke ich Lukas und Korzeta an.

Lukas schüttelt sich eine Haarsträhne aus dem Gesicht. „Nein, nur den Suchscheinwerfer, aber der läuft über eine Steckdose."

„Das nützt uns nichts, wir haben kein Strom auf dem Dinghi. Dann werde ich mich jetzt auf den Weg zum AKI machen, um eine starke Taschenlampe zu kaufen. Sonst finden wir den Weg durch die Lagune nachher nicht und laufen auf eine Sandbank auf."

Auf diesen Witz hätte ich besser verzichtet. Saskia blickt mich entsetzt an. „Mama, ich bleibe hier, ich komm nicht mehr zurück auf die PINUT."

Ich lächle ihr beruhigend zu. „Das war ein Witz, Mädel. Bei einlaufender Tide kommen wir problemlos mit unserem Dinghi wieder zurück."

„Trotzdem, ich will hierbleiben."

„Das schauen wir noch", beende ich die Diskussion und stehe auf. „Also, bis später. Soll ich noch was zum Essen mitbringen? Brot und Wurst?"

„Ja, das wäre gut." Michael nickt und schiebt sich eine albanische Teigtasche in den Mund.

„Da schwimmt es und tut so, als sein nichts gewesen." Kopfschüttelnd leuchte um Mitternacht ich auf unser Dinghi, das sanft an seiner Bugleine im Wasser schaukelt. Alleine das abgebrochene Paddel und die Matschspuren zeugen von der abendlichen Aktion. Michael geht voraus, ich reiche ihm den schlafenden Jonas. Rahel kuschelt sich zitternd an mich. Saskia war auf keine Weise zum Mitkommen zu bewegen. Sie verbringt den Rest der Nacht bei Korzeta.

Der Motor tuckert gleichmäßig, als wir im gleißenden Vollmondlicht durch die Lagune gleiten.

„Die Taschenlampen hätten wir eigentlich gar nicht gebraucht, der Mond scheint taghell." Sogar die Markierungspfähle sind deutlich zu erkennen. Das Plätschern der Heckwelle und die abertausend Wassertropfen, in denen sich das Mondlicht spiegelt, lassen die Strapazen der vergangenen Stunden vergessen. Die Welt scheint zu schlafen, nur wir sind als Nachtwandler in diesem Reich der Schatten und gedämpften Töne unterwegs.

Fast geräuschlos legen wir an der Badeplattform der PINUT an. Urs erscheint an der Reling, nimmt die Leine entgegen.

„Alles in Ordnung?" Seine Stimme klingt für einmal nicht sarkastisch.

„Ja. Alles schmutzig und dreckverklebt, aber wir sind hier. Also ist alles in Ordnung." Müde klettere ich an Deck. Dem Mond zolle ich ein letztes Lächeln, bevor ich erleichtert in meine Koje sinke.

Ein ungemütlicher Nachbar

La Palma, Dezember 2015

In Santa Cruz auf La Palma warten andere Erlebnisse als Schlauchboot-Tücken auf uns. Es ist zwei Wochen vor Weihnachten, und die ganze Stadt glitzert und leuchtet. Besonders gerne spazieren wir abends durch die stilvoll dekorierten Gassen.

„Santa Cruz de La Palma ist berühmt wegen der typischen kanarischen Holzbalkone. Schaut mal hier!" Michael deutet auf eine ganze Häuserfront, die mit den kunstvoll verzierten, dunklen Holzbalkonen ausgestattet ist. „Die Stadt gilt als schönste der ganzen Kanaren. Sie war früher sehr wichtig, weil alle Handelsschiffe aus Übersee zuerst La Palma anliefen. Aus dieser Zeit stammen auch die schmucken Häuser. Heute ist die zentrale Verwaltung der Handelsschiffe auf Teneriffa", erläutert er.

„Aber die Stadt hat ihren Charme behalten, finde ich." Wir stehen vor der Plaza de Espagna, die jetzt, in der Adventszeit, mit grossen Bögen aus Weihnachtssternen geschmückt ist.

„Das sind ja riesige Weihnachtssterne! So große hab ich noch nie gesehen!", staunt Saskia.

„Die Weihnachtssterne sind eigentlich große Sträucher, die hier überall auf La Palma, aber auch auf La Gomera, Teneriffa und Gran Canaria wachsen. Die roten Blätter sind keine Blüten, sondern Blätter, die sich im Winter rot färben. Fürs Wohnzimmer werden jedes Jahr unzählige kleine Pflanzen gezüchtet, die nicht nur nach Europa, auch in die Schweiz, exportiert werden, sondern die sich auch die Einheimischen ins Haus holen." Ich betrachte mit den Kindern die beliebten Pflanzen.

„Wie lange dauert es noch bis Weihnachten?" Rahel zieht an meinem Arm.

„Mh. Heute ist Samstag. Weihnachten ist am Donnerstag in einer Woche, das heißt..."

„...in 12 Tagen", unterbricht mich Seraina.

„Richtig!"

„Ui, schon in 12 Tagen!" Rahel strahlt. „Ich freu' mich so sehr auf Weihnachten!"

„Das ist seltsam." Michael steht im Cockpit, die Augen aufs Nachbarschiff gerichtet.

„Was?" Ich blicke kurz von meinem Buch auf.

„Es kommen immer mehr Männer auf das Schiff. Jetzt sind bereits fünf Männer von der Guardia Civil dort."

„Was die dort wohl wollen?" frage ich, nicht ganz bei der Sache, mit den Gedanken in meinem Buch.

„Magst du einen Kaffee?"

„Ja, sehr gerne."

Michael gibt mir eine Kuss und verschwindet in der Pantry. Guia springt auf die Cockpitbank und legt sich ausgestreckt neben mich.

„Na, du Schmuser? Noch nicht müde?" Als Antwort bekomme ich ein langes Gähnen. Ich kraule unseren Schmusehund am Bauch.

„Achtung, der Kaffee." Michael reicht mir eine Tasse.

„Mh, vielen Dank." Vorsichtig trinke ich einen Schluck.

„Sowas, jetzt führen sie ihn in Handschellen ab!"

„Wen?"

„Den Mann vom Nachbarschiff."

Ich folge Michaels Blick und sehe die Gruppe Männer über den Steg zum Ausgang laufen. Das Schiff liegt im Dunkeln.

„Vielleicht ein Schmuggler?", werweise ich.

Michael zuckt die Schultern. „Auf jeden Fall muss man nicht glauben, man werde hier nicht registriert. Die wissen ganz genau, wer wo ist." Damit spielt er auf die 183-Tage-Regel an, die in Spanien gilt. Ausländer dürfen sich während maximal 183 Tagen pro Jahr auf spanischem Territorium aufhalten, ohne Steuern zu bezahlen. Wird diese Frist überschritten, muss allfälliges Eigentum versteuert werden. Besonders für Segler ist diese Regelung unangenehm, da die Kanaren ein herrliches Segelrevier sind – angenehm warmes Klima während des ganzen Jahres, europäischer Lebensstandard, Windgarantie, gute Marinas, schöne – wenn auch spärliche – Ankerplätze und spanische Lebensfreude. Bei unserem Nachbarn kann es sich allerdings nicht um Missachtung der 183-Tage-Regelung handeln – das Schiff segelt unter spanischer Flagge.

Als wir am nächsten Tag nach einer Inseltour im Mietauto abends in die Marina zurückkehren, liegt neben unserem Nachbarn ein großes Polizeischiff. Dicke Stahltüren stehen offen, verschließbar mit großen Hebeln. Drei Männer stehen an der Reling, grüßen uns kurz. Helle Scheinwerfer sind auf die hübsche Jacht gerichtet. Polizisten der Guardia Civil klettern über die Reling, sprechen miteinander, verschwinden im Schiff. Der blonde Skipper sitzt in Handschellen auf dem Achterdeck.

„Papa, was ist denn da los?" Neugierig bleibt Saskia vor dem Schiff stehen.

„Komm, lauft weiter." Wir drängen die Kinder zur PINUT und dirigieren alle in den Salon.

„Mama, was soll das? Das ist doch die Polizei, oder?"

„Das ist die Guardia Civil", erläutert Michael. „Das ist ein Teil der spanischen Militärpolizei, die sich um die öffentliche Sicherheit kümmert."

„Und warum sind die auf dem Nachbarschiff?" Saskias Tonfall klingt alarmiert.

Michael zuckt die Schultern. „Vielleicht ein Schmuggler."

„Schmuggler?" Fünf Augenpaare sind gespannt auf ihn gerichtet. „Was denn für ein Schmuggler?"

„Schaut, die Schmuggelei ist so alt wie die Schifffahrt. Schon immer haben Menschen auf den Schiffen Waren mitgenommen, die sie eigentlich nicht hätten mitnehmen dürfen. Das ist aber nicht nur in der Schifffahrt so, auch auf der Straße in Autos. Was da drüben aber genau los ist, wissen wir nicht."

Als die Kinder schlafen, setzen Michael und ich uns ins Cockpit. Aus dem Nachbarschiff dringen laute Klopfgeräusche, unterbrochen von dem schneidenden Geräusch einer Säge. In regelmäßigen Abständen tragen Polizisten große, graue Plastiksäcke aus dem Schiff auf den Steg. Auf dem Vordeck beugt sich ein Polizist vornüber. Er ruft eine Frau, gemeinsam diskutieren sie, die Blicke auf ihre Hände gerichtet. Der Skipper sitzt noch immer auf seinem Platz. Hin und wieder spricht ein Polizist ihn an.

Ich häkle an einem Schminktäschchen für Saskia. Der Schwell des Meeres drängt in die Marina und schaukelt die PINUT kräftig.

Nebenan erklingt plötzlich Gesang. „Cumpleanos feliz, cumpleanos feliz..." Es ist zehn Minuten vor Mitternacht.

Fassungslos schaut Michael hinüber. „Das glaub ich aber nicht, die feiern Geburtstag. Jetzt holen sie gekühlte Flaschen hervor und stoßen an."

„Und der Skipper?" Ich mag nicht auch rüberstarren.

„Der sitzt mittendrin. Kann ja nicht anders. Die kennen schon nichts, die Typen der Guardia Civil. Das gehört sicher alles zum Geschäft, ist sicherlich inszeniert, um ihn weichzubekommen."

Ich bin mir nicht sicher, glaube mehr an das Gute im Menschen oder das Menschliche im Job. Wie auch immer. Skurril ist die Situation so oder so. Nach dem Geburtstagsständchen setzen die Klopfgeräusche wieder ein. Es klingt so, als ob die Inneneinrichtung komplett auseinandergenommen wird. Obwohl ich müde bin, bleibe ich noch eine Weile sitzen. Zwischendurch erhasche ich einen Blick von drüben. Im Cockpit brennt ein oranges Licht, erinnert mich an unsere Salzkristallampen von zuhause.

In dieser Nacht schlafe ich unruhig. Immer wieder höre ich Sägen und Klopfen. Erst gegen Morgen kehrt Ruhe ein.

„Das Boot kommt aus Venezuela. Die Polizei hat größere Mengen Kokain an Bord gefunden." Michael trifft mich mit seiner Nachricht am nächsten Morgen vor der Marina-Toilette.

„Woher weißt du das?" frage ich überrascht.

„Ich habe den Marinero gefragt." Michael grinst. Ich ziehe die Augenbraue hoch. „Ich finde es faszinierend, wie rasch die Polizei zugeschlagen hat. Das Schiff kam ja gleichzeitig mit uns in der Marina an, und bereits am Abend war die Polizei da."

„Was war auf dem Schiff?" fragt Seraina, die neben uns steht.

„Kokain."

„Was ist das?"

„Eine Droge."

„Und was ist eine Droge?"

Die nächste halbe Stunde verbringe ich damit, den Kindern die Wirkungsweise von Drogen zu erläutern und

243

unzählige Fragen zu Drogenhandel und -schmuggel zu beantworten.

Tagsüber bleibt es ruhig auf dem Schmugglerschiff. Einmal klettert ein Mann übers Deck und schließt die Luken. Später holt ein anderer einen großen Scheinwerfer aus der Achterkajüte. Als ich am Nachmittag am Schiff vorbeilaufe, ist das große Holzschild am Spiegel, auf dem der Schiffsname stand, verschwunden. Die schöne Jacht ist nun namenlos. So, wie die mächtige Ketsch, die neben der Einwasserstelle in Faro liegt. Neben der Einwasserstelle, in die die PINUT nach 12 Monaten Dockleben im August 2014 endlich gehoben worden ist.

Abschied

„Wir haben unseren Kran-Termin." Michael lässt sich auf die Cockpitbank fallen und streicht sich eine Haarsträhne aus dem Gesicht. Ich blicke ihn erwartungsvoll an. „Am 11. August gegen drei."

„Das ist Montag, oder?" Ich habe es erwartet. Am Montag ist Springtide. Mit unserem Tiefgang von 1.7m kommen wir aus der Lagune nur bei Voll- oder Neumond raus, wenn der Wasserstand überdurchschnittlich hoch ist. „Res kommt am Freitag an. Das heißt, wir haben mit ihm gemeinsam zwei Tage Zeit, um allfällige Arbeiten abzuschließen und die Törnplanung zu machen."

„Lieber würde ich nur noch Planen." Michael seufzt. „Aber das wird wohl nicht möglich sein. Alleine, bis wir den Platz um unser Schiff aufgeräumt haben, sind zwei Tage um."

„Ich finde, das müssen wir erledigt haben, bevor Res hier ist. Ich würde mit ihm gemeinsam wirklich nur noch Törnrelevantes machen."

Michael nickt. „Was steht denn noch an?"

„Es wäre gut, wenn wir die UKW-Antenne fürs AIS-Gerät auf dem Besanmast montieren könnten. Die GPS-Antenne läuft und das AIS-Gerät selbst ist bereits verkabelt. Es fehlt nur noch die UKW-Antenne. Für die vielen Nachtfahrten, die uns bevorstehen bis Madeira, sollte das AIS funktionstüchtig sein."

„Allerdings. Was noch? Der Dieseltank ist sauber. Es sind noch rund 100 Liter Diesel drin. Ich finde, wir sollten sicherheitshalber noch Diesel in Kanistern mitfahren. Sonst müssten wir noch nach Olhao zur Tankstelle, und den Umweg möchte ich lieber nicht machen."

„Ich auch nicht. Zudem wissen wir noch nicht, ob die Dieselpumpe funktioniert, damit wir aus dem Haupttank in den Tagestank pumpen können. Wenn nicht, müssen wir eh mit Kanistern arbeiten."

„Dann kümmere ich mich um den Diesel und du schaust mit Res am Samstag die Montage der UKW-Antenne an. Einverstanden?"

„Passt." Nachdenklich zerdrücke ich einige Kekskrümel auf dem Tisch. „Irgendwie weiß ich gerade nicht so recht, ob ich mich auf die Einwasserung freuen soll." Ich blicke zu Michael. Sein aufmerksamer Blick ruht auf meinem Gesicht. „Ich freue mich, dass das Schiff ins Wasser kommt und wir endlich segeln können." Pause. „Andererseits waren wir nun so lange hier auf dem Dock, dass mir der Abschied schwerfällt. Ich fühle mich hier zuhause." Ich senke den Blick. Ein dicker Kloß im Hals verunmöglicht das Weitersprechen.

Michael rutscht zu mir und drückt mich fest an sich. Vor über zwölf Monaten sind wir mit Bus und Anhänger mit unserem Hausrat hier angekommen. Zwei bis drei Monate wollten wir bleiben und dann nach Madeira übersetzen. Aus dem kurzen Zwischenstopp Faro wurde eine lange Zeit. Der sonnige Herbst mit seinen Bade- und Malwochenenden in der Bucht und auf der Burg. Der Winter mit Kastaniensammeln, Blumentopfheizen und Bibliotheksbesuchen. Der Frühling mit Fischgrillieren am Steg und Baden auf der *Ilha*. Einen Großteil des Schiffs haben wir in dieser Zeit saniert und an unsere Bedürfnisse angepasst. Ausdauer, Geduld und Durchhaltevermögen sind gefragt gewesen. Es war eine einsame, strenge, manchmal dunkle Zeit. Aber sie hat uns auch unzählige bunte, fröhliche, glückliche Augenblicke beschert. Menschen sind gekommen und gegangen, Freundschaften sind gewachsen. Ich werde sie vermissen. Haiti, Klaus und Bernie, aber auch Jan und Mattes, die ich bereits seit einem halben Jahr nicht mehr gesehen habe. Ich habe im Februar den Bus in die Schweiz zurückgefahren. Danach sind Ausflüge in ‚unsere‘ Bucht oder auf die Burg nicht mehr möglich gewesen.

„Was hältst du von einer Kaffeepause in der Stadt?“ Michael reißt mich aus meinen Gedanken.

„Sehr gerne.“

Michael schlürft seinen Galao und meint nachdenklich: „Eigentlich ist es schade, dass wir jetzt gehen. Jetzt läuft alles so gut. Wir haben einen Raum, um die Kinder zu unterrichten, einen Gitarrenlehrer, kennen uns in der Stadt aus und wissen, wo wir Kabelschuhe, Kindersandalen und frischen Fisch kaufen, Gasflaschen tauschen und die Nähmaschine reparieren lassen können. Das Schiff ist nun dicht, alles funktioniert, jetzt könnten wir das Leben hier genießen.“

Ich nicke. „Ich fürchte, das wird uns noch oft so ergehen auf unserer Reise.“ Genüsslich beiße ich in ein Pastel de Nata. „Und die Pastels werde ich auch vermissen.“ Blätterteigförmchen mit einer Art Vanillefüllung, mit Zimt bestreut. Köstlich!

Schwungvoll setze ich einen großen Haken unter den Punkt *AIS*. „Das ist erledigt.“ Zufrieden lege ich den Kugelschreiber beiseite.

„Sehr gut.“ Res freut sich. „Was kommt jetzt?“ Auf seinem von tiefen Falten durchzogenen Gesicht liegt ein interessiertes, leicht amüsiertes Lächeln. Auf unzähligen Segeltörns auf Charterschiffen wird er vor dem Ablegen wohl mit den unterschiedlichsten Herausforderungen konfrontiert worden sein.

„Diesel."

„Braucht ihr noch Diesel?"

Michael nickt. „Wir sind nicht sicher, ob die Dieselpumpe funktioniert, um den Diesel aus dem Haupt- in den Tagestank zu pumpen. Sicherheitshalber möchten wir Diesel in Kanistern mitnehmen. Ich werde ein oder zwei Kinder mitnehmen und den Diesel besorgen."

„Gut. Und wir schauen uns die Pumpe an, was meinst du?"

„Einverstanden." Ich stehe auf und stelle die Wassergläser in die Küche. Res folgt mir in den Maschinenraum. Ich setze mich mangels Platz auf den Motor. „Hier ist der Tagestank und das Schwarze hier ist die Pumpe."

„Aha. Und wo ist der Schalter, um die Pumpe zu betätigen?"

„Oben im Cockpit. Der Voreigner hat einen Drücker installiert, weil ihm mit einem Kippschalter der Tank einmal übergelaufen ist, als er ihn vergessen hat." Res verzieht das Gesicht. „Ich geh rauf und drücke und du beobachtest, ob sich was tut."

Er nickt, ich zwänge mich hinter ihm vorbei. „Ich drücke!"

„Nichts! Die Pumpe surrt, aber es läuft nichts!"

Das habe ich befürchtet. Mit dem Voltmeter bewaffnet schiebe ich mich wieder in den Maschinenraum. „Hier, überprüf bitte mal die Spannung. Vielleicht kommt zu wenig Strom an." Von oben rufe ich erneut: „Ich drücke!"

„Halt! Strom fließt, die Spannung ist bei rund 13 Volt. Also muss das Problem entweder in der Pumpe selbst liegen oder die Schläuche oder Dieselfilter sind verstopft."

„Die Filter sind neu, die fallen weg."

„Dann überprüfen wir die Schläuche und Ventile." Res beugt sich über das Gewirr an schwarzen Kraftstoffschläuchen. „Warum habt ihr hier zwei Ventile?"

„Wir haben zwei Tanks. Einer ist jedoch leer und wurde vom Voreigner nicht benutzt. Das dürften diese Schläuche hier sein, die auf dieses Ventil laufen."

Res demontiert das überflüssige Ventil kurzerhand. „So." Er reibt sich die Hände. Schweißperlen stehen auf seiner Stirn. Die Luft steht in dem engen Raum. „Bei welcher Ventilstellung ist das Ventil offen?" Die Frage geht an mich.

„Keine Ahnung."

„Okay. Dann müssen wir das rausfinden." Ohne zu zögern montiert er auch das richtige Ventil ab und bläst hindurch.

„Na, guten Appetit!" Ich grinse.

Er spuckt auf ein Stück Küchenpapier und meint: „So ist es offen."

Zwei Stunden später wissen wir, dass auch die Schläuche durchlässig sind. Der Fehler muss an der Pumpe liegen. Also Pumpe raus und Funktionstest in der Plastikwanne mit Wasser. Pumpe läuft. Pumpe wieder rein, Schlauch mit Diesel aufgefüllt. Pumpe läuft. Eine Minute. Dann ist die Sicherung draußen.

„Irgendwas stimmt doch nicht." Ich runzle die Stirn. „Zur Not schalten wir die Pumpe direkt und umgehen die Sicherung."

Res nickt nachdenklich. „Können wir machen."

Ohne Sicherung pumpt sie fleißig. Rund fünf Minuten. Dann steigt eine feine Rauchsäule auf.

„Schalt ab!"

Ich lege den Schalter um. „Das war's dann wohl. Die ist tot."

„Hoffen wir, dass wir den Motor nicht oft brauchen bis Madeira. Je nach Seegang könnte es schwierig sein, den Tagestank mittels Kanister aufzufüllen."

Ich gebe ihm Recht. Und hoffe auch.

„Der Kran kommt! Der Kran kommt!" Serainas Ruf schallt übers Dock. Eilig verlasse ich die Toilette. Die Kinder stehen bereits alle vor dem Schiff versammelt. Ich umfasse Michael von hinten und lehne meinen Kopf an seinen Rücken. Die Anspannung der letzten Tage fällt allmählich von mir ab. Wir schauen zu, wie die Gurte unter der PINUT hindurchgezogen werden und unser schweres Schiff Zentimeter für Zentimeter vom Boden gehoben wird. Bei rund 40cm Höhe stoppt die Maschine.

Michael nickt den Mitarbeitern zu. „Das passt so!"

„Wir kommen um drei wieder."

Jetzt dauert es noch rund sechs Stunden, bis die PINUT in ihrem Element sein wird. Viel zu tun bleibt nicht mehr. Der Platz ist aufgeräumt, im Schiff alles seefest verstaut. Als letzte Handlung werde ich den Kielboden mit Antifouling bestreichen.

Die Kinder gehen unterschiedlich mit der Unruhe vor der Einwasserung um. Seraina, Rahel und Saskia haben sich aus Holzbrettern, Schrauben und Gummifäden Saiteninstrumente gebaut, die *Glaigle*. Sie sind vollauf damit beschäftigt, die Fäden so zu spannen, dass beim Zupfen unterschiedliche Tonhöhen erklingen. Ursina hat sich zu Ute und Valentin auf die FELBA geflüchtet. Michael hat sich Jonas geschnappt, damit er meinen Farbtöpfen mit dem hochgiftigen Antifouling nicht zu nahe kommt.

Ich bin froh, dass ich noch zu tun habe. So habe ich keine Zeit, um wehmütig zu werden. Ich bin nicht gut im Abschiednehmen. Bereits während der letzten Wochen habe ich mich immer mal wieder beim Gedanken an 'das letzte Mal' ertappt: Das ist das letzte Mal, dass wir auf der Ilha de Faro baden. Das ist das letzte Mal, dass wir im Aki einkaufen. Dass wir im Café *Chelsea* mit den Kindern ‚sandes de atún' (Thunfischsandwiches) essen. Dass wir am Steg dem Sonnenuntergang zuschauen. Dass wir auf unserem portugiesischen Minigrill Fisch zubereiten. Dass Jonas die Eisentür mit der Code-Karte öffnen kann. Dass Rahel mit dem Waveboard übers Dock kurvt. Dass die Kinder bei Bernie Ingwerkekse essen. Dass ich bei Haiti Tee trinke. Irgendwann ist alles ‚das letzte Mal‘.

„Mama, wer kümmert sich denn nun um Katharina?" Saskia reißt mich aus meinen ansatzweise sentimentalen Gedanken.

„Hast du Ute und Valentin schon gefragt? Sie mögen Tiere, und für Katharina wäre der Umzug unter die FELBA nicht weit."

„Das mach' ich, gute Idee, danke!" Erleichtert wirbelt Saskia davon.

Ich stelle die Rolle in den leeren Farbtopf und ziehe die Gummihandschuhe aus. Fertig. Von den anderen ist niemand zu sehen. Beim windschiefen Zaun setze ich mich. Das Wasser läuft in die Lagune ein. Bereits jetzt ist die Ebene geflutet, aber ich weiß, dass das Wasser noch rund einen Meter höher steigen muss, bevor wir starten können. Eine Möwe kreist über dem Zaun und verschwindet hinter den Masten der Segelschiffe, die vor der Hafeneinfahrt von Faro ankern.

„Bist du bereit?" Bernie steht neben mir. Ich nicke langsam. „Ich glaube, ja."

Schweigen.

„Wer ist der Mann bei euch auf dem Schiff?"

Ich muss unwillkürlich grinsen. „Das ist Res. Er begleitet uns nach Madeira."

„Kann er segeln?"

„Ja. Er ist Skipper und hat mehrere Jahre Hochseeerfahrung."

„Gut."

Belustigt schaue ich Bernie an. „Warum fragst du?"

Er wendet seinen Blick ab, zögert. „Die Fahrt nach Madeira ist lang. Es ist gut, wenn ihr drei Erwachsene seid mit den Kindern." Sein Blick wandert unbeständig vom Zaun übers Wasser zu den Schiffen und bleibt an mir hängen. „Ich werde dich vermissen." Abrupt dreht er sich um, steigt auf sein Fahrrad und kurvt davon.

Das laute Piepen des Krans kündet von der nahenden Abfahrt. Valentin hält alles mit seinem Fotoapparat fest. Ich suche Michael. Er steht gemeinsam mit einer Mitarbeiterin des Docks einige Meter vom Schiff entfernt. Ich hänge mich bei ihm ein. Horst gesellt sich zu uns. Haiti begutachtet die Musikinstrumente der Kinder. Sie nimmt Ursina an den Händen und beginnt zu tanzen. Bobby kommt auf seinem abenteuerlichen Fahrrad angerollt, dicht gefolgt von Bernie.

Der Trupp bewegt sich langsam hinter dem Schiff zur Einwasserungsstelle. Jonas' Hose ist irgendwo vergessen gegangen, es stört ihn nicht.

Ich empfinde eine Mischung aus Freude, Angst und Trauer. So vielen Schiffen haben wir zugesehen, die hier ins Wasser gesetzt worden und durchs schmale Fahrwasser dem Ausgang der Lagune entgegen gefahren sind. So vielen Freunden haben wir zum Abschied zugewinkt. Diesmal sind wir es, die gehen. Die lange Durststrecke hat ein Ende, wir sind an einem Etappenziel angekommen. Mein Herz hüpft.

„Seraina, komm, wir müssen einsteigen!" Sie steht mit Valentin am Ende des Steges. Der Abschied fällt ihr schwer. Der Rest der Crew ist bereits an Bord. „Oder willst du hierbleiben?"

Die Frage ist nicht ernst gemeint, aber Seraina nickt sogleich heftig. „Ja, dann komme ich mit Ute und Valentin nach!"

„Das kann aber noch eine Weile dauern. Ich weiß nicht, wann wir soweit sein werden", entgegnet Valentin ernst.

„Dann fahr ich doch lieber mit euch mit!" Behände klettert Seraina über die Reling.

Michael dreht den Zündschlüssel. Noch hängt die PINUT in den Gurten. Zwar schwimmt sie bereits, aber solange der Motor nicht läuft, bleiben die Gurte am Schiff. Nichts passiert.

Michael blickt zu Res. Der blickt mich an. „Wo ist der Hammer?"

„In der Werkzeugkiste unter der Niedergangsleiter der Achterkajüte."

Er verschwindet im Bauch des Schiffes. Kurz darauf hören wir ihn rufen. „Michael, starte den Motor nochmal!"

Michael dreht. Aus dem Maschinenraum sind Hammerschläge zu hören. „Was, zum Teufel, tut er dort?"

„Er klopft auf den Anlasser."

„Hoffentlich nützt das." Ich fühle mich beklommen.

Plötzlich springt der Motor an. Ich meine den Stein zu hören, der gemeinsam mit meinem von Michaels Herz kullert.

Viel Zeit zum Winken bleibt mir nicht. Ich tauche ab in die Bilgen, um zu kontrollieren, dass nirgends Wasser hereinläuft. Die Seeventile sind alle zu. Alles in Ordnung.

Als ich wieder an Deck auftauche, sind nur noch die Silhouetten von Haiti, Bobby, Horst und Bernie zu erkennen. Ich winke, bis ich sie nicht mehr sehe. Rahel vergräbt den Kopf in meinem Schoss. Seraina lehnt sich an meine Schulter. Wir weinen gemeinsam.

Es ist das erste Mal, dass wir Abschied nehmen müssen von Freunden, die wir unterwegs gefunden haben. Das erste Mal von unzähligen, die noch kommen werden. Ich tröste mich mit dem Vertrauen, dass wir die Menschen, die wir hier lieb gewonnen haben, eines Tages wiedersehen werden.

Freundschaften auf Langfahrt

„Naja, diesen Törn habe ich mir aber anders vorgestellt." Michael steht an der Reling. Sein Blick gleitet über die spiegelglatte See. Nach einigen Tagen mit starkem Schwell in der Marina von Santa Cruz sind wir auf dem Weg nach Tazacorte auf der Westseite La Palmas.

„Warte nur, das kommt noch. Schau mal, da vorne, kurz vor dem Kap. Siehst du, wie das Meer dort dunkler ist? Dort ist Wind."

„Dein Wort in Gottes Ohr", witzelt Michael und zieht mich an sich. Der Motor tuckert vor sich hin. Die Kinder sitzen und liegen im Cockpit oder unter Deck, die PINUT zieht gemächlich ihre Bahn.

Der Wind lässt uns nicht im Stich. Kurz vor Erreichen des Kaps dreht jemand den Schalter und der Wind bläst. Wir hissen das Groß und legen sofort einen Knoten Geschwindigkeit zu. Noch haben wir Wind und Welle platt von backbord. Langsam fallen wir ab, gehen auf Kurs.

„Weiter geht nicht, Michael, sonst sind wir vor dem Wind." Ich liege auf der Cockpitbank und beobachte abwechselnd das Großsegel und den Verklicker.

„Okay, dann korrigieren wir später."

Mit dem Wind nimmt auch die Wellenhöhe zu. Bilderbuchmäßig rollen die Wellen von hinten auf uns zu, heben die PINUT in die Höhe, um sie kurz darauf sanft wieder abzusetzen.

„Herrlich!" Michael strahlt, der Motor schweigt endlich. Der Mast vor meinen Augen zeichnet kreisende Muster in den Himmel. Bei einer überdurchschnittlich hohen Welle dreht die PINUT nach steuerbord, das Segel flattert, der Baum bewegt sich, fällt mit einem Knall wieder zurück. Michael korrigiert um 10°, luvt an und fährt einen deutlicheren Raumwindkurs.

Mein Blick gleitet über das Großsegel. Es wird zwar nun stabil gebläht, aber ganz sauber steht es trotzdem nicht. Irritiert setze ich mich auf.

„Michael, schau mal, das Vorliek!" Auf einer Länge von über einem Meter ist der Spalt zwischen Segel und Mast erschreckend groß. „Da müssen sich ein paar Mastrutscher verabschiedet haben."

Ungläubig starren wir auf die Lücke. Ich zähle die Ösen am Vorliek und resümiere: „Von 15 Mastrutschern fehlen sechs, das ist mehr als ein Drittel!" Ich lege mich erneut hin, fixiere mit den Augen das Segel und erkenne: „Nein, es sind nicht die Rutscher selbst, es sind die Schäkel, die fehlen. Die Rutscher sitzen alle aufeinander."

Die Zahl auf der Windanzeige schwankt zwischen 16 und 20 Knoten und steigt kontinuierlich. Eine Bö, 25 Knoten.

„Das wird zu viel für neun Mastrutscher. Lass uns das Groß bergen und stattdessen die Genua setzen." Kurz darauf liege ich wieder auf meinem Platz, Jonas auf dem Bauch, und beobachte die Genua.

„Das hätten wir auch von Anfang an haben können", überlegt Michael.

„Ja. Aber dann hätten wir die fehlenden Schäkel vielleicht erst auf dem Weg zu den Kapverden entdeckt." Ich habe mir angewöhnt, in allem etwas Positives zu sehen.

Die Begrüßung, die uns in Tazacorte zuteil wird, übertrifft alles bisher Erlebte. Gleich zu fünft stehen sie am Steg und helfen mit Leinen und guten Ratschlägen, Marineros, Kellner und die Office-Dame.

„Herzlich Willkommen in Tazacorte! Wir haben euch draußen beobachtet. Das Meer war sehr unruhige heute." Ein Marinero ahmt mit den Händen unser auf den Wellen tanzendes Schiff nach. „Mir wäre übel geworden! Schiff fahren ist nichts für mich."

Wir lachen. Wir haben den Törn genossen.

Tazacorte hält gleich noch eine Überraschung für uns bereit: Privatbäder!

„Mensch, Mama, schau dir das an, das ist ja Luxus!" Saskia jubelt.

Es ist tatsächlich Luxus: Ein geräumiger Raum, dunkelbraun gekachelter Boden, weiße Wände, eine Duschkabine, Toilette, großes Waschbecken mit Spiegel, eine Kleiderablage mit vielen Haken und ein Hocker. Und das ganze mal sechs. Ein richtiges Badezimmer, wie es in jeder Durchschnittswohnung in der Schweiz zu finden ist. Ein Badezimmer, ohne das wir seit zweieinhalb Jahren auskommen. Bisher waren Stranddduschen und Gemeinschaftsduschen, -toiletten und -waschräume – nach Geschlecht getrennt – , unterschiedlich gut instand und unterschiedlich sauber unsere Normalität. In der Regel haben wir es vermieden, nach dem Eindunkeln die Sanitäranlagen aufzusuchen, um den umher huschenden Kakerlaken nicht zu begegnen, die besonders die Nasszellen bevorzugen. Das hier ist nun wirklich Luxus, und zwar einer, den wir uns noch gründlich verdienen werden. Hier soll die PINUT aus dem Wasser gehoben werden, hier warten einige Unterhaltsarbeiten auf uns und wir planen, bis in den Frühling hinein hier zu bleiben.

„Kinder, ich gehe!" Ich schwinge mich über die Reling und hieve die pralle Badetasche auf den Steg.

„Mama geht, schnell, Jonas, Mama geht!" Aufgeregtes Stimmengewirr dringt aus dem Schiffsinnern. „Warte, Mama, wir kommen auch!" An vier Stellen gleichzeitig klettern die Kinder über die Reling, Rahel lässt sich mit einer eleganten Rolle vom Bugsprit fallen, der über den Steg ragt.

Die Sonne scheint vom ungetrübten Himmel über La Palma, wir freuen uns auf einen gemütlichen Tagesabschluss am Strand. Als wir das Ende der langen Brandungsmauer, welche den Hafen vor den Ozeanwellen schützt, erreichen, bemerke ich einen Polizisten, der zwei Besuchen vom Strand pfeift. Wir schlendern weiter.

„Wow, schaut mal, diese Wellen!" Seraina bleibt stehen, die Augen aufs Meer gerichtet. Fasziniert beobachten wir das Naturschauspiel. Die Wellen rollen aus der Ferne heran, wachsen, brechen kurz vor dem Strand in rund zwei Metern Höhe und eilen sprudelnd und schäumend über den Sand. Weiter links donnern sie an die Felsen, ihre Wassertropfen verschwenderisch in den Himmel schleudernd. Das ist tausendmal schöner als jedes Feuerwerk.

„Schaut, mal, dort an der Mauer ist ein kleiner See. Mama, dürfen wir dort baden?"

Ich nicke. Wir stellen unsere Tasche auf eine Bank. Ich setze mich auf die Promenadenmauer, die Kinder springen hinunter in den kleinen See, den die Wellen hinter einer flachen Sanddüne gebildet haben. Immer wieder füllt sich der See mit frischem Wasser, wenn die Wellen genügend Kraft haben, um über die Düne zu laufen. Allmählich werden die Kinder mutiger. Sie springen auf die Düne, machen mit ihren Füßen Muster im nassen Sand.

Ich beobachte die Wellen. „Seraina, kommt zurück, da kommt eine große Welle!" Augenblicklich sind sie wieder bei mir und erwarten die Ankunft des Wassers. Jonas läuft sicherheitshalber schon mal in Richtung Treppe.

„Och, schade, die hat es nicht geschafft. Aber seht mal, dort, die ganze Mauer ist überspült worden!" Es sieht wunderschön aus, wie das Wasser, einer weißen Wand gleich, über die lange Schutzmauer am Ende des Badestrandes schießt. Wassertropfen leuchten zu Tausenden im Sonnenlicht.

„Entschuldigen Sie, der Strand ist gesperrt. Die Kinder dürfen nicht baden. Das Meer ist sehr gefährlich heute." Neben mir steht der Polizist mit Trillerpfeife.

„Okay." Ich lächle ihn an. Die Kinder haben auch ohne meine Übersetzung verstanden, klettern auf die Mauer. Der Polizist zieht weiter.

„Ach Mensch, ist der blöd! Warum denn das? Das ist doch hier überhaupt nicht gefährlich!" Rahel ärgert sich. „Dort drüben sind doch auch Menschen am Strand. Und da schwimmt sogar einer!" Sie deutet zum Ende der Badebucht.

„Warte nur, der Polizist läuft nun in diese Richtung, er wird auch diese Menschen rauspfeifen."

„Der ist so doof!" Richtig wütend schlägt Rahel mit der Hand auf die Mauer.

Ich widerspreche. „Der ist nicht doof, der tut nur seinen Job. Heute weht die rote Flagge, also Badeverbot. Warum der Strand gleich ganz gesperrt wird, verstehe ich zwar auch nicht. Aber der Polizist hat halt die Anweisung, alle Menschen vom Strand fernzuhalten."

„Trotzdem doof", murmelt Rahel.

Ich blicke sie an. „Erinnerst du dich an letztes Jahr, als in Maspalomas auf Gran Canaria der Junge mit seinem Vater gestorben ist, als sie bei roter Flagge gebadet haben? Ich hatte euch davon erzählt."

Rahel nickt ungeduldig. „Ja, ja, aber das hier ist doch ganz was anderes! Wir baden ja nur in dieser Pfütze!" Sie blickt sich um. „Dafür kletter ich jetzt auf diese Laterne." Entschlossen umfasst sie den Gusseisenpfahl mit den Händen, und ehe ich etwas gegen ihr Vorhaben einwenden kann, hängt sie oben an der Lampe.

„Achtung Rahel, der Polizist schaut!", warnt Ursina sie. Rasch rutscht Rahel herunter.

Die Wellen werden stetig kräftiger. Erst jetzt bemerke ich die vielen Menschen, die sich an der Mauer der Promenade eingefunden und die Kinder beobachtet haben. Allmählich lichtet sich die Menge wieder. Ich grinse kopfschüttelnd und nehme wahr, wie sehr sich unsere Beziehung zum Meer innerhalb der letzten zweieinhalb Jahre verändert hat. Wir verbringen jeden Tag auf dem Meer, haben es jahrelang beobachtet, haben gelernt, seine Bewegungen einzuschätzen. Was offensichtlich viele Touristen hier als waghalsig empfunden haben, war für uns nicht anderes als Baden in angepasster Form, die aktuelle Stimmung des Meeres respektierend.

Auf dem Rückweg kommen wir am Polizisten vorbei. Rahel versteckt sich hinter meinem Rücken. „Que tal?" grüßt er freundlich.

Als wir kurz vor Sonnenuntergang zurück auf der PINUT sind, sehen wir die Gischt über die große Brandungsmauer des Hafens spritzen. Sogar in der sonst sehr ruhigen Marina werden die Boote nun geschaukelt.

Am nächsten Morgen klingelt Michaels Handy. „Hallo Valentin! Wie habt ihr die letzte Nacht überstanden?"

„Valentin ruft an!" zischt Saskia ins Schiffsinnere.

Valentin und Ute liegen mit ihrer FELBA noch in Garachico auf Teneriffa. Zuletzt sind wir im Juni gemeinsam vor Anker gelegen auf La Gomera. Wir sind in die Schweiz zurückgekehrt, sie nach Wien. Seit Mitte November sind sie ebenfalls zurück auf dem Schiff, und wir warten alle sehnsüchtig auf den vertrauten Anblick der rot-orange-gelben FELBA.

Michael legt das Telefon zu Seite. „Also..." Pause.

„Nun erzähl schon!", drängelt Ursina.

„Das war ziemlich wild letzte Nacht in Garachico. Valentin sagt, sie hätten kaum ein Auge zugetan und die halbe Nacht Leinen kontrolliert und optimiert."

„Oje, die Ärmsten! Wie geht es ihrem Fenster? Ist der Schweißer gekommen?" Ich erinnere mich an die äußerst amüsant formulierten e-mails, in denen die beiden den Spießrutenlauf zu einem Schweißer geschildert haben, der ihr herausgebrochenes Vorschifffenster schweißen sollte.

„Danach habe ich nicht gefragt. Aber er meinte, sie würden nach Weihnachten rübersegeln."

„Schön!" Die Aussicht auf das baldige Wiedersehen mit den Freunden beflügelt mich. Ich setzte mich, bewaffnet mit Hammer und Meißel, aufs Achterdeck.

Seit wir unterwegs sind, hat sich für mich die Bedeutung von Freundschaft verändert. In der Schweiz sind wir in ein soziales Netz eingebunden gewesen, vieles war selbstverständlich und dadurch unbewusst existent. Es ist sogar mit den Freundschaften wie mit allem in der Konsumgesellschaft: Es gibt alles im Überfluss. Obwohl ich damals facebook nur genutzt habe, um mit unseren Freunden in Georgien kommunizieren zu können, und in meinem Account gerade mal 46 Kontakte gehabt habe, sind es bereits so viele gewesen, dass der Begriff „Freundschaft" verwässert worden ist. Seit wir unterwegs sind, haben sich die „Freundschaften" – wie so vieles andere auch – wohltuend reduziert. Es sind nun einige wenige Menschen, deren Freundschaft für mich an Bedeutung gewonnen hat. Unsere Beziehungen haben sich verändert. Es fehlt plötzlich die Zeit, um übers Wetter zu plaudern oder Höflichkeiten auszutauschen. Wenn wir uns einmal im Jahr für wenige Stunden treffen, fließen die Informationen hochkonzentriert und gehen sofort ans Lebendige. Vielleicht tauschen wir uns auch über Themen aus, die wir unter gewöhnlichen Umständen nicht anschneiden würden – gerade weil wir uns außerhalb unseres Alltags treffen und uns für lange Zeit nicht wiedersehen werden. Ähnliches Verhalten haben wir bereits unzählige Male am Steg erlebt. Man trifft andere Segler, weiß, dass die gemeinsame Zeit in der Regel sehr begrenzt ist und teilt sich – oft schon bei der ersten Begegnung – die wichtigsten Sachen aus seinem Leben mit. Damit schafft man die Basis, um in kurzer Zeit bereichernde Begegnungen machen zu können, die dann manchmal um den halben Globus halten.

„Oh, ist das eine tolle Hängematte!" Eva, das Mädel von der BETTY BLUE, unserem Nachbarschiff, holt mich aus meinen Gedanken. „Darf ich mal rein?"

„Klar."

Einen Augenblick später liegt sie schaukelnd in der Matte, die unter dem Besanbaum hängt, und schaut mir zu. „Was tust du da?"

„Ich klopfe Rost."

„Wie dick ist die Rostschicht?"

„Och, unterschiedlich. Diese Stelle hier ist eher dick, dort drüben weniger." Ein zentimetergroßes Rostplättchen fliegt übers Deck.

„Was ist eigentlich Rost?"

„Rost entsteht aus Stahl. Wenn Stahl in Kontakt mit Feuchtigkeit kommt..."

„Also mit Salzwasser?"

„Ja, auch mit Salzwasser, das ist besonders aggressiv. Wenn also Stahl in Kontakt mit Salzwasser kommt, dann verändert er seine chemische Struktur. Erst wird er braun, dann nimmt er Luft auf und quillt. Er wird dann viel dicker, aber durch die Luft auch viel weniger stabil. Darum kann ich ihn jetzt einfach so abklopfen."

Eva nickt nachdenklich. „Ganz schön viel Arbeit."

Ich lache. „Ja, das macht Arbeit. Aber schließlich ist das unser Zuhause, und die Beseitigung von Rost erhöht unsere Sicherheit."

Lange Zeit bin ich dem Rost feindlich begegnet. Bei jeder noch so kleinen Roststelle habe ich unser Schiff sinken gesehen. Inzwischen hat er sich vom Feind zum treuen Begleiter gewandelt. Klar, wenn unsere PINUT im Hafen zwischen schicken, pflegeleichten Aluyachten liegt, kommt manchmal ein wenig Neid auf. Andererseits ist Stahl ein ehrliches Material. Es zeigt sofort, wenn es ihm nicht gutgeht und lässt sich willig behandeln. Es verfügt auch über eine gewisse Geduld, sodass nicht jedes Rostpünktchen umgehend beseitigt werden muss. Edelstahl ist zwar wesentlich robuster und – in der richtigen Qualität – unempfindlich gegen Salzwasser, aber Edelstahl ist heimtückisch. Übermäßig stark strapazierte Stellen weisen oft nur Haarrisse auf, die man förmlich mit der Lupe suchen muss – bis das Material dann, scheinbar ohne Vorankündigung, plötzlich bricht. Da lobe ich mir den guten alten Stahl!

„Morgen ist Weihnachten, Kinder, morgen ist Weihnachten!" Ursina umarmt Jonas stürmisch.

Der windet sich. „He, Ursina, lass mich los!"

„Ui, morgen müssen wir duschen." Rahel reißt die Augen auf.

Michael stutzt. „Duschen?"

Rahel nickt eifrig. „Klar, an Weihnachten müssen wir doch sauber sein!"

Wir lachen schallend. „Du meinst, wenigstens an Weihnachten müsst ihr mal sauber sein!"

Seraina meint nachdenklich: „Vor zwei Jahren haben wir Weihnachten in Faro auf dem Dock gefeiert. Letztes Jahr auf dem Roque Nublo auf Gran Canaria. Dieses Jahr sind wir auf La Palma. Wo werden wir nächstes Jahr Weihnachten feiern?"

Ich lächle. „Wer weiß? Vielleicht sind wir dann noch auf den Kapverden, wenn uns die Inseln gut gefallen. Oder wir sind schon in Ghana. Wo wir das nächste Weihnachtsfest verbringen werden, das steht in den Sternen."

Glossar

achtern	hinten
Außenborder	kleiner Motor fürs Beiboot
backbord	links
bergen	Segel einholen
Besan	hinterer, kürzerer Mast einer Ketsch
Bilge	tiefster Bereich im Schiffsrumpf
Bug	vorderster Teil des Schiffes
Dinghi	Beiboot
Etmal	Distanz, die auf einem Schiff innerhalb von 24 Stunden zurückgelegt wird
Fall	Leine, mit der ein Segel gehisst wird
Groß	Großsegel
Halbwindkurs	der Wind bläst zwischen 70° und 110° von der Seite
Halse	Richtungsänderung, bei der das Schiff mit dem Heck durch den Wind geht
hissen	Segel setzen
Heck	hinterster Teil des Schiffes
Hundekoje	Koje in der Mitte des Schiffs
Kajüte	Zimmer im Schiff
Ketsch	Zweimaster, wobei der hintere Mast der kürzere ist
Klampe	T-förmige Halterung für die Leinen
Koje	Bett im Schiff
Krängung	Neigung
Luke	Fenster an Deck

Mastrutscher	Befestigungen, mit denen das Segel am Mast befestigt ist
Patenthalse	unbeabsichtigte Halse
Raumwindkurs	der Wind bläst zwischen 120°-160° von hinten
Reling	Geländer an Deck
Saling	Querstrebe am Mast
Schäkel	U-förmiger, verschließbarer Bügel, der oft an Leinenenden angebracht wird
Schapp	Vorratskasten mit oder ohne Deckel
Schwell	Wellen, die vom Meer in eine Bucht einlaufen
SkipperIn	SchiffsführerIn
steuerbord	rechts
Vorliek	vordere Kante des Segels
Vorwindkurs	der Wind bläst genau von hinten
Want	Draht, der den Mast seitlich fixiert
Wende	Richtungsänderung, bei der das Schiff mit dem Bug durch den Wind geht

Über die Autorin

 Corina Lendfers, Kulturmanagerin und Staatswissenschaftlerin, wurde 1979 in der Schweiz geboren. Sie ist Mutter von sechs Kindern und lebt mit ihrer Familie seit 2013 auf ihrem Segelschiff PINUT.

Von Corina Lendfers ist bisher erschienen:

Mutige und inspirierende
Lebensgeschichten von Frauen

Corina Lendfers (Hrsg.)

Leben bedeutet Veränderung. Das ist Herausforderung und Chance zugleich. In diesem Buch treffen sich die Wege von 15 Frauen zwischen 28 und 59 Jahren, die ihre Chance genutzt haben. Ihre Gesichter erscheinen in keiner Klatschzeitschrift, sie plaudern in keiner Talkshow. Es sind Frauen von Nebenan. In ihren Geschichten zeigt sich das Leben in all seinen Facetten: mal hart und düster, mal laut und überschäumend, mal leise und nachdenklich, mal schillernd und bunt.

So verschieden ihre Erlebnisse sind, sie haben eines gemeinsam: Diese Frauen haben ihren eigenen Weg gefunden. Sie haben tiefe Täler durchschritten und Stürme überstanden und stehen heute mit beiden Beinen fest auf der Erde. Sie haben sich selbst und das Leben lieben gelernt.

Ihre Geschichten sollen inspirieren und Mut machen. Mut machen, das eigene Leben zu hinterfragen, sich aus schädlichen Bindungen zu lösen, Veränderung zuzulassen und die Flügel zu öffnen, um voller Vertrauen der inneren Freiheit entgegen zu fliegen.

Für immer ICH selbst; 2018, BoD: Norderstedt

Jo Heller, Anfang Dreißig, Mittelschullehrerin, schwanger, führt ein bequemes Leben an der Seite des erfolgreichen Rechtsanwalts Patrick Wilbert. Bis sie sich eines Morgens in einer Schlägerei für den Obdachlosen Marc einsetzt. Sie findet sich im Krankenhaus wieder, während Marc trotz ernster Verletzungen verschwunden ist. Sie sucht ihn, um ihm zu helfen und weil sein Schweigen sie berührt hat. Dabei gerät sie immer tiefer in die Obdachlosenszene hinein und freundet sich mit Menschen an, die täglich ums Überleben kämpfen.

Als Patrick davon erfährt, fürchtet er um den Ruf seiner Kanzlei und versucht ihr den Umgang mit den Obdachlosen zu verbieten. Jo trifft eine Entscheidung - und merkt, dass nichts so ist, wie es scheint.

Schlaglöcher; 2017, BoD: Norderstedt.

Die Frau
im Bus

Corina Lendfers

Tabea kehrt ihrem Leben als Marketingfachfrau den Rücken und reist in einem Kleinbus durch Europa. In einer abgelegenen Bucht im Süden Portugals bricht nicht nur ihr Abgasrohr und das Gas zum Kochen geht aus, sondern sie schließt auch neue Freundschaften.

Zwischen Meer und Klippen, Sand und Salz, Sturm und brütender Hitze wird ihre Liebe zum Schauspieler Paolo, der in München zurückgeblieben ist, auf eine harte Probe gestellt. Denn das Leben auf der Straße folgt eigenen Gesetzen, und auf die Frau allein im Bus wartet mehr als die erhoffte Freiheit. Und auch die Vergangenheit ist nicht so fern, wie Tabea es gerne hätte.

Ein Roman voller Sehnsucht, Erotik, Nähe und dem unwiderstehlichen Duft nach Freiheit.

Die Frau im Bus; 2018, BoD: Norderstedt.

Tina hat ihr Baby im siebten Schwangerschaftsmonat verloren. Sie flieht vor dem eigenen Schmerz, der Trauer ihres Freundes Alexander und den Selbstvorwürfen in die Almhütte ihrer Großeltern. Sie hofft, in der Abgeschiedenheit den Verlust ihres Kindes überwinden und ein neues Leben beginnen zu können.

Ihr Plan scheint aufzugehen – bis Riccardo auftaucht. Ein extrovertierter Extremsportler, der die friedliche Idylle in der Blockhütte gefährdet.

Barfuss im Schnee; 2017, BoD: Nordersted.

Seit ihr Freund sie vor sechs Monaten verlassen hat, sitzt Kim mit ihrem Segelboot auf den Kapverdischen Inseln in Afrika fest. Über einsame Stunden tröstet sie sich mit dem Einhandsegler Günter hinweg, der aber nicht bereit ist, sie auf ihrem Weg in die Karibik zu begleiten. Als Philipp im Hafen auftaucht, schöpft Kim neue Hoffnung auf einen Mitsegler.

Doch der ängstliche Universitätsprofessor hat andere Pläne. Von seinem Bruder Herbert hat er ein Segelboot geerbt, das er so rasch wie möglich wieder loswerden will. Er merkt jedoch bald, dass er es in Afrika nicht verkaufen kann. Zu allem Übel taucht auch noch Herberts achtzehnjährige Tochter Billy bei ihm auf, die sich fest vorgenommen hat, die Verkaufspläne ihres Onkels zu durchkreuzen.

Als Philipp Kim dazu überredet, die Yacht nach Spanien zu den Kanaren zu segeln, begeben sie sich auf eine gefährliche Reise, auf der Wind und Wellen nicht unbedingt die größte Herausforderung darstellen.

Das stille Lied des Sturms; 2017, BoD: Nordersted.

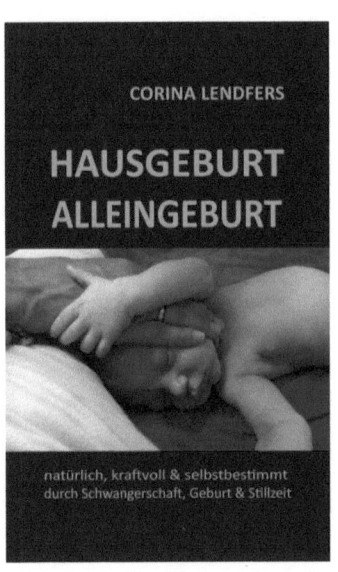

Schwangerschaft, Geburt und Stillzeit sind Naturwunder, die ihren eigenen, jahrtausendealten bewährten Gesetzmäßigkeiten folgen. Es gibt nur einen geeigneten Weg, damit richtig umzugehen: loslassen, geschehen lassen, vertrauen. Dieser Ratgeber zeigt den Weg dorthin auf, den Weg durch eine natürliche, selbstbestimmte Schwangerschaft, eine kraftvolle Geburt und eine harmonische Stillzeit.

Im Zentrum des Buches steht die Hausgeburt mit der Spezialsituation der Alleingeburt. Entscheidungsgrundlagen für oder gegen eine Hausgeburt/Alleingeburt werden ausführlich erläutert, ebenso die praktische Vorbereitung und Durchführung der Hausgeburt sowie einige elementare Aspekte im Umgang mit dem Neugeborenen wie Stillen, Schlafen, Tragen, Babymassage.

Hausgeburt – Alleingeburt - natürlich, kraftvoll & selbstbestimmt durch Schwangerschaft, Geburt & Stillzeit; 2. Auflage 2018, BoD: Nordersted.